वेद विहंगम

समर्पण एक हिन्दू संन्यासी, आचार्य एवं अनेक पुस्तकों, लेख, संस्मरण आदि के लेखक हैं। उनकी रचनाएँ विभिन्न पत्र-पत्रिकाओं में प्रकाशित होती रहती हैं। ग्रन्थों पर उनके व्याख्यान ऑनलाइन भी उपलब्ध हैं। अपने संस्थान के मानित विश्वविद्यालय (डीम्ड यूनिवर्सिटी) में वे प्राचीन एवं आधुनिक ग्रन्थों को पढ़ाते हैं।

लेखक की अन्य पुस्तकें

आध्यात्मिक कथा साहित्य

1. Tiya – A parrot's Journey Home (अनेक भाषाओं में उपलब्ध)
2. Param
3. Junglezen Sheru
4. Kratu

दर्शन

1. Carving a Sky

धर्म एवं अध्यात्म

1. Living Hinduism
2. The World of Religions
3. The Hindu Way
4. Veda Vihangam
5. Arohan – Ascent with Gita

यूट्यूब

https://www.youtube.com/c/Samarpanananda

वेद विहंगम

समर्पण

अनुवाद: अरविंद भारद्वाज

PAN

This edition first published in India 2025 by Pan
an imprint of Pan Macmillan Publishing India Private Limited,
707 Kailash Building
26 K. G. Marg, New Delhi 110001
www.panmacmillan.co.in

Pan Macmillan, The Smithson, 6 Briset Street, Farringdon, London EC1M 5 NR
Associated companies throughout the world
www.panmacmillan.com

ISBN 978-93-6113-463-0 (PB)
ISBN 978-93-6113-646-7 (HB)

1 3 5 7 9 8 6 4 2

Typeset by Manmohan Kumar
Printed and bound in India by Replika Press Pvt. Ltd.

FSC www.fsc.org
MIX
Paper | Supporting responsible forestry
FSC™ C016779

असतो मा सद्गमय ।
तमसो मा ज्योतिर्गमय ।
मृत्योर्मामृतं गमय ॥

हमें असत से सत की ओर ले चलें।
हमें अज्ञान से ज्ञान की ओर ले चलें।
हमें मृत्यु से अमरता की ओर ले चलें।
– बृहदारण्यक उपनिषद

◆

भारत के ऋषियों को समर्पित –
जिन्होंने अपने निःस्वार्थ योगदान से
इंद्रियों से मुक्ति को संभव कर दिखाया,
और इस संसार को जीने योग्य बनाया।

विषय सूची

भूमिका

हिन्दुओं के पवित्रतम ग्रन्थ – ऋग्वेद, सामवेद, यजुर्वेद तथा अथर्ववेद – संसार के प्राचीनतम ग्रन्थ हैं जो हम तक ठीक उसी रूप में पहुँचे हैं जैसे कि हजारों वर्ष पूर्व भारत के ऋषियों ने दिए थे।

सदियों तक इन चार वेदों ने भारत के धार्मिक, सामाजिक और सांस्कृतिक जीवन को रूप प्रदान किया है जिसकी छाप भारतीय जीवन शैली के प्रत्येक स्तर पर आज भी स्पष्ट दिखती है। गायत्री मन्त्र तथा ॐ का जप, जन्म, मृत्यु, जीवन तथा विवाह से संबंधित अनुष्ठान, ज्यामिति का विकास, बीजगणित का प्रादुर्भाव, गणित में शून्य का आविष्कार, कविता में छंद शास्त्र, भाषा, नृत्य, संगीत, नाटक आदि, तथा और भी बहुत कुछ जिनसे हिन्दू अपने आपको जुड़ा हुआ अनुभव करते हैं, वेदों से सीधा सम्बन्ध रखते हैं। प्रत्यक्ष या परोक्ष रूप से हर भारतीय वेद से ही श्वास ग्रहण करता है, और जब उनके प्राण छूटते हैं तब उनकी आगे की गति भी वेद द्वारा ही चालित होती है।

तथापि, बहुत कम हिन्दू ही वेदों का अध्ययन करते या कर पाते हैं। यदा-कदा कहीं कोई प्रार्थना या मन्त्र का पाठ या उद्धरण सुनाई पड़ जाता है, परंतु इसके आगे कुछ नहीं। वेद के प्रति बंगाल में कम होती रुचि के संदर्भ में, जो बात पूरे भारतवर्ष पर लागू होती है, स्वामी विवेकानन्द ने कहा था, 'वेदों का अध्ययन बंगाल से लगभग लुप्त हो चला है। मेरी तीव्र अभिलाषा है कि ऐसा एक दिन शीघ्र आए जब हर घर में शालिग्राम और कुल देवता के साथ–साथ वेद की भी उपासना सभी महिलाएँ, युवा तथा वृद्ध करेंगे।'

वेदों के प्रति उदासीनता के कई कारण हैं, जैसे कि यह मान लेना कि वेदों का अध्ययन केवल पंडितों के लिए हैं; चार वेदों का बृहद आकार जिनमें हजारों मन्त्र हैं; उनकी प्राचीन भाषा; उचित संदर्भों का न होना तथा यह भ्रम कि ये केवल अनुष्ठानों

और प्राचीन संस्कारों से संबंधित हैं जो आज के युग में किसी काम के नहीं। संक्षेप में कहें तो यही माना जाता है कि लोग वेद को गूढ़, दूरस्थ तथा अप्रासंगिक मानते हैं।

यह समस्या और भी जटिल हो गई जब पश्चिम के विद्वानों ने वेदों की व्याख्या की। मैक्स मूलर आदि विदेशी विद्वान वेदों के मर्म को न तो समझ सके और न ही उनका सही मूल्यांकन कर सके। वेदों का मर्म है, 'परमार्थ लाभ' अर्थात् ईश्वर का साक्षात्कार। इन विदेशी विद्वानों के समय से ही वेद का अध्ययन मूलतः लौकिक विषयों के लिए किया जाने लगा, जैसे कि ऐतिहासिक, भौगोलिक तथा खगोलीय तथ्यों को जानना, वैज्ञानिक निष्कर्षों तक पहुँचना, कविता आदि के तथ्यों को जानना, आदि। इन विद्वानों ने वेद के मूल उद्देश्य, अध्यात्म, को छोड़ बाकी सभी पहलुओं पर दृष्टि डाली। भारत का दुर्भाग्य है कि आज वेद के सभी अध्ययन पश्चिम के उन विद्वानों द्वारा रचित पुस्तकों के आधार पर ही किए जाते हैं, जिसके चलते इनका सही अर्थ प्रायः विकृत हो जाता है। इसी कारण अशिष्ट और अज्ञानी व्यक्ति इन अनुवादों को आधार बनाकर वेदों की निंदा करने से नहीं चूकते।

वेद धर्म की संपूर्णता के सूचक हैं। धर्म हर जीव का मूल-तत्त्व है जो उसे पूर्णता अर्थात् उसकी आध्यात्मिक सत्ता तक पहुँचने का मार्ग होता है। मनुष्य का वास्तविक धर्म है – अपने कर्त्तव्य के प्रति निष्ठावान रहकर ईश्वर की प्राप्ति, या आत्मज्ञान। वेद इसी की व्याख्या करते हैं, और ऐसा करने का पथ दिखलाते हैं। इसके लिए वेद ने चार पुरुषार्थ दिए – धर्म, अर्थ, काम, मोक्ष – जिनके द्वारा कोई भी व्यक्ति अपने जीवन को कृत-कृत्य बना सकता है। धर्म का अर्थ पूजा-पाठ, तीर्थ आदि है जो जीवन में उत्तम गति देता है; अर्थ नैतिक रूप से धन संचय; काम नैतिक रूप से सुख भोग; तथा मोक्ष का अर्थ जन्म-मृत्यु के चक्र से अलग हो जाना कहलाता है।

वेद चूँकि भारतीय जीवनशैली के मूलस्रोत हैं इसीलिये हर हिन्दू को इनका ज्ञान, थोड़ा ही सही, अवश्य होना चाहिए। जैसा कि बाद में हम देखेंगे, वेद में ईश्वर के प्रति आत्मिक प्रेम, उच्चतम दर्शन एवं सभी के लिए जीवन का व्यापक दृष्टिकोण निहित है। अपनी आवश्यकता एवं मनोभाव के अनुरूप हम साधना, ध्यान, प्रार्थना या यज्ञ/हवन के समय वेद-मन्त्रों का समुचित व्यवहार कर जीवन को धन्य बना सकते हैं।

वर्तमान समय में श्री रामकृष्ण परमहंस एवं स्वामी विवेकानन्द के जीवन और उनके शब्द ऐसी समयोचित टीकाएँ हैं जिनसे वेदों को समझा जा सकता है। इसी कारण इस पुस्तक में उनके जीवन के प्रसंगों और उनके शब्दों का बहुलता से प्रयोग किया गया है

जिससे यह स्पष्ट होता है कि वेद कोई अप्रासंगिक ग्रन्थ नहीं, अपितु आध्यात्मिक ज्ञान के वास्तविक एवं जीवंत स्रोत हैं।

यह पुस्तक *वेद विहंगम* वेद को ईश्वर तथा ब्रह्माण्डरूपी आकाश में विचरते एक मुक्त पक्षी के रूप में दर्शाती है, और साथ ही वेद का एक विहंगम दृष्टि या व्यापक दृष्टिकोण भी प्रस्तुत करती है। सही संदर्भ और उचित व्याख्याओं के साथ चुने हुए विशिष्ट मन्त्रों और सूक्तों की सहायता से यह वेद की महिमा, अद्वितीयता और विस्तार को प्रस्तुत करती है।

इस पुस्तक में दी गई प्रत्येक प्रार्थना एवं सूक्त जीवन के चार पुरुषार्थों में से किसी न किसी को संबोधित करती है। हमें आशा है कि यह पुस्तक सभी के लिए प्रीतिकर एवं पढ़ने में सरल सिद्ध होगी। पाठकगण जैसे–जैसे पुस्तक के अध्यायों का अध्ययन करेंगे, उन्हें कुछ भाग आकर्षक ही नहीं, मोहक भी प्रतीत हो सकते हैं, जबकि अन्य शायद कुछ कम। पाठकों के लिए यह उपयोगी हो सकता है कि वे अपनी प्रतिक्रियाओं पर ध्यान दें कि कौन से अध्याय या भाग उन्हें आकर्षक लगे और कौन से नहीं। इससे हो सकता है कि उन्हें पता चल जाए कि जीवन से वे क्या चाहते हैं – धर्म, अर्थ, काम या मोक्ष। हो सकता है कि इससे उनका जीवन सहज बन जाए।

प्रश्न उठ सकता है कि क्या वेद के चुने हुए कुछ भाग इनका सही निरूपण कर सकते हैं? उत्तर है हाँ, क्योंकि वेद चीनी के पर्वत के समान हैं जिसमें केवल चीनी ही चीनी है जिसे पाने के लिए भले ही किसी उत्खनक यन्त्र का प्रयोग किया जाए या फिर फावड़े या चम्मच का – निकलेगी मिठास ही। वेदों का उद्देश्य किसी भी व्यक्ति को उसकी वर्त्तमान अवस्था से उठाकर ऊपर ले जाना है। अगर यह एक ही मन्त्र से हो जाए तो इससे बढ़िया क्या हो सकता है! परंतु अगर उसके लिए अनेक ग्रन्थों की आवश्यकता पड़े तो फिर ऐसा ही सही। हिन्दू धर्म इस मामले में पूर्ण स्वाधीनता देता है।

इस पुस्तक का उद्देश्य वेद के भाव को सहज-सरल तरीके से लोगों तक पहुँचाना तथा जीवन में उनकी प्रासंगिकता को दिखाना है। इस प्रक्रिया में यह भारत की आध्यात्मिक परंपराओं की भी व्याख्या करती है। आशा है कि यह पुस्तक पाठकों के मन में वेद तथा अध्यात्म के विषय में और अधिक जानकारी प्राप्त करने की रुचि उत्पन्न करेगी।

यह पुस्तक वेदों के अध्ययन में मेरी निजी यात्रा की परिणति का भी सूचक है जो मैंने बचपन में आरंभ की और आजीवन अनेक रूपों में चलती रही। यह अपनी चरमसीमा पर तब पहुँची जब मुझे संन्यास ग्रहण करने की अनुमति प्राप्त हुई जिसके बाद एक संन्यासी गायत्री का भी त्याग कर देता है, और जिसके बाद जीवन के प्रति एक नवीन

दृष्टिकोण आरंभ होता है। परंतु जब मैंने अपने गुरुदेव से पूछा कि क्या मुझे गायत्री जप अब छोड़ देना चाहिए, तो उन्होंने कड़े स्वर में मुझसे पूछा कि क्या मुझे मन्त्र की सिद्धि हो चुकी है? उनके पूछने का अर्थ था कि क्या मुझे मन्त्र का आध्यात्मिक ज्ञान प्राप्त हो चुका था? उस एक पल में मैं यथार्थ से अवगत हुआ कि गायत्री एवं वेद, शब्दराशि नहीं, अपितु आध्यात्मिक सत्य हैं जिसकी यथार्थ अनुभूति हर व्यक्ति के लिए आवश्यक है।

इस पुस्तक की रचना में मैंने सायणाचार्य की वेदों पर भाष्य से सहायता ली है। इस अवसर पर मैं इन पूज्य आचार्य को श्रद्धांजलि और विनीत नमन अर्पण करना चाहूँगा जिन्होंने जनसामान्य के लिए वेदों पर विस्तार से भाष्य लिखकर उनको जीवंत कर दिया। अगर उनका यह योगदान न होता तो हम वेदों का अर्थ समझने में असफल रहते।

वेद पर कुछ अन्य टीकाओं, अनुवाद और संबंधित ग्रन्थों की भी सहायता ली गयी है जिनमें से कुछ का उल्लेख आभार सूची में किया गया है। कुछ यूरोपीय विद्वानों के लेख और पुस्तकों से भी सहायता ली गयी है। इन्होंने सटीक अनुवाद तो नहीं किया, पर लोगों तक वेद को पहुँचाने का सराहनीय काम किया है। इन सभी आचार्य और विद्वानों के प्रति मैं सश्रद्ध आभार व्यक्त करता हूँ।

प्रस्तुत पुस्तक की पाण्डुलिपि को तैयार करने में डा. वरदान सुमन, श्रीमती सीमा शर्मा तथा डा. नीरज कुमार भार्गव का बहुत बड़ा योगदान रहा है। हम उनके प्रति आभारी हैं।

संस्कृत भाषा में सन्धि और समास के कारण मन्त्र का उच्चारण कठिन हो जाता है। इसीलिए मन्त्रों के उच्चारण तथा समझने की सुविधा के लिए उनका सन्धि विच्छेद (–) चिह्न देकर मन्त्र के नीचे दिया गया है। पर, उच्चारण के समय मन्त्रों को सन्धि के साथ ही पढ़ना उचित रहेगा।

पूर्ण प्रचेष्टा के बाद भी इस पुस्तक में अशुद्धियाँ रह गयी होंगी, पर इनसे पुस्तक में वर्णित विषय पर कोई प्रतिकूल असर नहीं पड़ेगा। पाठकों से विनीत अनुरोध है कि इसके लिए वे हमें क्षमा करें।

पूर्ण विनीत भाव से मैं इस पुस्तक को प्राचीन काल के महानतम ऋषियों के प्रति समर्पित करता हूँ जिन्होंने अस्तित्व के गहनतम रहस्यों को प्रकाशित करके हिन्दू जीवन धर्म को संभव एवं धन्य बनाया।

साथ ही, मैं युगावतार श्री रामकृष्णदेव के पावन चरण-कमलों में दंडवत प्रणाम करता हूँ जिनके इस धरा पर विद्यमान होने का एक-एक पल वेदों की जीवन्त अभिव्यंजना रही।

I

वेद से वेदों तक

संपूर्ण मनुष्य-जाति के वर्तमान, भूत तथा भविष्य की कथा को चार सहज शब्दों में रखा जा सकता है – व्यक्ति जन्म लेता है, जीवनयापन करता है, संतान उत्पन्न करता है और मर जाता है। इससे आगे उनके अस्तित्व की छाप विश्व इतिहास या अन्य किसी विषय पर नहीं पड़ती। यह सत्य कटु है, पर है यथार्थ।

यदा-कदा नीरसता का यह क्रम तब टूट जाता है जब कोई व्यक्ति प्रकृति द्वारा स्थापित सीमा को लांघ कर बाह्य या आंतरिक जगत की खोज में उतर पड़ता है। बाहरी खोज में शरीर मन के पीछे-पीछे चलता है और जहाँ मन जाता है वहीं शरीर भी पहुँच जाता है, जबकि आंतरिक अन्वेषण में शरीर स्थिर रहता है और मन सत्य की मौन खोज में चलता चला जाता है। पारम्परिक जीवन कथा से परे, ऐसे लोग ही इतिहास रचते हैं।

विज्ञान, दर्शन, अन्वेषण आदि बाह्य क्षेत्रों में अवदान करने वालों की उपलब्धियाँ पर्याप्त मात्रा में लिपिबद्ध हैं, परंतु अध्यात्म के आंतरिक जगत को टटोलने वालों के बारे में हमारा ज्ञान फटे टाट की ही तरह है, अर्थात् कुछ भी नहीं। अवतारों और संतों की जीवनी तथा उपदेश लोकथाओं और ग्रन्थों में थोड़ा-बहुत उपलब्ध भी हैं, परंतु जो व्यापक अनुभव उनको आंतरिक जगत में हुए, उसके बारे में हमारा ज्ञान नगण्य है।

वेद उन आध्यात्मिक उपलब्धियों को हमारे समक्ष रखते हैं जिनका ज्ञान ऋषियों ने हजारों वर्ष पूर्व किया। ऋषियों के मन में जब भी आध्यात्मिक ज्ञान का अवतरण हुआ, वे उसे अपने शिष्यों के माध्यम से लोगों में वितरण करते रहे, और सहस्रों ऐसे ऋषियों के अवदान से भारत भूमि धर्म तथा अध्यात्म से आप्लावित होती रही जैसे

माँ गंगा स्वर्ग से भगवान शिव की जटाओं में उतरीं और वहाँ से सबके कल्याण हेतु प्रवाहित हुईं।

हजारों वर्ष पूर्व भारतीय उपमहाद्वीप के उत्तर पश्चिमी क्षेत्र (वर्तमान पाकिस्तान) में जिन लोगों का वास था, उनकी आध्यात्मिक तथा सांस्कृतिक जड़ें मूलतः सिन्धु-सरस्वती किनारे थी, पर गौण जड़ें पश्चिम में ईरान और पूर्व में गंगा के मैदानी इलाकों तक फैली थीं। वे जीवन के विभिन्न पहलुओं का भरपूर आनंद उठाते थे – जैसे खेती और पशुपालन में कुशल, उन्नत अस्त्र-शस्त्रों में विशारद, द्यूत और मद्यपान का आनंद लेना, प्रगाढ़ प्रेम में विश्वास रखना, आदि उनके स्वभाव में था। साथ ही, वे मरणोपरांत स्वर्ग जाकर आनंदपूर्ण अस्तित्व की कामना भी रखते थे।

जैसे-जैसे उनकी रुचि परिष्कृत हुई, वे आर्य कहे जाने लगे, क्योंकि आर्य का अर्थ होता है उच्च संस्कृति वाला। इसके विपरीत जिनके संस्कार साधारण थे, वे अनार्य कहलाए। आर्य और अनार्य शब्द जाति सूचक नहीं, वरन संस्कार सूचक हैं।

इनमें से कुछ और भी अधिक श्रेष्ठ मानसिकता वाले लोगों ने सांसारिक जीवन की दौड़-धूप और भोगों से पृथक हो, अपनी दृष्टि को अन्तर्मुखी कर ईश्वर के प्रति अपने आपको समर्पित कर दिया। ऐसे लोगों को आध्यात्मिक कहा जाता है।

आध्यात्मिकता वह भाव है जिसके माध्यम से व्यक्ति भोग के जाल से निकल कर आत्मज्ञान की ओर बढ़ता है। ऐसा करने के लिए उसे ध्यान परायण होना पड़ता है जिसके माध्यम से वह अपने मन को शांत करने की शक्ति पाता है; वरना मन तो हमेशा मत्त बन्दर की तरह हुड़दंग मचाता ही रहता है। गहन ध्यान द्वारा शांत किए हुए मन से व्यक्ति अस्तित्व के गूढ़ रहस्यों को जानकर परमात्मा से एकाकार हो सकता है।

तंत्र एवं योग परंपराओं के अनुसार, आध्यात्मिक उत्थान कुंडलिनी जागरण से हो पाता है जो हर व्यक्ति में सुप्तावस्था में विद्यमान रहती है। आध्यात्मिक अभ्यास के द्वारा कुंडलिनी सुषुम्ना नाड़ी से होकर विभिन्न चक्रों से होते हुए ऊपर उठती है। इस कुंडलिनी जागरण की अवस्था में विभिन्न आध्यात्मिक अनुभव होते हैं जिससे व्यक्तित्व का कायाकल्प हो जाता है।

सामान्यतया कुंडलिनी नीचे के तीन चक्रों में ही अवस्थित रहती है जिसके कारण व्यक्ति इंद्रिय सुखों का भोग कर पाता है। परंतु जब कुंडलिनी जागृत होती है तो वह इन नीचे के तीन चक्रों से उठकर हृदय चक्र में जा पहुँचती है। तब जाकर पहली बार दिव्य चेतना के जागरण का अनुभव होता है, जिस कारण साधक दिव्य ज्योति तथा

देव-देवी के रूपों के दर्शन करता है, और अनाहत ध्वनि को भी सुन पाता है। इस अवस्था को प्राप्त व्यक्ति संत कहलाते हैं।

पाँचवाँ चक्र कंठ के पीछे अवस्थित रहता है। जब कुंडलिनी यहाँ पहुँचती है तो व्यक्ति सांसारिक इच्छाओं के पार चला जाता है और फिर उसे ईश्वर के बारे में बातें करना ही भाता है। जो इस अवस्था में पहुँच जाते हैं, वे ऋषियों के समान पूजे जाते हैं।

जब भ्रू-मध्य अवस्थित छठे चक्र पर कुंडलिनी पहुँचती है तो व्यक्ति ईश्वर के स्वरूप के दर्शन पाने लगता है। यह अवस्था केवल श्रेष्ठतम ऋषि या अवतार ही प्राप्त कर सकते हैं।

अंतिम चक्र है सहस्रार जिसकी व्याख्या श्री रामकृष्णदेव ने 'वचनामृत' में इस प्रकार की है, 'जब कुंडलिनी सहस्रार में पहुँचती है और मन समाधि की अवस्था में पहुँच जाता है तो व्यक्ति का बाहरी संसार का बोध समाप्त हो जाता है। वह फिर शरीर में नहीं रह सकता। परंतु जो ईश्वरकोटि (व्यक्ति) होते हैं – जैसे कि ईश्वर के अवतार – वे इस समाधि की अवस्था से वापस आ सकते हैं....और उनका मन छठे और सातवें चक्र के बीच विचरण करता रहता है।'

इस अवस्था को प्राप्त ऋषि/आचार्य/धर्म-प्रवर्त्तक के शब्द धर्मग्रन्थ कहलाते हैं। बिना किसी अपवाद के, हर धर्म के आध्यात्मिक व्यक्तियों की आंतरिक यात्रा इन्हीं अवस्थाओं से होकर गुजरती है। इससे यह भी स्पष्ट होता है कि संतों द्वारा दिए गए भक्ति-गीत, वाणी आदि मन से नहीं, अपितु चेतना की एक उच्च अवस्था से आते हैं।

हम केवल कल्पना ही कर सकते हैं कि उन आध्यात्मिक अनुभवों को पाकर और कुंडलिनी जागरण के फलस्वरूप ईश्वरीय ज्ञान पाकर ऋषि कैसे आनंद से भर उठते होंगे। उदाहरण के लिए उन्हीं में से एक के उद्गार हैं – *वेदाहमेतं पुरुषं महान्तम् आदित्यवर्णं तमसः परस्तात्, तमेव विदित्वा अतिमृत्युमेति नान्यः पन्था विद्यते अयनाय* – 'मैंने उस महान पुरुष (ईश्वर) को जाना है जो सूर्य के समान प्रकाशमान और अंधकार से परे हैं। उसे जानकर ही कोई मृत्यु के पार जा सकता है। उस परम लक्ष्य (मुक्ति) की प्राप्ति का अन्य कोई मार्ग नहीं।'

हर धर्म के आचार्यों ने आत्मा के अस्तित्व को इस संसार से श्रेष्ठ माना है। जब श्री रामकृष्ण परमहंस से नरेन्द्रनाथ (जो बाद में स्वामी विवेकानन्द कहलाए) ने पूछा कि क्या उन्होंने ईश्वर को देखा है, तो उन्होंने उत्तर दिया, 'हाँ! मैं उसे ठीक उसी तरह देखता हूँ, जैसे कि मैं तुम्हें यहाँ देख रहा हूँ, बस उसे मैं और अधिक स्पष्ट रूप से देख पाता हूँ।'

इस बात पर संदेह करने का हमें कोई कारण नहीं क्योंकि हर युग के आचार्यों के पास ऐसा ज्ञान रहा है। ऐसे असंख्य वक्तव्यों और तथ्यों को अस्वीकार करना अतार्किक और अवैज्ञानिक होगा।

आत्मा के विषय में इस तथ्य के आधार पर हमें मानना होगा कि अस्तित्व की कई सूक्ष्म परतें और पहलू हैं। आखिर ऐसा तो नहीं हो सकता कि हम यहाँ पृथ्वी पर हैं तथा ईश्वर और कहीं हैं, एवं दोनों के बीच में कहीं कुछ भी नहीं। यह बात जरा भी युक्तिसंगत नहीं, और न ही यह आध्यात्मिक आचार्यों के अनुभवों से मेल खाती है।

कुंडलिनी जागरण के द्वारा प्राप्त आंतरिक अनुभव अस्तित्व के विभिन्न स्तरों का अनुभव है। भारतीय परंपरा के अनुसार ये स्तर चार हैं – *स्थूल जगत* जिसे इंद्रियों द्वारा अनुभव किया जाता है, *सूक्ष्म जगत* जिसे ध्यान में अवस्थित मन से अनुभव किया जाता है, *कारण जगत* जिसे ऋषिगण अनुभव करते हैं तथा *महाकारण* या अद्वैत की अवस्था जो अस्तित्व का कोई स्तर नहीं अपितु शुद्ध अस्तित्व है जिससे कोई एकाकार तो हो सकता है पर जिसे जाना नहीं जा सकता, क्योंकि उस अवस्था में मन पूर्णरूप से शांत होकर आत्मा में लीन हो जाता है जिस कारण उस अवस्था को जानने का कोई माध्यम नहीं रह जाता। इस अवस्था को मनोलय भी कहते हैं।

मन को एकाग्र करने से अस्तित्व के विभिन्न स्तरों का अनुभव संभव हो पाता है क्योंकि उस अवस्था में मन सूक्ष्म वस्तुओं को ग्रहण करने में सक्षम हो जाता है। मन एक जाल की तरह है, और एकाग्र मन उस जाल की तरह जिसके छिद्र बहुत ही छोटे होते हैं। इस कारण एकाग्र मन सूक्ष्म ज्ञान का बोध करने और उन्हें धारण करने में सक्षम हो जाता है।

जब मन स्थूल जगत के पार चला जाता है तब कैसा अनुभव होता है? यह स्वामी विवेकानन्द के जीवन की एक घटना से स्पष्ट होता है। एक बार श्री रामकृष्णदेव ने उन्हें स्पर्श किया। उसके बाद का वर्णन स्वामीजी स्वयं देते हैं :

'उनके स्पर्श से एक नवीन अनुभूति ने मेरे अंदर जन्म लिया। खुली आँखों से मैंने देखा कि मेरे आसपास कमरे की दीवारें और सभी वस्तुएँ तेजी से घूमने लगीं और लुप्त हो गईं, और लगा मानो पूरे ब्रह्माण्ड के साथ मेरा अस्तित्व एक सर्वव्यापी शून्य में लुप्त होता जा रहा है। मैं भयभीत हो गया और मुझे लगा कि मैं मृत्यु का अनुभव कर रहा हूँ, क्योंकि मेरे व्यक्तित्व का लुप्त होना मुझे मृत्यु से कम प्रतीत नहीं हो रहा था। मैं स्वयं पर नियंत्रण नहीं रख पाया और चीख उठा, "आप मेरे साथ यह क्या कर रहे हैं! घर

पर मेरे माँ-बाप हैं!" वे इस पर जोर से हँस पड़े और मेरी छाती को सहलाते हुए बोले, "ठीक है, अभी के लिए इतना ही। समय आने पर बाकी सब अनुभव हो जाएगा!"

आगे चलकर स्वामी विवेकानन्द ने अस्तित्व के चारों स्तरों का पूर्ण अनुभव किया जैसा कि उनसे पहले उनके गुरुदेव ने किया था।

देवी-देवताओं के दर्शन और ईश्वर के कुछ रूप सूक्ष्म जगत से संबंधित हैं, जिनका ज्ञान योगी, ऋषि और संत प्राप्त कर पाते हैं। ईश्वर का वास्तविक ज्ञान तथा दर्शन कारण जगत में होते हैं, जिनकी अनुभूति केवल महान संत तथा ऋषि ही कर पाते हैं। महाकारण की अनुभूति केवल ब्रह्म से एकाकार होकर हो सकती है जैसा कि कुंडलिनी के सहस्रार तक उठने के क्रम में वर्णित है।

चूँकि संसार की सारी वस्तुएँ और हमारे शब्द द्वैत से संबंधित हैं, इसीलिये हमारा मन या हमारे शब्द महाकारण अर्थात् अद्वैत की व्याख्या नहीं कर सकते। इसी कारण, वेद सहित कोई भी धर्मग्रन्थ इस अवस्था की प्राप्ति का पथ दिखा भर सकते हैं, पर इसके आगे कुछ नहीं कर सकते। उस अवस्था में मन का ही लय हो जाता है तो फिर कोई शब्द या ग्रन्थ वहाँ कैसे पहुंचेंगे! इस तथ्य को हिन्दू धर्म में स्पष्ट तौर पर बार-बार कहा जाता है। अर्थ यह है कि ग्रन्थों के भी ऊपर हमारी अनुभूतियाँ है, तथा हर व्यक्ति के जीवन का उद्देश्य ग्रन्थों की सीमा के पार जाकर आध्यात्मिक सत्य का अनुभव करना है।

चूँकि अस्तित्व के स्तरों का अनुभव केवल ध्यान द्वारा संभव है, इसीलिये युक्ति या तर्क के द्वारा इनके होने या न होने को सिद्ध नहीं किया जा सकता। उदाहरण के लिए, हमारा ज्ञान आंतरिक जगत की अपेक्षा बाह्य विषयों में अधिक स्पष्ट होता है। ऐसा इसीलिए कि भौतिक जगत का ज्ञान सबका समान होता है, और उसे तर्क द्वारा भी प्रमाणित किया जा सकता है। पर, स्वप्न का ज्ञान तथा आध्यात्मिक दर्शन पूर्णतया व्यक्तिगत होते हैं, इसीलिए अन्य लोग उन अनुभूतियों की सत्यता की गवाही नहीं दे सकते। इसी कारण, स्थूल विचार के लोग धर्म की सत्यता पर प्रश्न उठाते रहते हैं, पर जिसका उत्तर कभी नहीं दिया जा सकता। जो धर्म को जानते हैं, वे इस सत्य को जानते हैं, और इसीलिए वे ऐसे लोगों के सामने अपना मुँह नहीं खोलते।

तो क्या धर्म केवल विश्वास पर चलता है? ऐसा बिलकुल नहीं। धर्म के अध्ययन की अपनी विधि है जो निर्धारित युक्ति-तर्क पर चलती है। पर, यह पुस्तक ऐसे तर्क-विर्तकों के बारे में नहीं है। इतना कहना पर्याप्त है कि अस्तित्व के इन स्तरों के होने या नकारने का अर्थ संसार के सभी ग्रन्थों तथा अनादि काल से चले आ रहे ऋषियों और

संतों के वचनों को अस्वीकार करना होगा। और, ऐसा भी नहीं कि धर्म की बातें केवल भारत में ही रही हैं। धर्म तो विज्ञान के समान मुक्त ज्ञान है, जिसे कोई भी व्यक्ति कहीं भी पा सकता है, और पाता रहा है।

अध्यात्म के पूर्ण ज्ञान के लिए अस्तित्व के चारों स्तरों के बारे में जानना आवश्यक है, अतएव वही पुस्तक या ज्ञान पूर्ण है जो इन चारों स्तर के बारे में बतलाए और उनके अनुसार सभी वस्तुओं की व्याख्या करे। विज्ञान और भौतिकवादी हमें केवल स्थूल जगत के बारे में बतलाते हैं, जबकि विभिन्न धर्मों के ग्रन्थ अधिकतर सूक्ष्म एवं कारण जगत की व्याख्या करते हैं।

पर, वेद तीनों स्तरों की बात तो करते ही हैं, साथ ही चौथे, अर्थात् महाकारण के बारे में भी हमें बताते हैं कि कैसे कोई व्यक्ति उस अवस्था में पूर्णता प्राप्त कर सकता है। वेद ईश्वर से एकाकार होने और देवताओं की प्रार्थनाओं की बात करते हैं जो कारण एवं महाकारण से संबंधित हैं, साथ ही परलोक में श्रेष्ठ गति के लिए पवित्रता पाने की भी प्रार्थनाएँ देते हैं जो सूक्ष्म जगत से संबंधित हैं। साथ ही, साधारण लोगों के लिए इस जगत में सांसारिक संपन्नता प्राप्ति के लिए भी प्रार्थनाएँ हैं जिनमें धन प्राप्ति, परिजनों से स्नेह, युद्ध में विजय आदि शामिल हैं।

संक्षेप में कहें तो वेद धर्म को सम्पूर्ण रूप से हमारे समक्ष रखते हैं।

धर्म का अर्थ होता है 'धारण करना', अर्थात् अस्तित्व का आधार – चाहे वह स्थावर का हो या जंगम का। जैसे, आग का धर्म है जलाना, पानी का धर्म है गीला करना और मनुष्य का धर्म है श्रेष्ठता को प्राप्त करना। भौतिक पदार्थ अपने धर्म में बँधे रहते हैं, पर मनुष्य को हर प्रकार की स्वाधीनता रहती है जिसके माध्यम से वह कुछ भी कर सकता है, कुछ भी पा सकता है। धर्मग्रन्थ हमें हमारे धर्म (स्वरूप) की स्मृति कराकर जीने की विधि का ज्ञान कराते हैं जिससे कि हम अपनी वास्तविकता, अर्थात् ईश्वर से एक हो सकें। इस प्रकार के जीवन पथ को धर्म मार्ग कहा जाता है।

वेद के अनुसार धर्म के दो मार्ग हैं – एक कर्म का और दूसरा त्याग का। कर्म का मार्ग उनके लिए है जो संसार में रहते हैं और जिनसे आशा की जाती है कि वे जीवन के तीन पुरुषार्थों – अर्थ, काम या धर्म में से किसी एक या एकाधिक के प्रति समर्पित रहेंगे। इनमें से अर्थ व्यक्ति की भौतिक आवश्यकताओं की पूर्ति करता है, काम भावनात्मक आवश्यकताओं की पूर्ति करता है, तथा धर्म निम्न योनियों में जन्म से मुक्त करता है। इन सब के परे, त्याग का मार्ग व्यक्ति को मोक्ष प्रदान करता है जिससे वह जन्म-मरण

के चक्र से मुक्त हो जाता है। वेद इन सभी पुरुषार्थों का ज्ञान देते हैं तथा इनकी प्राप्ति का भी मार्ग स्पष्ट करते हैं।

धर्म का अनुसरण उचित साधनों द्वारा निष्ठापूर्वक करना चाहिए तथा उसका साधन भी धर्म ही है। इस प्रकार वेद आध्यात्मिक विकास द्वारा अस्तित्व के चारों स्तरों की उपलब्धि का मार्ग स्पष्ट करते हैं। धन्य हैं वेद!

***

सिंधु-सरस्वती तट पर बसे प्राचीन लोगों में ऋषियों और संतों की एक सुदीर्घ परंपरा थी। ये महापुरुष सत्य की उच्चतम प्रकृति का अनुभव कर पाए थे और इसीलिए इन्हें कई नामों से जाना जाता है, जैसे आप्त (जो सत्य प्राप्त कर चुके हैं), द्रष्टा (यथार्थ देखने वाला) और ऋषि (जिसने सत्य के दर्शन किए हों)।

हमें ज्ञात नहीं कि उनकी जीवन शैली क्या थी या वे कौन सी साधना या आध्यात्मिक अभ्यास करते थे, परंतु जो भी अध्यात्म से परिचित हैं वे जानते हैं कि जो ज्ञान ये ऋषि हमारे लिए छोड़ गए हैं, वह केवल कठोर तपस्या से ही प्राप्त हो सकता है।

श्री रामकृष्णदेव ने ऐसी ही साधना की थी। उन्होंने उन ऋषियों के जीवन की बड़े सुंदर ढंग से व्याख्या की है, 'वे ऋषि कितना परिश्रम करते थे! सुबह होते ही वे अपने आश्रम से निकल पड़ते थे और सारा दिन एकांत में रहकर ब्रह्म का ध्यान करते थे। रात को वे आश्रम लौट आते और कुछ फल या कंद ग्रहण कर लेते थे। वे अपने मन को भौतिक संसार की सभी विषय-वस्तुओं से दूरी बनाए रखते थे। इसी कारण वे ब्रह्म को अपनी चेतना के रूप में जान पाए।' वर्तमान युग के इन शब्दों में नूतन अनुपम सुगंध का अनुभव किया जा सकता है जो प्राचीन काल की महिमा को जीवंत रूप प्रदान करते हैं।

अनुभूतियों पर आधारित उन ऋषियों के शब्द, ज्ञान और प्रार्थनाओं के समेकित स्वरूप को वेद की संज्ञा दी गई, जिसका शाब्दिक अर्थ होता है ज्ञान।

साधारण मन इस ज्ञान को नहीं प्राप्त कर सकता, इसीलिये वेद को अपौरुषेय कहा गया है, अर्थात् वह ज्ञान जो मानव मन द्वारा रचित न हो। साथ ही, हिन्दुओं का मानना है कि जब ईश्वर सृष्टि करते हैं तो वे पहले वेद को प्रकट करते हैं जो अस्तित्व के सिद्धांत हैं। ऋषिगण इन सत्य को ध्यान के माध्यम से उपलब्ध कर पाते हैं जैसे न्यूटन ने गुरुत्वाकर्षण के सिद्धांत को जाना। चूँकि यह सारा ज्ञान ईश्वर से आते हैं, इसीलिये

वेद अपौरुषेय हैं अर्थात् दिव्य हैं। इन दोनों में से चाहे जिस प्रकार से वेद को देखें, ये मन के द्वारा नहीं रचे गए जैसे कविताएँ रची जाती हैं।

वेद की अपौरुषेयता को स्पष्ट करने के लिए यहाँ पर दो प्रसंगों का उल्लेख किया जा रहा है – एक श्री रामकृष्णदेव के जीवन से और दूसरा स्वामी विवेकानन्द के जीवन से।

श्री रामकृष्णदेव के जीवन, उपदेश और साधना की कथा सहज उपलब्ध है। जब वे बीस वर्ष के हुए, उन्होंने अध्यात्म के आंतरिक जगत में कदम रख लिए थे, जहाँ वे कभी धीर, और कभी तेज गति से चलते रहे। पारंपरिक पुस्तकीय ज्ञान से अनभिज्ञ होने के कारण उनका शास्त्रों का ज्ञान सीमित ही था। इसीलिये उनकी अनुभूतियाँ आध्यात्मिक जगत की सच्चाई के अनूठे साक्ष्य हैं।

अपनी साधना समाप्त कर लेने के पश्चात श्री रामकृष्ण उन दिनों के विख्यात लोगों से मिलने लगे ताकि अपनी अनुभूतियों की तुलना उनके विचारों से कर सकें। उन दिनों रवीन्द्रनाथ ठाकुर के पिता श्री देवेन्द्रनाथ ठाकुर एक ऋषि के रूप में जाने जाते थे। श्री रामकृष्ण उनसे मिलने गए और उनसे अनुरोध किया कि वे वेद से कुछ सुनाएँ। बाद में वे बोले थे, 'उन्होंने (देवेन्द्रनाथ ने) वेद से पाठ कर सुनाया, और कहा कि यह ब्रह्माण्ड एक दीपाधार या झाड़-फानूस की तरह है और हर एक जीव उसमें एक ज्योति की तरह। एक बार पंचवटी (दक्षिणेश्वर मंदिर) में ध्यान करते समय मुझे भी ऐसा ही दर्शन हुआ था। उनके शब्दों से मेरे दर्शनों का मेल था, और तब मैंने सोचा कि ये वास्तव में महान व्यक्ति हैं।'

श्री रामकृष्णदेव के अनुभव और श्री देवेन्द्रनाथ की व्याख्या वेद की प्रकृति को स्पष्ट करते हैं – अर्थात् वेद कोई उदात्त विचार मात्र नहीं है, अपितु आध्यात्मिक जगत के सत्य हैं तथा ऋषियों और सिद्ध पुरुषों के अनुभवों का निचोड़। कोई भी व्यक्ति ध्यान के माध्यम से इनका अनुभव कर सकता है, और यही नहीं, वेदों का नियमित पाठ करके अपने जीवन को कल्याणकारी भी बना सकता है।

एक अन्य प्रसंग है जब स्वामी विवेकानन्द अपने भारत भ्रमण के दिनों में पंजाब में यात्रा कर रहे थे। उनको सिंधु नदी के तट पर एक आध्यात्मिक दर्शन हुआ जिसमें उन्हें एक प्राचीन ऋषि बैठे दिखाई पड़े जो वेद की ऋचाओं का सस्वर पाठ कर रहे थे, पर उनका लय वर्तमान काल में किए जाने वाले लय से अलग था। इस घटना को याद करते हुए स्वामी जी ने बाद में कहा था :

'मैंने एक ऋषि को उस नदी के तट पर बैठा देखा। चारों ओर अंधकार छाया था, परंतु वे ऋग्वेद के मन्त्रों का उच्चारण कर रहे थे। मैं जाग गया और मेरा पाठ चलता रहा। वे ऐसी लय में पाठ कर रहे थे जो बहुत पहले प्रचलित थी ....वेद भारत भूमि के मानो राष्ट्रीय सुर हैं जिसके लय-ताल पर भारतीय संस्कृति खड़ी है। शंकराचार्य ने वेद की इस लय का प्रत्यक्ष किया था! निःसंदेह मैं मानता रहा हूँ कि युवावस्था में उन्हें भी ऐसा कोई दिव्य दर्शन हुआ था। वास्तव में उनके पूरे जीवन का कार्य केवल वेद और उपनिषदों के सौंदर्य से ओत-प्रोत था।'

ये दो प्रसंग यह भी दर्शाते हैं कि वेद-वर्णित आध्यात्मिक सत्य किसी व्यक्ति विशेष का नहीं, अपितु इनका अनुभव कोई भी, कहीं भी, किसी समय कर सकता है। इसी कारण ये अपौरुषेय हैं, तथा भारतीय जीवन शैली की लयबद्धता के सूचक हैं। इसी कारण वेद को बिना किसी विकृति के हजारों वर्षों से सुसंरक्षित रखा गया है।

***

विज्ञान की ही तरह, वेदों के वृहद ज्ञान में अगणित ऋषियों और ऋषिकाओं का योगदान रहा जिनमें से कुछ के नाम वेदों में पाए जाते हैं। उदाहरण के लिए, ऋग्वेद में 329 ऋषियों और 27 ऋषिकाओं का नाम मिलता है। यह इन महान आत्माओं के त्याग और तपस्या का फल है कि आज हमें *ॐ भूर्भुवः स्वः तत्सवितुर्वरेण्यं भर्गो देवस्य धीमहि धियो यो नः प्रचोदयात्* जैसे मन्त्र प्राप्त हुए हैं जिसका जप और ध्यान प्रतिदिन करोड़ों हिन्दू करते हैं। वेद के कारण ही धार्मिक सहिष्णुता का भाव भारत का राष्ट्रीय दृष्टिकोण बना है, जो *एकम् सत् विप्रा बहुधा वदन्ति* – 'सत (ईश्वर) एक है, परंतु ऋषिगण उसे अनेक नामों से पुकारते हैं' आदि मन्त्रों पर आधारित है।

वेद हमें छंदों के रूप में प्राप्त हुए हैं। जब वे एक पंक्ति के होते हैं तो वे मन्त्र कहलाते हैं और एक पूरी प्रार्थना को सूक्त कहा जाता है। उनकी पवित्रता का संरक्षण ब्राह्मण परिवारों द्वारा किया गया जो इस कार्य में पूर्णतः समर्पित रहते थे। इन्हें विकृति से बचाने के लिए विस्तृत उपाय किए गए थे जो आज भी प्रचलित हैं।

वेद शब्द 'विद्' धातु से बनता है जिसका अर्थ है ज्ञान। यह माना जाता है कि वेद में हर प्रकार का ज्ञान है जिसकी आवश्यकता हमें सांसारिक और आध्यात्मिक जीवन

में पड़ती है। परिहास में कहा जाता है कि अगर किसी की गाय भी खो गई हो तो वह जाकर उसे वेद में खोज सकता है।

हमें यह नहीं पता कि वेद की रचना कब आरंभ हुई, और इसे जानने की आवश्यकता भी नहीं। इतना कहना पर्याप्त होगा कि वेद भारत के लोगों के लिए अनमोल संपदा हैं जो हमें प्राचीनतम काल से गुरु-शिष्य परंपरा के अटूट क्रम से प्राप्त हुए हैं।

समय के साथ वेद का आकार बढ़ता गया। इससे यह आशंका बलवती हो गई कि अगर उनके संरक्षक परिवार की किसी कारण समाप्ति हो जाती है तो वेद के उस अंश का ज्ञान खो जाएगा। इसीलिये जब महर्षि व्यासदेव भारत भूमि पर अवतरित हुए (तिथि ज्ञात नहीं) तो उन्होंने उपलब्ध वेदों को एकत्र किया और उसे चार भागों में विभाजित कर दिया – ऋग्वेद, सामवेद, यजुर्वेद तथा अथर्ववेद। इस प्रकार एक वेद से चार वेदों का जन्म हुआ।

इनमें से ऋग्वेद ऋक् मन्त्रों (बहुवचन ऋचा) का संग्रह है जिनका एक विशेष प्रकार से उच्चारण होता है। सामवेद ऋग्वेद के ही उन मन्त्रों का संग्रह है जिनका गायन हो सकता है तथा जो एक विशेष तरह के यज्ञ में व्यवहृत होते हैं। यजुर्वेद यजुः (गद्य मन्त्रों) से बना है, और अथर्ववेद में विशेष प्रकार के छंद हैं। यज्ञ के अनुष्ठान में प्रत्येक वेद की विशेष भूमिका रहती है।

ऋग्वेद में दस मंडल हैं जिनके 1028 सूक्त में कुल 10462 ऋचाएँ हैं। अति प्राचीन तथा पवित्र माना जाने वाला यह वेद आध्यात्मिक ज्ञान, दर्शन और संस्कृति का एक विशाल भंडार है।

सामवेद में 1875 छंद हैं जिनमें से अधिकांश ऋग्वेद से हैं; यजुर्वेद में चालीस अध्यायों में 1975 मन्त्र हैं, और अथर्ववेद के 20 कांडों में 731 प्रार्थना हैं जिनमें कुल 5987 मन्त्र हैं। इन सभी को सामूहिक रूप से संहिता/मन्त्र के रूप में जाना जाता है। इनमें से प्रत्येक संहिता के साथ तीन और भाग जुड़े हुए हैं – ब्राह्मण, आरण्यक और उपनिषद।

जिस प्रकार विज्ञान का उपयोग तकनीकी और प्रायोगिक क्षेत्रों में होता है, उसी प्रकार ऋषियों के आध्यात्मिक ज्ञान को ब्राह्मणों ने यज्ञ के माध्यम से व्यावहारिक बनाया। ब्राह्मण शब्द का अर्थ होता है – 'ब्रह्म चिंतन में लीन', परंतु अधिकतर ब्राह्मण उस उच्च अवस्था तक पहुँचने में असफल रहे, अतः वे पंडित और पुरोहित होकर रह गए, और इसीलिये उन्होंने वेदों का प्रयोग यज्ञों के लिए ही किया। यह कोई अपवाद नहीं, क्योंकि वर्तमान समय में भी लोगों को गीता यज्ञ या चंडी यज्ञ करते देखा जाता

है, जबकि ये दोनों ग्रन्थ गहन दार्शनिक ज्ञान सँजोए हुए हैं। लोगों का स्वभाव है कि वे चिंतन-मनन-पठन आदि कि तुलना में पूजा-पाठ, यज्ञ-हवन आदि को उनके स्थूल रूप के कारण अधिक पसंद करते हैं।

धीरे-धीरे वेद यज्ञों के ग्रन्थ के रूप में पूरे देश में प्रचलित हो गए, एवं हर प्रकार के और हर अवसर के लिए किए जाने वाले यज्ञों की लोकप्रियता हो गई। आज भी विवाह समारोह, श्राद्ध, उपनयन आदि अनुष्ठान वैदिक यज्ञों द्वारा ही संपन्न किए जाते हैं। वाल्मीकि रामायण में यज्ञों का महत्त्व स्पष्ट उभरकर सामने आता है, जिसमें उनका प्रचलन प्रचुर मात्रा में देखा जा सकता है। श्री राम जी का यज्ञ माध्यम से जन्म, विश्वामित्र मुनि का यज्ञ, राजा जनक का यज्ञ आदि इसके उदाहरण हैं।

यह माना जाता है कि किसी यज्ञ के सफल होने के लिए अनुष्ठान का विधिवत संपन्न होना, मन्त्रों का सही उच्चारण होना तथा यज्ञकर्ता का पवित्र होना परम आवश्यक है। यज्ञ के दौरान प्रार्थना के लिए ऋग्वेद, आहुति डालने के लिए यजुर्वेद, और सामगान के लिए सामवेद का उपयोग किया जाता है। इसी कारण इन्हें 'त्रयी' नाम से भी जाना जाता है। अथर्ववेद का यज्ञ से सीधा संपर्क नहीं, पर इसका प्रतिनिधित्व करने वाला ब्राह्मण यज्ञ का पर्यवेक्षण करता है (जिन्हें ब्रह्मा कहा जाता है), अतः उसे चारों वेदों का ज्ञाता होना आवश्यक है।

यज्ञ संपन्न करने के लिए विभिन्न प्रकार के विवरणों की आवश्यकता रहती है जिनको 'ब्राह्मण' (वेदों का एक खंड, न कि ब्राह्मण वर्ण) में संग्रहित किया गया। इसके अलावा इनमें तत्कालीन धार्मिक प्रथाओं, विभिन्न जाति के लोगों के कर्तव्य, रीति-रिवाज, ब्रह्माण्ड विज्ञान, ऐतिहासिक विवरण, कहानियाँ, किंवदंतियाँ और आख्यान भी शामिल हैं।

लगभग सभी ब्राह्मणों के परिशिष्ट के रूप में 'आरण्यक' (शाब्दिक रूप से 'वन ग्रन्थ') हैं। इन ग्रन्थों का मुख्य विषय यज्ञ एवं दर्शन का प्रतीकात्मक विवरण है।

उपनिषद वेद के चतुर्थ खंड होते हैं। इनका मूल विषय है आत्मा और ब्रह्म का ऐक्य – 'अहम् ब्रह्म अस्मि'।

वेद के अध्ययन हेतु छः अन्य विषयों में निपुणता आवश्यक है जिन्हें वेदांग, अर्थात् वेदों के अंग कहा जाता है। ये हैं – *शिक्षा* (उच्चारण एवं अर्थ सहित भाषा का ज्ञान), *व्याकरण*, *छंद*, *निरुक्त* (वैदिक शब्दों के मौलिक अर्थ), *ज्योतिष* एवं *कल्प* (अनुष्ठानों एवं आचरण के नियम)।

समय के साथ ऋषियों ने वेद पर आधारित दर्शन सिद्धांतों को रूप दिया। ये छह हैं जिन्हें षड्दर्शन कहा जाता है – *सांख्य, योग, न्याय, वैशेषिक, मीमांसा* एवं *वेदान्त।*

***

वेद के विभाजन के बाद व्यासदेव ने वेदों की परम्परा को संरक्षित रखने का कार्य अपने चार शिष्यों को सौंपा। इनमें ऋग्वेद का दायित्व पैल को, सामवेद जैमिनी को, यजुर्वेद वैशम्पायन को और अथर्ववेद सुमंत को दिया।

बाद में वैशम्पायन और उनके विलक्षण शिष्य, याज्ञवल्क्य, के बीच मतभेद हुआ। इस पर याज्ञवल्क्य ने अपने गुरु का और जो भी उनसे सीखा था, सबका त्याग कर दिया। फिर वे भगवान सूर्य की तपस्या करने चले गए ताकि वेद का ज्ञान बिना किसी मानवीय गुरु के उन्हें प्राप्त हो सके। सूर्य भगवान उनके तप से प्रसन्न हुए और इस प्रकार उन्हें यजुर्वेद का एक नया संस्करण प्राप्त हुआ जिसे शुक्ल यजुर्वेद कहा जाता है, जबकि मूल कृष्ण यजुर्वेद कहलाया। दोनों की विषय वस्तु में बहुत कम अंतर है, परंतु उनके आयोजन एवं परंपरा में भेद है, इसीलिए इनका उद्धरण एक दूसरे से स्वतंत्र रूप में किया जाता है।

वेद को श्रुति कहकर संबोधित किया जाता है जिसका अर्थ है जो सुनकर सीखा गया हो। यह शब्द वेद की श्रेष्ठता का भी सूचक है। वेद के अलावा अन्य सारे ग्रन्थ (जैसे रामायण, महाभारत, गीता, पुराण, मनुस्मृति आदि) स्मृति कहे जाते हैं। हिन्दू धर्म श्रुति-स्मृति पर आधारित है।

वेद के महत्व एवं अर्थ को समझने के लिए मीमांसा दर्शन ने व्याख्या की एक विस्तृत पद्धति दी ताकि इन ग्रन्थों को समझा जा सके। उस दर्शन में दिखाया गया कि किस प्रकार वेद में 'अर्थवाद' हैं, जिसे यज्ञ आदि की प्रशंसा के लिए किया जाता है जिनका उद्देश्य लोगों को शुभ कर्मों की ओर प्रोत्साहित करना है। उदाहरण के लिए स्वर्ग और नरक से संबंधित विवरण अर्थवाद में शामिल हैं। एक वैदिक कथन है कि अगर कोई अकेला भोजन करता है तो वह नरक में जाता है। इस कथन के माध्यम से व्यक्ति को भोजन बाँटकर खाने के लिए प्रोत्साहित किया जा रहा है। वेदों के सही अर्थ को समझने के लिए अर्थवाद को समझना आवश्यक होता है, नहीं तो लोग अनावश्यक बातों में फँसे रह जाते हैं।

वेद की एक अन्य विशेषता है कि इनमें बहुत से नामधेय हैं, जिनमें देवताओं, असुरों, मनुष्यों तथा अन्य को श्रेणीबद्ध और सूचीबद्ध किया गया है। ऐसी सूचियों को बहुत अधिक महत्त्व देने की आवश्यकता नहीं। पर, सत्य तो यह है कि अधिकतर पंडित नामधेय और अर्थवाद के जाल में फँसकर धर्म की दुर्गति कर देते हैं।

वेद में बहुत सारी स्तुतियाँ पुरोहितों, दान आदि के गुणगान के लिए भी हैं इनका उद्देश्य लोगों को उनके संकीर्ण एवं स्वार्थपूर्ण जीवन से बाहर लाकर व्यापकता की ओर प्रेरित किया जाना है।

संक्षेप में कहें तो वेदों का मूल ध्येय स्वयं आध्यात्मिक बनने तथा दूसरों को भी इस मार्ग पर साथ लेकर चलने का है। बाकी जो कुछ इन ग्रन्थों में है, वह गौण है।

वेद संकीर्ण विचारधारा के नहीं है। अन्य धर्मों के ग्रन्थों की तरह वे आदेशात्मक नहीं, अपितु आध्यात्मिक मार्ग पर दिशा निर्धारकों के समान हैं जिनको कोई भी आध्यात्मिक साधक अपने काम में लगा सकता है।

हर ज्ञान पवित्र है, परंतु वेद इसीलिये भी पवित्र हैं क्योंकि इनका ज्ञान निजी रूप से प्राप्त करना होता है। वास्तव में वेदों का महत्व आध्यात्मिक सत्यों की व्यक्तिगत अनुभूति में है। श्री रामकृष्णदेव कहते थे, 'इस स्थान की (उनकी) अनुभूतियाँ वेद-वेदान्त के पार चली गईं हैं।' ऐसा इसीलिए कि हर साधक को वेद की सहायता लेनी चाहिए, लेकिन फिर व्यक्तिगत अनुभूतियों द्वारा उनके पार चले जाना चाहिए, क्योंकि ये अनुभूतियाँ वेद के अनुरूप तो होंगी, परंतु अपने आप में अनूठी भी होंगी। उपनिषद और गीता में कई श्लोक हैं जिनमें वे वेद के पार, अर्थात् शब्दों के पार जाकर वास्तविक अध्यात्म में मुक्ति की साँस लेने को प्रोत्साहित करते हैं। यह भाव अन्य किसी भी धर्म या धर्मग्रन्थ में उपलब्ध नहीं। यह एक परम सत्य है कि मुक्ति-विज्ञान के रूप में हिन्दू धर्म अतुलनीय एवं सर्वोपरि है।

हिन्दू धर्म के संदर्भ में वेद को प्रमाण माना जाता है, अर्थात् ये आध्यात्मिक तथ्यों के ज्ञान का एक वैध स्रोत हैं, ठीक उसी प्रकार जैसे इंद्रिय-ज्ञान इस संसार में प्रामाण्य माने जाते हैं। इसी कारण भारतीय दर्शन की हर परंपरा अपने-अपने कथनों का प्रमाण वेद से प्राप्त करती है। आध्यात्मिक अनुभूति के मामले में भी आचार्यगण वेद को ही प्रमाण मानते हैं।

उपलब्ध वेद मन्त्रों (केवल संहिता) की संख्या करीब ९0,000 पद (पंक्ति) हैं। इतने व्यापक विस्तार के होते हुए भी चारों वेद तथा उनके सभी खण्डों का संरक्षण मौखिक ही किया जाता है, यद्यपि अब ये छपे हुए भी उपलब्ध हैं।

वैदिक भाषा स्वराघात प्रधान भाषा है जिसमें एक ही स्वर का तीन तरह से प्रयोग किया जाता है – स्वरित, उदात्त एवं अनुदात्त – उच्च स्वर, सामान्य स्वर एवं निम्न स्वर। इन स्वराघातों के कारण शब्द का अर्थ बदल जाता है। एक प्रचलित कथा के अनुसार (तैत्तिरीय संहिता 2.4.12) त्वष्टा इन्द्र से बदला लेना चाहते थे, जिसके लिए उन्होंने एक यज्ञ संपन्न किया ताकि एक ऐसे पुत्र का जन्म हो सके जो इन्द्र को समाप्त कर सके। यज्ञ के समय त्वष्टा ने 'इन्द्रशत्रुः वर्द्धस्व' मन्त्र का उच्चारण गलत कर दिया। सही उच्चारण का अर्थ बनता है – 'त्वष्टा का पुत्र शक्तिशाली बनकर इन्द्र का संहार करे।' परंतु गलत उच्चारण के कारण मन्त्र का अर्थ हो गया – 'इन्द्र मेरे बेटे का संहार करे।' इसके फलस्वरूप त्वष्टा का पुत्र इन्द्र के हाथों मारा गया!

आगे चलकर वेद और इसके उच्चारण को दूषित होने से बचाने के लिए ऋषियों ने अनेक सावधानियाँ बरतीं। इसीलिए पद-पाठ, संहिता-पाठ तथा अन्य पद्धतियों को लागू किया गया जो वेद को विशुद्ध रूप में रखने के लिए आज भी उपयोग में लाई जाती हैं।

जब पहली बार वेद के प्रकाशन हेतु मैक्स मूलर ने उन्नीसवीं सदी में इनका संकलन किया तो संसार यह देखकर आश्चर्यचकित रह गया कि किन्हीं दो परिवारों के ग्रन्थों में एक भी शब्द का भेद न था, हालांकि वे एक-दूसरे से सहस्रों मील दूरी पर रहते थे तथा उन्होंने उन ग्रन्थों का संरक्षण मौखिक परंपरा में बिना किसी अशुद्धि के किया था।

अपनी पुस्तक *भारत हमें क्या सिखा सकता है* में उन्होंने कहा है, 'यह सुनने में आश्चर्यजनक लगेगा परंतु यह एक ऐसा सच है जिसकी जाँच कोई भी संदेह करने वाला कर सकता है – वर्तमान में अगर ऋग्वेद का हर एक संस्करण खो जाए, तो भी हम पूरा ग्रन्थ भारत में रह रहे श्रोत्रियों के माध्यम से वापस प्राप्त कर सकते हैं। ये श्रोत्रिय (जो ब्राह्मण वेद के प्रति समर्पित रहते हैं) पूरे ग्रन्थ को अपने गुरु के मुख से सुनकर याद कर लेते हैं और कभी लिखित या छपे हुए ग्रन्थों की शरण नहीं लेते, एवं आगे चलकर वे अपने शिष्यों को भी इसी तरह सिखाते हैं। ऐसे अनेक पंडित ऑक्सफोर्ड में हैं। वे न केवल सभी ऋचाओं को मौखिक सुना पाए बल्कि उन्होंने सही स्वराघात के साथ सुनाया, तथा यही नहीं, मुझे आश्चर्य हुआ कि ऋग्वेद की मेरी छपी हुई प्रति को पढ़कर उन्होंने सीधे-सीधे उसमें त्रुटियाँ ढूँढ़ डालीं।'

जिस प्रकार की संस्कृत का प्रयोग वेद में हुआ है, वह बहुत पहले ही अप्रचलित हो चुकी है। महान आचार्य यास्क ने (700 ई.पू.) वैदिक व्याकरण, व्युत्पत्ति तथा अर्थ विज्ञान की व्याख्या की, एवं सायणाचार्य ने (तेरहवीं सदी) ऋग्वेद पर अपना विख्यात

भाष्य लिखा। उन दोनों के अमूल्य योगदान के कारण ही आज हम वेद को समझ पाते हैं, नहीं तो इनका अर्थ समझना लगभग असंभव था।

वेद का भविष्य

यह वेद का एक संक्षिप्त विवरण था जिसमें दिखाया गया कि किस तरह उच्चतम ज्ञान ऋषियों के मन में उतरा और वहाँ से उतरकर हिंदू जीवन पद्धति को हजारों वर्षों तक पोषित करता रहा है।

वेद का उद्देश्य मनुष्य के असहाय मन में ईश्वर का भय उत्पन्न करना नहीं है, न ही ऐसे ईश्वर के लिए प्रेम उत्पन्न करना जो हमसे बहुत दूर है। वेद, जैसा कि इनके नाम से स्पष्ट है, आध्यात्मिक ज्ञान का भंडार हैं जहाँ से अनगिनत धाराओं के माध्यम से ज्ञान प्रवाहित होता रहा है ताकि शुष्क जीवन को अमृत प्रदान किया जा सके। ये ग्रन्थ स्पष्ट करते हैं कि भौतिक ब्रह्माण्ड से परे क्या है तथा कैसे इस ज्ञान में जाग्रत होकर हमारा जीवन कल्याणमय बन सकता है। इतना ही नहीं, वेद इस ज्ञान को हर मनुष्य की धरोहर बतलाते हैं जिसके लिए उन्हें केवल धर्म के पथ पर चलना होगा।

भारत, जो पहले मात्र एक भूमिखंड था, वेद के कारण अध्यात्म की भूमि बन गया और आगे भी तब तक बना रहेगा जब तक कि इन चार वेदों को जीवंत ग्रन्थों के रूप में स्वीकार किया जाता रहेगा। इन ग्रन्थों को किसी प्राचीन पाण्डुलिपि की तरह न देखकर, जो केवल संग्राहलय की शोभा बढ़ाती हैं, इन्हें जीवन में उतारने की आवश्यकता आज भी है, और हमेशा रहेगी॥

***

II

सभी के लिए प्रार्थनाएँ

पिछले अध्याय में स्पष्ट किया गया कि कैसे भारतीय ऋषियों ने अपनी आध्यात्मिक अनुभूतियों के माध्यम से हजारों वर्षों तक ज्ञान के भंडार में योगदान दिया जो वेद कहलाए। इस ज्ञान को ध्यान, यज्ञ या प्रार्थनाओं में व्यवहार किया जाता है।

यज्ञ/हवन पावन अनुष्ठान हैं जिसमें मन्त्रों के उच्चारण के साथ अग्नि में आहुति दी जाती है। समय के साथ यज्ञ की कला, विज्ञान और तकनीक को ब्राह्मणों ने आत्मसात कर लिया जिसे मीमांसा दर्शन के नाम से जाना जाता है। इस दर्शन में वेद के हर पहलू के लिए मापदंड निर्धारित किए गए जैसे उनकी परिभाषा, प्रयोग, विशेषता आदि, और इस प्रकार भारत एक कर्मकांडी समाज बना जो आजतक प्रचलित है।

यह पुस्तक यज्ञ के किसी पहलू की व्याख्या नहीं करती अपितु इसमें ध्यान और प्रार्थना के लिए वेद के मन्त्रों और सूक्तों को उनके वास्तविक रूप में स्पष्ट किया गया है।

प्रार्थना किसी व्यक्ति या समूह को परमात्मा से जोड़ने का शाब्दिक माध्यम है जिसमें पूजा आदि कर्म भी शामिल हो सकते हैं। प्रार्थना का उद्देश्य ईश्वर से कोई कामना करना होता है जिसकी पूर्ति अन्य किसी माध्यम से संभव न हो। प्रार्थना के साथ उस फल को प्राप्त करने के लिए उचित प्रयास आवश्यक हैं, क्योंकि इनके बिना प्रार्थना खोखले शब्द मात्र हैं। उच्चतम स्तर पर प्रार्थना के अर्थ का चिंतन मौन रहकर किया जाता है, जबकि साधारणतया प्रार्थनाएँ बोलकर की जाती हैं। सांसारिक कल्याण, जैसे कि किसी समस्या के समाधान या धन प्राप्ति के लिए प्रार्थना हो सकती है, तथा

शान्ति, पवित्रता और आत्मोन्नति (जो आंतरिक विकास के लक्षण हैं) के लिए भी प्रार्थनाएँ की जा सकती हैं।

प्रश्न उठ सकता है कि जब सब कुछ अपने अन्दर से ही प्राप्त होता है तो प्रार्थना करने की क्या आवश्यकता? या फिर इतने देव-देवियों से प्रार्थनाएँ क्यों की जाएँ जैसा कि वैदिक या हिन्दू परंपरा में किया जाता है, जबकि एकमात्र परमेश्वर से ही प्रार्थना की जा सकती है जैसा कि अन्य धर्मों में किए जाते हैं?

उत्तर है कि ईश्वर नाम, रूप तथा गुणों से परे हैं, और साथ ही वे हमारी अस्तित्व का स्रोत एवं पूर्णता हैं, अर्थात् वे हमारे आत्मा हैं। परंतु सभी कर्म और अनुभूतियाँ मन से होती हैं जो स्वाभाविक रूप से सीमित है। केवल आत्मा / ईश्वर ही अनन्त और असीम हैं। हमारी प्रार्थनाएँ मन से उत्पन्न होती हैं और इसीलिए इसमें पूजक और पूज्य में द्वैत का भाव रहता है। इसीलिए जब अनंत परमेश्वर को हम मन से देखने का प्रयास करते हैं, तो वे सीमित प्रतीत होते हैं जिनमें ऐश्वर्य, बल, ज्ञान आदि गुण होते हैं। यह ऐसा है जैसे कि एक खिड़की से किसी विशाल पर्वत को देखा जाए। पर्वत तब खिड़की के अनुसार सीमित ही दिखाई पड़ेगा। ठीक उसी प्रकार अनन्त ईश्वर, जो वास्तव में हमारे अन्दर हैं, वे हमारे मन के अनुसार प्रतीत होते हैं, और हम उनसे ही प्रार्थना करते हैं।

जब ईश्वर के गुणों को किसी साकार रूप में देखा जाता है तो उसे देवी या देवता कहा जाता है। इसीलिये अपनी निजी प्रकृति तथा आध्यात्मिक विकास के आधार पर ईश्वर हमें विशिष्ट गुणों से संपन्न देवी-देवताओं के रूप में दृष्टिगोचर होते हैं, या परमात्मा के रूप में जिनमें अनंत गुण हैं, या फिर निर्गुण ब्रह्म के रूप में जो रूप-गुण के पार निराकार हैं। ईश्वर वही रहते हैं, केवल हम अपने मन के कारण उन्हें अलग-अलग रूप-स्वरुप में देखते हैं।

वेद की प्रार्थनाएँ देवताओं के लिए की जाती हैं, परंतु वास्तव में वे ईश्वर को ही संबोधित हैं जो अनंत हैं। इसीलिये वेद के प्रत्येक मन्त्र पर ध्यान किया जा सकता है या उसे प्रार्थना के रूप में प्रयोग किया जा सकता है। अगर किसी प्रार्थना का प्रयोग जप के लिए (जैसे कि गायत्री मन्त्र) किया जाता है तो उसके पहले ॐ लगाया जाता है।

पुस्तक का यह भाग वेद के कुछ विख्यात प्रार्थनाओं को प्रस्तुत करता है जो प्राचीन समय से चलते हुए हम तक पहुँची हैं, और आज भी जिनका पाठ श्रद्धापूर्वक किया जाता है।

1.
शान्ति मन्त्र

शान्ति एवं समृद्धि के लिए ये मन्त्र किसी भी, निजी या सामूहिक, कार्य को आरंभ करने से पहले पाठ किए जाते हैं। ये मन्त्र हमें अलग-अलग वेदों से संबद्ध उपनिषदों से प्राप्त हुए हैं, हालाँकि इनकी कुछ पंक्तियाँ वेद में भी विद्यमान हैं।

किसी भी शुभ कार्य की सफलता के लिए ईश्वर की कृपा महत्त्वपूर्ण है, क्योंकि अशुभ शक्तियाँ, जो दिखाई तो नहीं पड़तीं, पर किसी भी शुभ कार्य में बाधा डालने हेतु सर्वदा विचरती रहती हैं। इसीलिए ऋषियों ने हमारे लिए प्रार्थना का विधान बनाया ताकि अशुभ शक्तियों का शमन हो सके।

प्रश्न उठता है कि अगर ईश्वर दया, प्रेम आदि गुणों से परिपूर्ण हैं, तो फिर उनकी सृष्टि में अशुभ शक्तियाँ कैसे हो सकती हैं? ऐसा इसीलिये होता है क्योंकि संसार में कुछ भी पूर्णतः शुभ-अशुभ या अच्छा-बुरा नहीं होता। यह हमारी दृष्टि ही है जिस कारण हमें कुछ वस्तुएँ अपने कल्याण के विपरीत नजर आती हैं; जैसे एक शेरनी अपने बच्चों की रक्षा करने वाली माँ होती है, परंतु किसी अन्य को वह भयंकर प्रतीत हो सकती है। अच्छा या बुरा, ये सब भाव मन के हैं जो सदा द्वैत में अवस्थित रहता है। पर, ईश्वर अनन्त चैतन्य हैं जो हर प्रकार के द्वैत से परे हैं, जबकि हम द्वैत में फँसे हैं। इसी कारण हम अपनी इच्छा अनुसार फल चाहते हैं। जिन शक्तियों को हम शुभ मानते हैं वे ईश्वर से प्रार्थना करने से हमारे आसपास एकत्र होने लगती हैं तथा सफलता प्रदान करती हैं।

परंतु वास्तविक अध्यात्म हर प्रकार के द्वैत से परे है, जहाँ न कुछ अच्छा होता है न बुरा। और इसीलिए साधक को हर प्रकार की इच्छा-अनिच्छा के पार जाना होता है। यह वह अवस्था है जिसे लक्ष्य बनाकर वह मुक्ति की ओर बढ़ता है, चाहे आध्यात्मिक यात्रा कहीं से भी आरंभ हुई हो।

पहला मन्त्र गुरु और शिष्य के कल्याण के लिए है। सामूहिक तौर पर भी सद्भाव एवं शान्ति के लिए इसका पाठ किया जाता है –

ॐ सह नाववतु। सह नौ भुनक्तु।
सह वीर्यं करवावहै। तेजस्विनावधीतमस्तु मा विद्विषावहै।
ॐ शान्तिः शान्तिः शान्तिः ॥ कृष्ण यजुर्वेद

ॐ सह नौ-अवतु। सह नौ भुनक्तु।
सह वीर्यं करवावहै। तेजस्वि-नौ–अधीतम्-अस्तु मा विद्विषावहै।
ॐ शान्तिः शान्ति शान्तिः ॥

ॐ! परमात्मा हम दोनों की रक्षा करें। वे हम दोनों को ज्ञान प्रदान करें। हम दोनों में ज्ञान प्राप्ति की शक्ति हो। जो भी हम अध्ययन करें वह सत्य को प्रकट करे। हम में एक-दूसरे के प्रति कोई द्वेष न हो। ॐ शान्तिः शान्तिः शान्तिः ॥

हिन्दुओं, बौद्ध, जैन एवं सिख सहित सभी भारतीय परंपरा में 'ॐ' ईश्वर का श्रेष्ठतम प्रतीक है। ईश्वर हर वस्तु, विचार और शब्द के आधार हैं। इस संसार में हर वस्तु किसी विचार की भौतिक अभिव्यक्ति है जिसका शाब्दिक रूप कोई नाम या ध्वनि होता है। जैसे, पत्थर एक वस्तु, नाम और विचार है। विचार के कारण हम उसे सोच सकते हैं, वस्तु के कारण उसे काम में लगाया जा सकता है, तथा शब्द के रूप में उसे जाना जा सकता है।

वस्तुतः ये तीन (वस्तु, विचार, शब्द/नाम) एक ही हैं, केवल इनकी अभिव्यक्ति की अवस्था के रूप भिन्न है – भौतिक, मानसिक एवं शाब्दिक। मन के लिए इस भिन्नता से कोई अंतर नहीं पड़ता, और इसीलिए मन तीनों को एक ही रूप में स्वीकारता है, जैसे तराजू सोना या लोहा में अन्तर न देखकर केवल भार बताता है।

ॐ (संस्कृत में इसका विच्छेद अ, उ और म के रूप में होता है) सभी शब्दों का आधार है, क्योंकि इन्हीं तीन ध्वनियों में सभी जीवों की ध्वनि का समावेश है – 'अ' कंठ से, 'उ' गले से, तथा 'म' होठों से। अर्थात्, ब्रह्माण्ड के सभी वस्तुओं के नाम ॐ द्वारा सूचित हो जाते हैं। अब चूँकि वस्तु और उसका नाम (शब्द) अपृथक हैं, इसीलिये ॐ ब्रह्माण्ड के सब कुछ का सूचक है। उधर, ब्रह्माण्ड का आधार साक्षात ईश्वर हैं। अतः ॐ और ईश्वर, दोनों एक ही अस्तित्व के आधार हैं, और इसीलिए वे एक हैं। ॐ में 'म' के उपरांत आने वाला मौन निराकार ब्रह्म का सूचक है। इसीलिये ॐ को साकार एवं निराकार ईश्वर का प्रतीक माना जाता है।

ईश्वर के लिए प्रयुक्त कोई भी अन्य नाम लिया जा सकता है परंतु ॐ ही ईश्वर को सही और सार्थक रूप से अभिव्यक्त करता है। इसीलिए हर प्रार्थना और मन्त्र के उच्चारण का आरंभ अनिवार्य रूप से ॐ से ही किया जाता है।

तेजस्वि नौ अधीतम् जो भी हम अध्ययन करें वह सत्य को प्रकाशित करे, का प्रयोग इसीलिये किया गया है क्योंकि किसी विषय में निपुण होने के लिए शक्ति की

आवश्यकता होती है। सारा ज्ञान अपने अन्दर से ही प्रकट होता है, जबकि जानकारी बाहर से मिलती है, इसीलिये जब कोई व्यक्ति किसी विषय में कुशलता प्राप्त कर लेता है तो उसका वह ज्ञान अन्दर से ही प्रकट हुआ होता है। इस ज्ञान को प्रकट करने के लिए शक्ति की आवश्यकता पड़ती है जिसके लिए यहाँ प्रार्थना की जा रही है।

इसके अतिरिक्त यह प्रार्थना वक्ता एवं श्रोता के बीच उत्पन्न होने वाले किसी भी प्रकार के द्वेष को समाप्त करने की भी कामना करती है *मा विद्विषावहै* हममें एक-दूसरे के प्रति कोई द्वेष न हो। ऐसे उदाहरण हुए हैं जब गुरु और शिष्य के बीच मतभेद या द्वेष उत्पन्न हो गया, जैसे कि याज्ञवल्क्य और उनके गुरु वैशम्पायन के बीच हुआ था जिसका उल्लेख हमने पिछले अध्याय में किया था।

तीन बार *शान्तिः* का प्रयोग आंतरिक ताप को उत्पन्न करने वाले तीन प्रकार के विघ्नों के शमन के लिए किया जाता है। ये विघ्न हैं – *आध्यात्मिक* अर्थात् स्वास्थ्य संबंधित पीड़ा, *आधिभौतिक* अर्थात् बाहरी कारणों से पीड़ा एवं *आधिदैविक* अर्थात् प्राकृतिक शक्तियों के कारण पीड़ा जैसे कि भूकंप, बाढ़ आदि। यह आवश्यक है कि किसी शुभ कार्य के समय इन तीनों विघ्नों से रक्षा हो।

***

वेद में देवताओं का महत्वपूर्ण स्थान है। हर प्रार्थना किसी देवी-देवता या देवताओं के समूह को संबोधित है। देव शब्द के कई अर्थ हैं, जैसे 'ज्योतिर्मय, स्वर्ग के निवासी, मनुष्यों के मार्गदर्शक, शुभ में प्रतिष्ठित' आदि। देवतागण सभी के प्रति मैत्रीपूर्ण होते हैं, इसीलिये यह उचित ही है कि प्रार्थना द्वारा हम उनसे जुड़ें जिससे हमें शान्ति और शक्ति प्राप्त हो।

ॐ शं नो मित्रः शं वरुणः। शं नो भवत्वर्यमा।
शं न इन्द्रो बृहस्पतिः। शं नो विष्णुरुरुक्रमः।
नमो ब्रह्मणे। नमस्ते वायो।
त्वमेव प्रत्यक्षं ब्रह्मासि। त्वामेव प्रत्यक्षं ब्रह्म वदिष्यामि।
ऋतं वदिष्यामि। सत्यं वदिष्यामि।
तन्मामवतु। तद्वक्तारमवतु।

अवतु माम्। अवतु वक्तारम्॥

ॐ शान्तिः शान्तिः शान्तिः॥ कृष्ण यजुर्वेद

ॐ शं नः मित्रः शं वरुणः। शं नः भवतु-अर्यमा।
शं नः इन्द्रः बृहस्पतिः। शं नः विष्णुः-उरुक्रमः।
नमः ब्रह्मणे। नमः-ते वायो।
त्वम्-एव प्रत्यक्षं ब्रह्मासि। त्वाम्-एव प्रत्यक्षं ब्रह्म वदिष्यामि।
ऋतं वदिष्यामि। सत्यं वदिष्यामि। तत्-माम् अवतु। तत्-वक्तारम् अवतु।
अवतु माम्। अवतु वक्तारम्॥ ॐ शान्तिः शान्तिः शान्तिः॥

मित्र देवता हमारे लिए कल्याणकारी हों। वरुण हमारे लिए कल्याणकारी हों। अर्यमा हमारे लिए कल्याणकारी हों। इन्द्र एवं बृहस्पति हमारे लिए कल्याणकारी हों। लंबे पग धरने वाले विष्णु हमारे लिए कल्याणकारी हों। ब्रह्म को नमस्कार। हे वायु, आपको नमस्कार। आप ही प्रत्यक्ष ब्रह्म हैं। आपको ही मैं प्रत्यक्ष ब्रह्म कहूँगा। हे वायु, आपको ही मैं ऋतम् कहूँगा। आपको ही मैं सत्य कहूँगा। वह (ब्रह्म) मेरी रक्षा करे। वह गुरु की रक्षा करे। वह मेरी रक्षा करे। वह गुरु की रक्षा करे। ॐ शान्तिः शान्तिः शान्तिः।

ईश्वर की महिमा का गुणगान करते हुए अनेक देवताओं को संबोधित करते हुए यह प्रार्थना की गई है ताकि ये हमारे प्रति कल्याणकारी हों, कोई भी अशुभ शक्ति हमें न छू सके, और हमारी शक्ति बढ़ती रहे।

पहले देवता जिन्हें संबोधित किया गया है वे हैं *मित्र*, जो प्रकाश के देवता हैं, विशेषतः सूर्य से संबंधित। *मित्र* सभी के प्रति मैत्रीपूर्ण हैं जैसा कि उनके नाम से ही स्पष्ट है। उनके परम मित्र वरुण हैं, जिन्हें प्रायः साथ-साथ संबोधित किया जाता है। उनकी संगति इतनी घनिष्ठ है कि *मित्र* देव का व्यक्तित्व वेद में गौण हो जाता है।

वरुण वेद के एक प्रसिद्ध देवता हैं जो *ऋतम्* अर्थात् भौतिक एवं नैतिक व्यवस्था के पालक हैं, और इसीलिये उनको विधि और नियम स्थापित करने वाला भी माना गया है। वे पापियों को दंड देने के लिए उन्हें पाश में जकड़ लेते हैं एवं पश्चाताप करने वालों के प्रति कृपापूर्ण रहते हैं।

वरुण के ये गुण एक सत्तावादी ईश्वर के लगते हैं जो एक सम्राट के समान हों जो औरों में भय का भाव उत्पन्न कराते हों, जैसा अधिकतर धर्म के ईश्वर हैं। ऐसे गुणों वाले

ईश्वर को ऋषियों की स्वीकृति और समर्थन प्राप्त नहीं हुआ, क्योंकि ऐसा ईश्वर संसार में व्याप्त असमानताओं के औचित्य को स्पष्ट करने में पूर्णतः असमर्थ सिद्ध होता है। समय के साथ एकेश्वरवाद का सिद्धांत वैदिक परंपरा से पूरी तरह लुप्त हो गया तथा उनकी जगह *एकं सद्विप्रा बहुधा वदन्ति* – ईश्वर एक हैं पर ऋषि उन्हें अलग-अलग तरह से उन्हें देखते हैं – यह भाव वेदों का मूल स्वर हो उठा।

अर्यमा एक प्रचलित देवता हैं जो अतिथि सत्कार से संबंधित हैं; *बृहस्पति* ज्ञान एवं विद्वता के देवता हैं, वायु पवन एवं ऊर्जा के देवता हैं; इन्द्र देवताओं के अधिपति हैं। *विष्णु* सदा इन्द्र के साथ रहते हैं तथा वे अपने लंबे डगों के लिए विख्यात हैं जिनके द्वारा वे ब्रह्माण्ड को तीन डग में पूरा कर ले सकते हैं। अन्य कुछ देवताओं के गुणों की व्याख्या इस पुस्तक में आगे की जाएगी।

ब्रह्म का अर्थ निराकार, अनंत, अद्वय चैतन्य है जिसकी अनुभूति केवल गहनतम ध्यान की अवस्था में ही हो सकती है। हम ब्रह्म से एक हो सकते हैं परंतु उसे कभी जान नहीं सकते, क्योंकि उस अनंत में, जहाँ पृथक होने के सारे भ्रम लुप्त हो जाते हैं, वहाँ ज्ञाता और ज्ञेय का द्वैत भाव नहीं हो सकता।

हिन्दू धर्म और दर्शन में चैतन्य का अर्थ पश्चिमी जगत के विचारों से या फिर 'चेतन-अचेतन' जैसी उक्तियों से सर्वथा भिन्न है। हिन्दू धर्म में चैतन्य ही एकमात्र सत्य है। सत्–चित्-आनंद का अर्थ है कि मात्र *सत* का ही अस्तित्व है, वही *चित्* अर्थात् चैतन्य है तथा वही *आनंद* भी है। इसकी अनुभूति तभी हो सकती है जब कोई समाधि की अवस्था में जाकर उस सत्य से एक हो जाए।

प्रत्यक्ष ब्रह्म परम सत्य है जो हर अस्तित्व और ब्रह्माण्ड का आधार है। आध्यात्मिक जीवन का लक्ष्य इसी ब्रह्म को जानना होता है।

भगवान जब सृजन करते हैं, तो वे सबसे पहले अपनी शक्ति को प्रकट करते हैं। यह शक्ति, जिसे मातृशक्ति, प्रकृति, माया, जगन्माता आदि नामों से जाना जाता है, कार्यान्वित होकर सृष्टि कार्य को आगे बढ़ाती हैं। उसके बाद से ही ऋतम् जो सार्वभौमिक नियम होते हैं, प्रभावी हो जाता है। ब्रह्माण्ड में सब कुछ इसी के अनुसार चलता है। स्वामी विवेकानन्द ने इन तीनों को एक प्रार्थना में रखा –'*ॐ ह्रीं ऋतम्...* जिसका अर्थ है कि भगवान, उनकी शक्ति और *ऋतम्* ये तीनों एक ही हैं पर अलग-अलग दिखाई देते हैं।' ऋतम् ही सत्य है; जो ऋतम् नहीं है, वह अनृत है, जिसका अर्थ है अस्तित्वहीन। आगे चलकर ऋतम् शब्द के बदले धर्म का व्यवहार किया जाने लगा जो आज भी प्रचलित है।

तत् एक सर्वनाम है जिसका अर्थ होता है 'सब कुछ', इसीलिये यह ईश्वर या ब्रह्म का सूचक है।

***

यह संसार अच्छाई-बुराई का मिश्रण है जहाँ से हम अपनी प्रकृति के अनुसार अपने लिए व्यक्ति या वस्तु का चुनाव करते रहते हैं। समस्या तब होती है जब हमारी आवश्यकता कुछ होती है, और हमारा चुनाव कुछ और ही। गलत चयन जीवन को नरक बना सकता है।

प्रस्तुत प्रार्थना सही चुन सकने की क्षमता को बढ़ाने के लिए की जाती है। मधुमक्खी केवल फूलों के पराग को चुनती है जबकि मक्खी फूल पर भी जा बैठती है और गंदगी पर भी। हमारा उद्देश्य होना चाहिए कि हम मधुमक्खी की तरह केवल शुभ को चुनें।

यह प्रार्थना इसीलिये भी है कि हमारा शरीर और हाथ-पाँव सशक्त हो जिससे हम जीवन का उपभोग सही तरीके से कर सकें। सशक्त शरीर और मन के महत्व को प्रकाशित करते हुए स्वामी विवेकानन्द ने कहा था, 'तुम्हें गीता की समझ अधिक अच्छी मिलेगी अगर तुम्हारी मांसपेशियाँ शक्त हों। कृष्ण की परम प्रतिभा तथा उनकी परम शक्ति को तुम अच्छे से समझोगे अगर तुम्हारे अन्दर शक्तिशाली रक्त का प्रवाह हो रहा हो।'

ॐ भद्रं कर्णेभिः शृणुयाम देवाः। भद्रं पश्येमाक्षभिर्यजत्राः।
स्थिरैरङ्गैस्तुष्टुवागंसस्तनूभिः। व्यशेम देवहितं यदायुः।
स्वस्ति न इन्द्रो वृद्धश्रवाः। स्वस्ति नः पूषा विश्ववेदाः।
स्वस्ति नस्ताक्ष्यों अरिष्टनेमिः। स्वस्ति नो बृहस्पतिर्दधातु॥
ॐ शान्तिः शान्तिः शान्तिः॥ अथर्ववेद

ॐ भद्रं कर्णेभिः शृणुयाम देवाः। भद्रम् पश्येम-अक्षभिः-यजत्राः।
स्थिरैः-अङ्गैः-तुष्टुवागंसः–तनूभिः। व्यशेम देवहितं यदायुः।
स्वस्ति नः इन्द्रः वृद्धश्रवाः। स्वस्ति नः पूषा विश्ववेदाः।

स्वस्ति नः-तार्क्ष्यः-अरिष्टनेमिः। स्वस्ति नः बृहस्पतिः-दधातु॥
ॐ शान्तिः शान्तिः शान्तिः॥

ॐ! हे ईश्वर, हम अपने कानों से शुभ सुनें, अपनी आँखों से शुभ ही देखें। हे, पूज्य देवतागण, शरीर और हाथ-पाँवों से हम सशक्त हों, आपकी महिमा गाएँ और प्राप्त जीवन का आनंद लें। इन्द्र हमारे लिए कल्याणकारी हों। सब कुछ जानने वाले पूषन हमारे लिए कल्याणकारी हों। पाप का नाश करने वाले गरुड़ हमारे लिए कल्याणकारी हों। बृहस्पति हमारा कल्याण करें। ॐ शान्तिः शान्तिः शान्तिः।

इन्द्र, *पूषन* तथा *बृहस्पति* विभिन्न गुणों वाले देवता हैं। *तार्क्ष्य* को पहले घोड़े के रूप में देखा जाता था, परंतु बाद में गरुड़ के रूप में उनकी पहचान हुई। गरुड़ अनंत शक्ति संपन्न है जिनमें कहीं भी उड़कर जाने की क्षमता है। यह शब्द प्रायः *अरिष्टनेमि* शब्द के साथ आता है।

अरिष्टनेमि तार्क्ष्य एक ऋषि का भी नाम है।

***

उच्चतम प्रार्थना मानसिक होती है, परंतु उसके लिए सतत एवं एकनिष्ठ ध्यान की आवश्यकता होती है जो अधिकतर लोगों के लिए संभव नहीं। सामान्यतया प्रार्थना करने के लिए एक प्रतीक या प्रतिमा की आवश्यकता होती है, अतएव लोगों के लिए यज्ञ अति सुन्दर माध्यम हो जाता है, क्योंकि इसके द्वारा व्यक्ति आसानी से अपने को ईश्वर के साथ जोड़ सकता है।

ॐ तच्छंयोरावृणीमहे। गातुं यज्ञाय। गातुं यज्ञपतये।
दैवी स्वस्तिरस्तु नः। स्वस्तिर्मानुषेभ्यः।
ऊर्ध्वं जिगातु भेषजम्। शं नो अस्तु द्विपदे। शं चतुष्पदे।
ॐ शान्तिः शान्तिः शान्तिः॥ कृष्ण यजुर्वेद

ॐ तत्-शम्-योः-आवृणीमहे गातुं यज्ञाय। गातुं यज्ञपतये।
दैवी स्वस्तिः-अस्तु नः। स्वस्तिः-मानुषेभ्यः।

ऊर्ध्वं जिगातु भेषजम्। शं नः अस्तु द्विपदे। शं चतुष्पदे।
ॐ शान्तिः शान्तिः शान्तिः॥

हम ईश्वर की ओर उन्मुख होकर अपने कल्याण हेतु प्रार्थना करते हैं। हम प्रार्थना करते हैं कि यज्ञ सफलतापूर्वक संपन्न हो। हम प्रार्थना करते हैं कि यज्ञ का फल यज्ञकर्ता को प्राप्त हो। हम प्राप्त हुए कल्याण का आनंद ले सकें। मनुष्यजाति का कल्याण हो। उन्हें विपद-आपदाओं से बचने के साधन प्राप्त हों। सभी मनुष्यों का कल्याण हो। पशुओं का कल्याण हो। ॐ शान्तिः शान्तिः शान्तिः।

वेद में विष्णु को समस्त यज्ञ के देवता के रूप में देखा गया है। प्रस्तुत मन्त्र में *तत्* उन्हीं के लिए व्यवहृत हुआ है।

ऋषि सभी के कल्याण के लिए प्रार्थना कर रहे हैं, जिनमें मनुष्य और पशु भी शामिल हैं। समग्रता का भाव रखने वाले ये ऋषि जानते थे कि मनुष्यों का विकास तब तक नहीं हो सकता जबतक उनसे जुड़ी हर वस्तु का विकास न हो।

***

किसी भी विषय के अध्ययन में समझ की आवश्यकता पड़ती है ताकि उस ज्ञान का लाभ हो और उसको उपयोग किया जा सके। वह व्यक्ति भाग्यशाली है जिसकी शिक्षा मौखिक मात्र न रहकर हृदय तक पहुँचती है जिससे उसकी तोता-रटंत विद्या ज्ञान में परिवर्तित हो जाती है।

अन्य विषयों की अपेक्षा वेद के अध्ययन में शांत मन का होना अति आवश्यक है जिसके लिए प्रस्तुत प्रार्थना है। यहाँ शिक्षार्थी ईश्वर की कृपा हेतु प्रार्थना कर रहा है ताकि उसकी रटी हुई जानकारी ज्ञान बन जाए जिसके माध्यम से वह परम सत्य की अनुभूति कर सके।

ॐ वाङ् मे मनसि प्रतिष्ठिता
मनो मे वाचि प्रतिष्ठितमाविराविर्म एधि
वेदस्य म आणिस्थः श्रुतं मे मा प्रहासीरनेनाधीतेनाहोरात्रान्

संदधाम्यृतं वदिष्यामि सत्यं वदिष्यामि तन्मामवतु
तद्वक्तारमवत्ववतु मामवतु वक्तारमवतु वक्तारम्।
ॐ शान्तिः शान्तिः शान्तिः ॥ ऋग्वेद

ॐ वाक् मे मनसि प्रतिष्ठिता। मनः मे वाचि प्रतिष्ठितम्–आविः-आविर्म एधि
वेदस्य म आणिस्थः श्रुतम् मे मा प्रहासीः-अनेन-अधीतेन-अहो-रात्रान्
संदधामि-ऋतं वदिष्यामि सत्यं वदिष्यामि तन्माम् –अवतु
तत्-वक्तारम्-अवतु माम्-अवतु वक्तारम्-अवतु वक्तारम्।
ॐ शान्तिः शान्तिः शान्तिः ॥

मेरी वाक-शक्ति मेरे मन में प्रतिष्ठित हो। मेरा मन मेरी वाक-शक्ति में प्रतिष्ठित हो। हे स्वयंप्रकाश (ब्रह्म), आप मेरे लिए प्रत्यक्ष हों। हे मन और वाक-शक्ति, आप मुझ तक वेद का ज्ञान लाएँ। जो मैं वेदों से जानूँ वह कभी मुझे छोड़कर न जाए। मैं इनके अध्ययन में दिन-रात एक कर दूँगा। मैं ऋतम् बोलूँगा, मैं सत्य बोलूँगा। ब्रह्म मेरी रक्षा करें, ब्रह्म गुरु की रक्षा करें, ब्रह्म मेरी रक्षा करें, ब्रह्म गुरु की रक्षा करें। ॐ शान्तिः शान्तिः शान्तिः।

ब्रह्म का यहाँ अर्थ सगुण ब्रह्म अर्थात् ईश्वर है। ऐसा इसीलिये क्योंकि प्रार्थना कभी निराकार से नहीं की जा सकती। यह प्रार्थना शिष्य तथा गुरु के कल्याण हेतु है।

वेद शब्द मात्र नहीं अपितु ज्ञान हैं जो इस लोक तथा परलोक का मार्गदर्शन करते हैं। इसीलिए यह प्रार्थना शिष्य द्वारा अर्जित ज्ञान के संरक्षण के लिए है।

***

किसी भी कार्य में सफलता के लिए हाथ-पाँव और अन्य अवयवों का सशक्त होना आवश्यक है। आध्यात्मिक जीवन में तो यह और भी जरूरी है। एक साधक सभी भौतिक सहारों को छोड़ देता है, इसीलिये उसे केवल अपने शरीर पर निर्भर रहना पड़ता है ताकि उसे एक जहाज के रूप में प्रयोग कर भवसागर के पार जा सके। अतः उसका शरीर और हाथ-पाँव सब सशक्त होने चाहिए। यह प्रार्थना एक सुदृढ़ शरीर और सबल अंगों के लिए है।

ॐ आप्यायन्तु ममाङ्गानि वाक्प्राणश्चक्षुःश्रोत्रमथो बलमिन्द्रियाणि च सर्वाणि।
सर्वं ब्रह्मौपनिषदं माऽहं ब्रह्म निराकुर्यां
मा मा ब्रह्म निराकरोदनिराकरणमस्त्वनिराकरणं मेऽस्तु।
तदात्मनि निरते य उपनिषत्सु धर्मास्ते मयि सन्तु ते मयि सन्तु॥
ॐ शान्तिः शान्तिः शान्तिः॥ सामवेद

ॐ आप्यायन्तु ममाङ्गानि वाक्-प्राणः-चक्षुः-श्रोत्रम्-अथो बलम्-इन्द्रियाणि च सर्वाणि।
सर्वं ब्रह्म-औपनिषदं मा-अहं ब्रह्म निराकुर्यां
मा मा ब्रह्म निराकरोत्–अनिराकरणम्-अस्तु–अनिराकरणं मे-अस्तु।
तत्–आत्मनि निरते य उपनिषत्सु धर्माः-ते मयि सन्तु ते मयि सन्तु॥
ॐ शान्तिः शान्तिः शान्तिः॥

मेरे शरीर के अंग पूर्ण पोषित हों। मेरी जिह्वा, प्राण, आँखें, कान और मेरा बल, तथा अन्य सभी इंद्रियाँ पोषित हों। सभी कुछ वास्तव में ब्रह्म है जैसा कि उपनिषदों में वर्णित है। मैं कभी ब्रह्म को अस्वीकार न करूँ, न ही ब्रह्म मुझे अस्वीकार करें। न ब्रह्म की ओर से अस्वीकार हो, न मेरी ओर से अस्वीकार हो। उपनिषदों में वर्णित सभी गुण मुझ में आएँ क्योंकि मैं धर्म (आत्मा) के प्रति समर्पित हूँ। वे सब मेरे साथ हों। ॐ शान्तिः शान्तिः शान्तिः।

प्राण के दो अर्थ हैं – विश्व-ब्रह्माण्ड की सारी शक्तियों का कुलयोग, तथा शरीर में व्यक्तिगत स्तर पर कार्य कर रही शक्ति। जीव तभी तक जीवित माना जाता है जबतक उसके अन्दर प्राणों की गतिविधि चल रही हो। साथ ही, एक सशक्त शरीर और मन तभी संभव है जब किसी व्यक्ति में उसके प्राण सही तरह से सक्रिय हों। इसीलिये यह प्रार्थना स्वस्थ प्राणों के लिए है।

जीवन तथा अध्यात्म में प्रगति के लिए सशक्त मन होना आवश्यक है जो तभी संभव है जब मन शांत हो। मन की शान्ति प्राप्त करने के कई साधन हो सकते हैं, परंतु ईश्वर से गहन संबंध होना उन सबमें श्रेष्ठ है।

इस मन्त्र का सौंदर्य इस निवेदन में है कि ब्रह्म मुझे कभी न अस्वीकारें। यहाँ ईश्वर के प्रति ऋषि का प्यार भी झलकता है। ईश्वर से संबंध के इस पक्ष का वर्णन गीता में इस प्रकार किया गया है, *तस्याहं न प्रणश्यामि स च मे न प्रणश्यति* – ‘वह जो मुझे सब

जगह देखता है और सब वस्तुओं को मुझमें देखता है, उसके लिए मैं कभी विलग नहीं होता, और न वह मुझसे कभी पृथक होता है'। (गीता VI:30)

ईश्वर से ऐसा प्रगाढ़ संबंध हर उन्नत साधक के जीवन में बनता है।

***

अंतिम मन्त्र संसार के आध्यात्मिक दर्शन का एक श्रेष्ठ मन्त्र है जिसमें ऋषि प्रार्थना करते हैं कि जीवन में पूर्णता प्राप्त हो क्योंकि पूर्णता ही ईश्वर है।

ॐ पूर्णमदः पूर्णमिदं पूर्णात् पूर्णमुदच्यते।
पूर्णस्य पूर्णमादाय पूर्णमेवावशिष्यते॥
ॐ शान्तिः शान्तिः शान्तिः॥ शुक्ल यजुर्वेद

ॐ पूर्णम्-अदः पूर्णम्-इदं पूर्णात् पूर्णम्-उदच्यते।
पूर्णस्य पूर्णम्-आदाय पूर्णम्-एव-अवशिष्यते॥
ॐ शान्तिः शान्तिः शान्तिः॥

वह (निराकार ब्रह्म) पूर्ण है। यह (साकार ब्रह्म, अर्थात् सृष्टि के रूप में प्रकट ब्रह्म) पूर्ण है। यह पूर्णता उसी पूर्णता से प्रकट हुई है। जब यह पूर्णता उस पूर्णता में समा जाती है तो भी पूर्णता शेष रहती है। ॐ शान्तिः शान्तिः शान्तिः।

पुरातन काल से संसार के दार्शनिक इस सृष्टि की प्रकृति के बारे में तथा सृष्टि के ईश्वर से संबंध के बारे में कल्पना करते आए हैं। पर, उपनिषदों के अनुसार यह स्पष्ट है कि ब्रह्माण्ड प्रत्यक्ष अर्थात् साकार ब्रह्म है तथा इसका स्रोत निराकार ब्रह्म है, और ये दोनों ही अनंत हैं।

इससे भी महत्वपूर्ण बात यह है कि जब अनंत में से अनंत निकाला जाता है तो भी अनंत ही शेष बचता है। इसका अर्थ है कि जब ईश्वर ब्रह्माण्ड की सृष्टि करते हैं तो उनमें कुछ कम नहीं हो जाता। इस मन्त्र का सार यह है कि सृजन तथा प्रलय से ईश्वर की प्रकृति पर कोई प्रभाव नहीं पड़ता; वह सदा वहीं रहते हैं जो वे हैं, अर्थात् अनंत।

ये सभी या इनमें से कुछ प्रार्थनाएँ किसी भी कार्य के आरंभ में की जाती हैं। भौतिक स्तर पर ये समृद्धि प्रदान करती हैं, मानसिक स्तर पर शान्ति प्रदान करती हैं

तथा आध्यात्मिक स्तर पर ये ईश्वर से जोड़ती हैं। इनका नित्य पाठ अपने जीवन में सुख-समृद्धि लाने के लिए अति उत्तम है।

2.
सार्वभौमिक प्रार्थनाएँ

जैसा कि पिछले अध्याय में बतलाया गया, प्रार्थनाएँ ईश्वर से संबंध बनाने का एक शाब्दिक माध्यम हैं जो स्वयं के कल्याण के लिए या ईश्वर के प्रति प्रेम के कारण हो सकती हैं। सात्त्विक प्रवृत्ति के लोग जीवन में श्रेष्ठता, चरित्र तथा शक्ति के लिए भी प्रार्थना करते हैं। ये गुण वास्तव में सबके अन्दर होते हैं, पर मन की शक्ति लगाने से या फिर प्रार्थना करने से अभिव्यक्त होते हैं।

इस भाग में दी गई प्रार्थनाएँ जीवन संबंधी हैं, अतएव संसार का कोई भी व्यक्ति इनका अभ्यास कर सकता है।

जब दो वस्तुएँ परस्पर संबंध बनाती हैं तो ऊर्जा का आदान-प्रदान होता है, और जब दो मन आपस में संबंध बनाते हैं तो जानकारी का आदान-प्रदान होता है। ये दोनों, ऊर्जा और जानकारी संबंधित हो भी सकती हैं और नहीं भी, परंतु दोनों में उच्च क्षमता से निम्न क्षमता की ओर बहाव का सिद्धांत समान है। ऊर्जा की ही तरह जानकारी / ज्ञान का भी उपयोग विनाशकारी या निर्माणकारी कार्य के लिए हो सकता है।

यह सुनिश्चित करने के लिए कि हम निरंतर श्रेष्ठता की ओर बढ़ते रहें, ऋषिगण हमें ये मन्त्र दिए हैं जिससे शुभ विचार सभी दिशाओं से प्रवाहित होकर हम तक आएँ।

हिन्दुओं का मानना है कि वैज्ञानिक, दार्शनिक, लेखक, कवि और अन्य जो रचनात्मक एवं प्रेरक कार्य करते हैं, उनके विचार मस्तिष्क से उत्पन्न न होकर, अपने-आप उनतक पहुँचते है। स्वामी विवेकानन्द के अनुसार विचार उन मनों की ओर आकर्षित होते हैं जो उन्हें धारण करने योग्य हों। अतएव हमें सचेत रहना चाहिए कि हम क्या करते हैं, बोलते हैं या सोचते हैं, क्योंकि एक मलिन मन अपनी ओर पूरे ब्रह्माण्ड की गन्दगी को आकृष्ट करेगा।

आ नो भद्राः क्रतवो यन्तु विश्वतः। ऋग्वेद I.89.1

आ नः भद्राः क्रतवः यन्तु विश्वतः।

सभी दिशाओं से श्रेष्ठ विचार हमारी ओर आएँ।

अपने स्वभाव से ही मन इंद्रियों के साथ संसार की वस्तुओं की ओर दौड़ता रहता है, जिस कारण मन के लिए संभव नहीं कि वह स्वयं ही आत्मोत्थान की ओर बढ़े। अतएव, किसी को अगर जीवन में श्रेष्ठता प्राप्त करनी हो तो उसके लिए ईश्वर से प्रार्थना करना उचित ही है, क्योंकि वे सभी के आत्मा हैं, और साथ ही इस ब्रह्माण्ड के नियन्ता भी।

हम जो भी कर्म करते हैं और जो भी सोचते हैं उसका कुछ न कुछ बाह्य परिणाम होता है, साथ ही उसका प्रभाव हमारे चरित्र पर भी पड़ता है। ये छाप ही हमारे भविष्य के कर्म और भाग्य का निर्धारण करती हैं। ऋषि इसीलिये प्रार्थना करते हैं *भद्रः* शुभ ही हर ओर से हम तक आए। जो विचार या कर्म हमें आतंरिक विकास की ओर बढ़ाते हैं, वे श्रेष्ठ हैं, बाकी सब कुछ त्याज्य।

क्रतु शब्द का प्रयोग वेद में बहुलता से हुआ है जिसका अर्थ होता है श्रेष्ठ कर्म या विचार। विशिष्ट तौर पर इसका अर्थ यज्ञ में आहुति की क्रिया को कहते हैं। यहाँ इसका अर्थ शुभ विचार के रूप में है।

इसी मन्त्र का भाव अगले मन्त्र में भी आता है जहाँ ऋषि प्रार्थना करते हैं कि सभी विचार छनकर अच्छे-बुरे अलग हो जाएँ तथा बुरे सदा के लिए त्याग दिए जाएँ।

विश्वानि देव सवितर्दुरितानि परा सुव। यद्भद्रं तन्न आ सुव॥ ऋग्वेद V.82.5

विश्वानि देव सवितः-दुरितानि परा सुव। यत्-भद्रं तत्-न आ सुव॥

हे सविता! संपूर्ण अशुभ को हमसे दूर करें तथा जो भी शुभ है उसे हमारी ओर भेजें।

सविता को सूर्य भगवान के अर्थ में लिया जाता है, परंतु वेद में उन्हें अधिकतर पूर्व-प्रभात और संध्या के देव के रूप में वर्णित किया गया है। उनकी आज्ञा से सूर्य उगता है, संध्या होती है, और रात होती है। वे अपने भक्तों की रक्षा करते हैं तथा दिवंगत आत्माओं को उस लोक में ले जाते हैं जहाँ पवित्र आत्माएँ वास करती हैं। वे दुःस्वप्नों को दुर करने वाले तथा मनुष्यों को पाप से मुक्त करने वाले हैं। प्रसिद्ध गायत्री मन्त्र भी सविता को ही समर्पित है। इस मन्त्र का प्रयोग संध्या-वंदन में भी किया जाता है जो हिन्दुओं की परंपरागत दैनिक प्रार्थना है।

इस प्रकार हम देखते हैं कि वेद में अच्छाई और बुराई का कोई बाहरी स्रोत, अर्थात् कोई देव-देवी नहीं, अपितु व्यक्ति स्वयं है। यही भाव हिन्दू धर्म में भी आया है। वेद के

अनुसार चार पुरुषार्थ हैं – धर्म, अर्थ, काम एवं मोक्ष – और ये चारों ही श्रेष्ठ आचरण पर निर्भर हैं, जैसा कि पहले अध्याय में बतलाया गया है। एक बार जीवन का लक्ष्य तय हो जाए तो अपने विकास के पथ के विरोधी विचार से दूर रहना आवश्यक हो जाता है, नहीं तो मार्ग से भटकने और ठोकर खाने की संभावना अत्यधिक बढ़ जाती है।

***

हम अपने वातावरण का निर्माण स्वयं करते हैं और हम उसी से पोषित भी होते हैं। श्रेष्ठता की ओर विकास तभी बाधाहीन होता है जब हमारा वातावरण अनुकूल हो। आज जब पूरा संसार प्रदूषण तथा पर्यावरणीय समस्याओं को लेकर चिंतित है, तो यह बात विचारणीय है कि किस प्रकार ऋषिगण शुभ मार्ग चुनकर अनुकूल वातावरण के लिए हजारों वर्ष पूर्व ये प्रार्थना दिए।

मधु वाता ऋतायते मधु क्षरन्ति सिन्धवः। माध्वीर्नः सन्त्वोषधीः॥
मधु नक्तमुतोषसो मधुमत्पार्थिवं रजः। मधु द्यौरस्तु नः पिता॥
मधुमान्नो वनस्पतिर्मधुमाँ अस्तु सूर्यः। माध्वीर्गावो भवन्तु नः॥ ऋग्वेद I.90.6-8; यजुर्वेद XIII.27-29

मधु वाताः ऋतायते मधु क्षरन्ति सिन्धवः। माध्वीः-नः सन्तु-ओषधीः॥
मधु नक्तम्-उतोषसो मधुमत्-पार्थिवं रजः। मधु द्यौः-अस्तु नः पिता॥
मधुमान्-नः वनस्पतिः-मधुमान् अस्तु सूर्यः। माध्वीः-गावः भवन्तु नः।

जो ऋतम् (धर्म-जीवन) का पालन करते हैं उनके लिए हवाएँ मधुर होकर बहती हैं, तथा नदियाँ भी मधुरता से बहती हैं। वृक्ष हमारे लिए मधुर हों, रात्रि भी मधुर हों और प्रभात भी मधुर हों। पृथ्वी सदा मधुर हों, अंतरिक्ष मधुर हों और पिता (आकाश) मधुर हों। समस्त वनस्पति मधुर हों, सूर्य मधुर हों, तथा गायें भी हमारे लिए मधुर हों।

मधु अर्थात् मधुर का यहाँ अर्थ है अनुकूल, जो तभी संभव है जब कोई वस्तु शुभ में प्रतिष्ठित हो। ऋषि प्रार्थना करते हैं कि वह सब, जिनके ऊपर वे निर्भर करते हैं और जो उनके आसपास है, वे उनके अनुकूल हों, श्रेष्ठ हों तथा मधुर हों।

ऋतम् शब्द की व्याख्या पहले की गई थी। इसका अर्थ है जगत के सार्वभौमिक नियम। यहाँ इसका अर्थ यह है कि जो व्यक्ति आंतरिक विकास चाहता है उसे समाज और ब्रह्माण्ड के नियमों का पालन करना चाहिए। मनुष्यों के द्वारा बनाए गए नियमों के पीछे स्वार्थ हो सकता है, परंतु ईश्वरीय विधान, जिनका वर्णन ग्रन्थों में है, उनके पालन से सदा-सर्वदा सभी का विकास होता है। ग्रन्थ माता समान हैं जिनका अनुशासन हमारे अच्छे के लिए ही होता है।

***

हमारी जो भी कामना और ध्येय हो, हम तब तक उसमें सफल नहीं हो सकते जब तक कि मन सशक्त न हो, तथा वह तभी शक्तिशाली हो सकता है जब मन में संतोष हो।

यह बात परस्पर विरोधी प्रतीत हो सकती है परंतु है सत्य। हम चाहे कितनी भी निष्ठा से मेहनत करें, अगर हमारे अन्दर सफल होने की कामना, या फिर औरों से सराहना पाने की आकांक्षा हो तो उससे मन की शक्ति कम हो जाती है। इसीलिए, गीता कहती हैं, 'कर्म करो परंतु फल की चिंता न करो।' ऐसा कर सकने वालों का मन संतोष से भरा तथा सशक्त होता है।

मनो मे तर्पयत वाचं मे तर्पयत प्राणं मे तर्पयत चक्षुर्मे तर्पयत। यजुर्वेद VI.31

मनः मे तर्पयत वाचम् मे तर्पयत प्राणं मे तर्पयत चक्षुः-मे तर्पयत।

मेरे मन में संतोष हो, मेरे वचन में संतोष हो, मेरे प्राणों में संतोष हो, मेरी दृष्टि में संतोष हो।

जो भी सशक्त मन की कामना करता है उसकी इंद्रियाँ तथा प्राण-शक्ति पूर्णतः संतोष की अवस्था में होनी चाहिए। यह प्रार्थना इसीलिए है।

शरीर के अन्दर कार्य कर रही शक्तियों को प्राण कहते हैं। इन्हीं के कारण शरीर और अंग के कार्य संभव होते हैं। विश्व की समष्टि शक्ति को भी प्राण कहते हैं जो इस ब्रह्माण्ड को कार्यरत रखते हैं।

तेजोऽसि तेजो मयि धेहि वीर्यमसि वीर्यं मयि धेहि बलमसि बलं मयि धेह्योजोऽस्योजो मयि धेहि मन्युरसि मन्युं मयि धेहि सहोऽसि सहो मयि धेहि॥ *यजुर्वेद* XIX.9

तेजः-असि तेजः मयि धेहि, वीर्यम्–असि वीर्यं मयि धेहि बलम्-असि बलं मयि धेहि–ओजः-असि-ओजः मयि धेहि, मन्युः-असि मन्युम् मयि धेहि, सहः-असि सहः मयि धेहि।

आप शक्तिशाली हैं, मुझे शक्ति दें; आप वीर हैं, मुझे वीरता दें; आप बलशाली हैं, मुझे बल दें; आप ओजपूर्ण हैं, मुझे ओज दें; आप उत्साह हैं, मुझे उत्साह दें; आप धैर्यवान हैं, मुझे धैर्य दें।

तेज, वीर्य, बल तथा ओज साधारणतः बल तथा शक्ति के सूचक हैं। इनका प्रयोग प्रायः एक के स्थान पर दूसरे का किया जाता है परंतु जब एक साथ इनका प्रयोग हो तो इनके अर्थ भिन्न होते हैं।

मन्यु का अर्थ है उत्साह जो बल के प्रयोग के लिए मुख्य संचालक शक्ति है। परंतु यह इंद्रियों की उत्तेजना नहीं बल्कि धर्म या नैतिकता से उत्पन्न उत्साह है।

धेहि का अर्थ है प्रतिष्ठित करना या देना। कोई वह वस्तु ही दे सकता है जो उसके पास हो, या जो वह स्वयं हो। ईश्वर वही देते हैं जो वे हैं। ये सारे गुण तथा और भी अनेक गुण ईश्वर में हैं, इसीलिये यह प्रार्थना इन गुणों के लिए है।

धर्म साधकों के लिए स्वामी विवेकानन्द ने बार-बार एक सशक्त शरीर के होने पर बल देते हुए कहा था, 'लोहे जैसी मांसपेशियाँ और फौलादी स्नायु हों'। साथ ही दृढ़ इच्छाशक्ति तथा अन्य ऐसे गुणों पर वे जोर देते थे। यह दुख की बात है कि जिस भूमि पर ऐसी प्रार्थनाएँ उपजीं वह सदियों तक दुर्बलता और कायरता के अभिशाप से ग्रसित रही।

3.
गायत्री मन्त्र

भारत के दो महाकाव्य, वाल्मीकि रामायण तथा व्यासदेव रचित महाभारत, को इतिहास कहा जाता है। ये दोनों ग्रन्थ भारत के लोगों के आदर्श तथा आकांक्षाओं के मानक हैं जिनके द्वारा धर्म पूर्णतः वर्णित हुए हैं। साथ ही, ये दोनों ग्रन्थ हिन्दू सभ्यता के मूल, उपलब्धियों तथा आदर्शों के बृहद भण्डार हैं।

इन दोनों ग्रन्थों में कई कथाएँ समान हैं जिनमें ऋषि विश्वामित्र की कथा विशेष आकर्षक है। विश्वामित्र एक क्षत्रिय राजा थे जिन्होंने वसिष्ठ मुनि से शत्रुता मोल ली और उनसे बुरी तरह परास्त हुए। अपनी हार का बदला लेने के लिए उन्होंने सब कुछ त्याग दिया और घोर तपस्या में लग गए। आगे जो हुआ वह उनके आध्यात्मिक जीवन का एक बड़ा ही रोचक अध्याय बनकर सामने आता है। अपनी तपस्या के बल पर उन्होंने एक राक्षस रच डाला ताकि वसिष्ठ के पुत्र को मार सकें, फिर उन्होंने एक नया स्वर्ग ही रच डाला, आगे चलकर कामवासना के भ्रमजाल में जा पड़े और आखिर में जाकर ऋषियों में श्रेष्ठ कहलाए। उनके परम शत्रु वसिष्ठ ने स्वयं उनके तपोबल को माना और उनका सम्मान किया।

समय के साथ विश्वामित्र की ख्याति इतनी बढ़ गई कि ऋग्वेद के दस मंडलों में से तीसरा मंडल पूरा का पूरा उनके परिवार की ओर से है, और वेद का सबसे विख्यात मन्त्र, गायत्री मन्त्र, विश्वामित्र प्रदत्त है।

हजारों वर्षों से गायत्री मन्त्र हिन्दू बालकों के यज्ञोपवीत संस्कार से जुड़ा रहा है (जिसमें जनेऊ धारण कराया जाता है)। पूर्वकाल में यह संस्कार उनकी वैदिक शिक्षा के आरंभ का सूचक हुआ करता था। पर, आज जब वैदिक शिक्षा की परंपरा लुप्तप्राय हो चुकी है, तब भी लगभग सभी हिन्दू अपने बच्चों का यज्ञोपवीत संस्कार कराते हैं तथा गायत्री मन्त्र की दीक्षा दिलाते हैं। ऋषियों ने जाति, वर्ण या लिंग के आधार पर वेद की शिक्षा को सीमित नहीं किया था। इसीलिये संसार का कोई भी व्यक्ति गायत्री मन्त्र का जप कर सकता है। जहाँ तक हिन्दुओं का सवाल है, उन्हें संध्या वंदना के साथ-साथ इन दोनों परंपराओं का पालन तो अवश्य ही करना चाहिए।

(ॐ भूर्भुवः स्वः) तत्सवितुर्वरेण्यं भर्गो देवस्य धीमहि।
धियो यो नः प्रचोदयात्॥ ऋग्वेद III.62.10

ॐ भूः-भुवः स्वः तत्-सवितुः-वरेण्यम् भर्गः देवस्य धीमहि। धियः यः नः प्रचोदयात्।

ॐ भूः भुवः स्वः संपूर्ण ब्रह्माण्ड (स्थूल, सूक्ष्म एवं कारण) ***तत् सवितुः*** *तेजोमय ईश्वर* ***वरेण्यम्*** उपासना के योग्य ***भर्गः देवस्य*** अंधकार को भगाने वाले ***धीमहि*** *हम ध्यान करते हैं* ***धियः यः नः प्रचोदयात्*** *वे हमारे मन को प्रकाशित करें।*

ॐ हम उस तेजोमय ईश्वर का ध्यान करते हैं जो ब्रह्माण्ड की सृष्टि करते हैं, जो वरेण्य हैं, तथा जो ज्ञान एवं प्रकाश स्वरूप हैं। वे हमारी प्रज्ञा को आलोकित करें।

यह मन्त्र सविता (या सूर्य) को संबोधित है जिनकी महिमा वेद के ग्यारह सूक्त तथा अन्य अनेक मन्त्रों में की गई है। मूल धातु 'सु', जिसका अर्थ उद्दीप्त करना होता है, से उत्पन्न यह शब्द उस देवता का सूचक है जो सभी को शक्ति प्रदान करते हैं। वे स्वर्णिम आभा वाले हैं एवं उनका सभी कुछ स्वर्णमय है जिस कारण उनकी पहचान प्रातः काल के सूर्य से की जाती है। वे बुरे स्वप्नों का नाश करते हैं तथा मनुष्य के पापों का भी नाश करते हैं। कभी-कभी उनकी पहचान सूर्य के रूप में भी की जाती है। प्रातः काल की ही तरह उनका संबंध संध्याकाल से भी है क्योंकि उनकी आज्ञा से ही रात्रि का आरंभ होता है जिससे सभी जीवों को विश्राम मिलता है।

ऋग्वेद के अतिरिक्त यह मन्त्र यजुर्वेद तथा सामवेद में भी आता है।

भूः भुवः स्वः तीनों लोक – स्वर्ग, मर्त्य, पाताल, या फिर स्थूल, सूक्ष्म, कारण जगत – के प्रतीक हैं। ये तीन शब्द वेद की मूल प्रार्थना में नहीं, पर मन्त्र को पूरा करने के लिए इन्हें जोड़ा जाता है। मन्त्र के प्रारंभ और अंत में ॐ लगाने से यह गायत्री मन्त्र बनता है।

इस मन्त्र को देवी गायत्री से संबंधित माना जाता है जो वेद की देवी नहीं, अपितु वेद का एक छंद, गायत्री है। ऋग्वेद के सभी मन्त्र छंदात्मक हैं जिनमें पंक्तियों की संख्या तीन, चार या पाँच हो सकती है। वेद में कुल पंद्रह छंद हैं, जिनमें त्रिष्टुभ (4 X 11 अक्षर), गायत्री (3 X 8) तथा जगती (4 X12) का प्रयोग सबसे अधिक हुए हैं।

वेद के छंदों के प्रति लोगों में इतना सम्मान रहा है कि बाद के कवियों ने गायत्री समेत अन्य छंदों का प्रयोग नहीं किया। परंतु कुछ मन्त्र जैसे कि परमहंस गायत्री तथा सरस्वती गायत्री इसी छंद में रचित हैं।

जैसा कि पहले बताया गया, ॐ ईश्वर का प्रतीक है, क्योंकि ईश्वर सभी वस्तुओं के आधार हैं तथा सबसे परे भी हैं। ॐ इसी तत्त्व को दर्शाता है। हर वस्तु का एक नाम होता है, और जैसा कि हमने पहले देखा, हर शब्द या ध्वनि तीन ध्वनियों – अ, उ तथा म – में निहित हैं। इनमें से अ की ध्वनि कंठ से उत्पन्न होती है, म ध्वनि होठों पर होती है तथा उ एक लंबी ध्वनि है जो इन दोनों के बीच की है। इस प्रकार ॐ उन सभी शब्दों या नाम का आधार है जो किसी भी मनुष्य या अन्य जीव के वाणी-तंत्र से उत्पन्न किए

जा सकते हैं। इसीलिए ॐ ईश्वर का सूचक है क्योंकि वे सारे वस्तुओं के आधार हैं। ॐ उच्चारण के बाद जो मौन अवस्था होती है वह ईश्वर के असीम रूप का सूचक है।

वेद की किसी भी पंक्ति को जप का मन्त्र बनाने के लिए, उसपर ध्यान करने के लिए, या फिर उसे अपने लिए सिद्ध करने के लिए उसमें पहले ॐ लगाया जाता है। ॐ अनुमोदन के लिए भी व्यवहार किया जाता है।

पहले तीन शब्द भूः, भुवः, स्वः तीनों लोकों के सूचक हैं। *तत्* से स्पष्ट होता है कि ये लोक ईश्वर द्वारा रचित हैं न कि किसी अन्य जीव या शक्ति द्वारा। तत् एक सर्वनाम है जिसका प्रयोग ईश्वर के लिए होता है।

सवितुः देदीप्यमान अर्थात् सूर्य की तरह प्रकाशवान या फिर सूर्य। इसका अर्थ ईश्वर भी है जो अन्तर्यामी के रूप में सब के अन्दर वास करते हैं। इससे पता चलता है कि सविता प्रातः काल के देवता ही नहीं, वरन वे सभी के अन्तर्यामी भी हैं। अतएव जब हम किसी देवी या देवता की प्रार्थना करते हैं तो हम वास्तव में ईश्वर को ही संबोधित कर रहे होते हैं।

वरेण्यम् उपासना योग्य, जो एकमात्र ईश्वर ही हैं; *भर्गः* अंधकार मिटाने वाले, अर्थात् चेतना का प्रकाश जो सभी को कर्म में प्रेरित करते हैं। इसका एक अन्य अर्थ है पापों को भस्म करने वाला, तथा एक और अर्थ है अन्न। अर्थात्, ईश्वर सभी के पालक हैं तथा वे ही सभी कुछ हैं, चाहे वह भौतिक, मानसिक या आध्यात्मिक हो। इसीलिये गायत्री मन्त्र का प्रयोग तीन भिन्न तरीकों से किया जा सकता है – आध्यात्मिक अनुभूति के लिए उसके अर्थ का ध्यान करके, पवित्रता की प्रार्थना के रूप में, या समृद्धि हेतु यज्ञ में आहुति देने के लिए।

अधिकतर लोग मन्त्र का प्रयोग पहले दो कारणों से करते हैं, जबकि अन्न/धन पाने के लिए इसे यज्ञ के समय प्रयोग किया जाता है। स्नान करने के बाद सूर्य भगवान को जल चढ़ाते समय इस मन्त्र का पाठ करना एक अति प्रचलित प्रथा है, जिसे सबको करना चाहिए।

देवस्य परम ईश्वर जिन्होंने तीनों लोकों की सृष्टि की है, *धीमहि* हम ध्यान करते हैं (अगर लक्ष्य आध्यात्मिक अनुभूति हो), या हम प्रार्थना करते हैं (अगर लक्ष्य बाकी दो में से कोई हो)।

यः वह (ईश्वर) *नः* हमारी *धी* प्रज्ञा *प्रचोदयात्* उन तक ले जाएँ (आलोकित करें)। प्रज्ञा सही कर्म तथा आचरण की ओर मार्गदर्शन करती है। इस प्रकार, प्रार्थना यह है कि ईश्वर हमारी बुद्धि को पूर्ण रूप से परिष्कृत करें।

हिन्दू दर्शन में मन के चार भिन्न नाम हैं जिनका प्रयोग प्रायः एक के स्थान पर दूसरे का किया जाता है – *चित्त* (जानकारी एकत्र करने वाला), *मन* (जानकारी को क्रमबद्ध करने वाला), *धी/बुद्धि* (सही समझ तथा उसके प्रति सत्यनिष्ठ रखने वाला) तथा *अहंकार* (किसी वस्तु या लक्ष्य से तादात्म्य कराने वाला)। यह प्रार्थना परिष्कृत *धी* के लिए है, क्योंकि कोई भी व्यक्ति इस संसार में तभी कुछ सफलता अर्जन कर सकता है जब उसकी प्रज्ञा परिष्कृत हो।

यह प्रार्थना ईश्वर को संबोधित करके की जा सकती है, या फिर अपने अन्दर विद्यमान चैतन्य के प्रति। सार्वभौमिक होने के कारण इसका प्रयोग कोई भी, कहीं भी कर सकता है। इसके लिए किसी संस्कृति या धर्म से जुड़ने की आवश्यकता नहीं।

4.
गणेश, विष्णु एवं शिव (महामृत्युंजय) मन्त्र

भारत अनंत की उपासना उनके अनंत गुणों के द्वारा अनंत तरीकों से करता है। इसी कारण यहाँ पर इतनी बड़ी संख्या में देवी-देवता हैं जिनको अलग-अलग रूपों में देखा जाता है, पर जो वास्तव में अनंत के ही रूप हैं। ईश्वर को अनंत, निराकार, साकार तथा देव-देवी के रूप में देखने और उनकी उपासना की प्रथा वेद के समय से ही चली आ रही है। यहाँ पर हम ईश्वर के तीन महत्वपूर्ण रूप – गणेश, विष्णु एवं शिव – को प्रस्तुत करते हैं, जिनकी उपासना वेद के काल से चली आ रही है, और जो वर्तमान काल में भी प्रचलित हैं।

गणेश मन्त्र

भारतीय आध्यात्मिक परंपरा में हम पाते हैं कि कुछ देवता वैदिक काल में इतने प्रचलित नहीं थे जितने आगे चलकर वे हो गए। यही नहीं, कुछ देवताओं के नाम समय के साथ बदल भी गए यद्यपि उनके गुण और लक्षण वही रहे। इनमें से एक हैं भगवान गणेश।

एक कथा के अनुसार, माता पार्वती ने अपने आध्यात्मिक या मानस पुत्र के रूप में गणेश की रचना की। संयोग कुछ ऐसा हुआ कि गणेश का सिर धड़ से अलग हो गया जिसके बाद एक हाथी का सिर उनके धड़ पर लगा दिया गया। माता पार्वती को प्रसन्न करने के लिए देवताओं ने गणेश को आशीर्वाद दिया कि हर पूजा के समय उनकी

उपासना सबसे पहले होगी। गणेश को यह शक्ति भी प्रदान की गई कि वे श्रद्धा से पूजा करने वाले अपने भक्तों के जीवन से सभी बाधाओं को दूर कर सकें। इसीलिए वे विघ्ननाशक भी कहलाते हैं। यह मन्त्र उनके प्रति है।

गणानां त्वा गणपतिं हवामहे कविं कवीनामुपमश्रवस्तमम्।
ज्येष्ठराजं ब्रह्मणां ब्रह्मणस्पत आ नः शृण्वन्नूतिभिः सीद सादनम्॥ ऋग्वेद II. 23.1

गणानां त्वा गणपतिं हवामहे कविं कवीनाम्-उपमश्रवः-तमम्।
ज्येष्ठराजं ब्रह्मणां ब्रह्मणः-पते आ नः शृण्वन्-उतिभिः सीद सादनम्॥

हे ब्रह्मणस्पति, हम आपकी प्रार्थना करते हैं! सभी देवताओं में सर्वोच्च, ऋषियों के ऋषि, धन प्रदान करने में सम्राट, मन्त्रों के सर्वश्रेष्ठ स्वामी! हम आपका आह्वान करते हैं। हमारी प्रार्थना सुनकर हमारा पालन करने हेतु यज्ञ स्थल पर विराजमान हों।

गणानाम् गणपतिम् अर्थात् देवों में उत्तम। गण का अर्थ है जीवों का समूह। बाद में यह शब्द भगवान शिव के सेवकों के लिए प्रयोग होने लगा। इस मन्त्र में इसका अर्थ है देवताओं या ऋषियों की सभा या समूह। *गणानाम् गणपतिम्* का एक और अर्थ है स्वयं का प्रभु अर्थात् ईश्वर। अब यह शब्द भगवान गणेश के लिए ही प्रयोग होता है जिनकी पूजा हमेशा सर्वप्रथम की जाती है।

हवामहे का अर्थ होता है आह्वान करना। यह वेद का एक प्रचलित शब्द है जिसका प्रयोग देवताओं को संबोधित करते हुए किया जाता था। यज्ञ के समय देवताओं से प्रार्थना की जाती थी, एवं अभी भी की जाती है कि वे यज्ञस्थल पर आकर अपना-अपना भाग ग्रहण करें तथा यजमान की कामना पूरी करें।

कवि एक अति महत्त्वपूर्ण शब्द है जिसका अर्थ होता है पूर्ण ज्ञानवान। इस शब्द का भी प्रयोग वेद-उपनिषद में बहुतायत से हुआ है। वर्तमान समय में कवि कविता रचने वाले को कहते हैं, परंतु इस शब्द का वास्तविक अर्थ होता है क्रांतदर्शी, अर्थात् जो भूत, वर्तमान तथा भविष्य को एक साथ देखने की क्षमता रखता हो। इस प्रकार कवि काल के बंधन से मुक्त होते हैं। यह गुण केवल ईश्वर में ही होता है, परंतु इसे ऋषियों पर भी लागू किया जा सकता है क्योंकि वे अपने ज्ञान के कारण काल की सीमा से बाहर होते हैं। पर वास्तव में कवि का अर्थ ईश्वर ही होता है।

उपमश्रवस्तमम् जिनकी उपमा नहीं हो सके, अर्थात् श्रेष्ठतम, *ज्येष्ठराजम्* राजाओं में सर्वोच्च। जिस प्रकार एक राजा अपनी प्रजा का भरण-पोषण करता है, उसी तरह देवता मनुष्यों का ध्यान रखते हैं। *ब्रह्मणाम्* मन्त्र-ज्ञाताओं में श्रेष्ठ, अर्थात् जो ज्ञान में अद्वितीय और अप्रतिम है। हिन्दू परंपरा में सर्वोच्च ज्ञान उनका है जो माया को भेदकर सत्य को देख पाते हैं। भगवान गणेश में ये सभी गुण हैं।

ब्रह्मणस्पति जो समृद्धि या धन की रक्षा करे। देवता दाता ही नहीं, जीवन में प्राप्त धन की रक्षा करने वाले भी हैं। इस मन्त्र द्वारा भगवान गणेश से विनती की जा रही है कि वे अपने भक्त के लिए पूजा स्थल पर विराजमान हों तथा भक्त के धन, शक्ति तथा सुकर्म की रक्षा तथा वृद्धि करें।

विष्णु मन्त्र

हिन्दू धर्म में भगवान विष्णु सबसे महत्वपूर्ण और लोकप्रिय देवता हैं। अपने भक्तों के लिए वे परमेश्वर हैं तथा जब भी धर्म पर संकट होता है वे अवतरित होते हैं। उनके अनगिनत अवतारों में राम और कृष्ण अधिक विख्यात हैं। वे अपने उन तीन पगों के लिए प्रसिद्ध हैं जिनके द्वारा वे पूरे ब्रह्माण्ड को माप सकते हैं। उनके दो पग तो मनुष्यों को दिखलाई पड़ते हैं परंतु तीसरा पग केवल ऋषिगण देख पाते हैं जैसा कि यहाँ वर्णन किया गया है।

तद्विष्णोः परमं पदं सदा पश्यन्ति सूरयः। दिवीव चक्षुराततम्। ऋग्वेद I.22.20

तत्-विष्णोः परमं पदं सदा पश्यन्ति सूरयः। दिवि-इव चक्षुः-आततम्।

भगवान विष्णु का परम पद ज्ञानीजन सदा देखते हैं जैसे कोई निर्मल आकाश को देखता है।

परम आध्यात्मिक अवस्था को प्रायः वेदों में तथा बाद के आध्यात्मिक साहित्य में *परम पद* से वर्णित किया गया है। स्थूल और सूक्ष्म जगत के परे कारण जगत है जिसका वर्णन पहले अध्याय में हुआ था। *सूरयः* ज्ञानी या ऋषि को कहते हैं जो उस लोक को ठीक उसी प्रकार देख पाते हैं जैसे लोग निर्मल आकाश में दूर तक देख पाते हैं।

ईश्वर प्राप्ति कोई विशिष्ट अनुभूति या दर्शन नहीं (जो प्रायः मन का भ्रम ही होता है), न ही वह ईश्वर का मात्र एक बार का कोई अनुभव होता है, और न ही मरने के बाद स्वर्ग जाना होता है। आध्यात्मिक होने का अर्थ है ईश्वर को अभी और यहीं देख पाना। *सूरयः* ऋषियों के लिए ही एक अन्य शब्द है। ईश्वर के प्रति अबाधित दृष्टि/ज्ञान उन ऋषियों को प्राप्त होता है जिन्होंने अपने राग-द्वेष को नियंत्रित कर लिया हो तथा जो आध्यात्मिक जगत की समझ में प्रतिष्ठित हों।

शिव/महामृत्युंजय मन्त्र

सृष्टि का अर्थ सूक्ष्म का स्थूल बनना होता है। विश्व-ब्रह्माण्ड की सृष्टि के साथ ही स्थूल वस्तुएँ और जीव प्रकट होने लगते हैं, जिनका मुख्य गुण स्वयं पर आने वाली विनाशकारी शक्तियों का सामना करते हुए आत्म-संरक्षण करना होता है। जीव यह कार्य अपने शरीर का निरंतर नवीकरण करते हुए करते हैं, पर आखिर में वे यह युद्ध हार जाते हैं और सदा के लिए विघटित हो जाते हैं। इस विघटन या मृत्यु का भय सभी में व्याप्त रहता है।

इस मौलिक भय को दूर करने के लिए ऋषियों ने यह सुंदर प्रार्थना हमें दी जिससे अकाल मृत्यु का भय समाप्त हो सके, साथ ही हमें अमृतत्व, अर्थात् आत्मज्ञान प्राप्त हो सके जो हिन्दू धर्म का मूल लक्ष्य है। अमृतत्व का अर्थ किसी ऊँचे स्वर्ग में जाना नहीं है, अपितु संसार या जन्म-मृत्यु के भवसागर से पार जाकर ईश्वर से एक होना है। मृत्यु के भय या किसी भारी क्षति की सम्भावना से बचने के लिए यह प्रार्थना अति प्रभावशाली मानी गई है। प्रार्थना के आरंभ में ॐ लगाया जाता है ताकि इसका जप किया जा सके।

त्र्यम्बकं यजामहे सुगन्धिं पुष्टिवर्धनम्।
उर्वारुकमिव बन्धनान्मृत्योर्मुक्षीय मामृतात्॥ ऋग्वेद VII.59.12

त्रयम्बकं यजामहे सुगन्धिं पुष्टिः-वर्धनम्।
उर्वारुकम्–इव बन्धनात्-मृत्योः-मुक्षीय मा-अमृतात्॥

हम त्रयम्बक (तीन नेत्रों वाले शिव) की प्रार्थना करते हैं जिनकी महिमा सुगंधमयी है, जो हमारा पोषण और वृद्धि करने वाले हैं। जैसे पका फल शाखा के बंधन से मुक्त हो जाता है वैसे ही हम मृत्यु और नश्वरता से मुक्त हो जाएँ, पर अमरता से नहीं।

वेद की यह प्रार्थना रुद्र को संबोधित है जो बाद में शिव के रूप में जाने गए। भगवान शिव शीघ्र प्रसन्न हो जाते हैं तथा कल्याणकारी हैं (शिव का अर्थ कल्याणकारी है)। वे आपदाओं से अपने भक्तों की रक्षा करते हैं और उन्हें वर प्रदान करते हैं। उनकी शक्तियाँ विपुल हैं एवं वे चिकित्सकों में महान चिकित्सक हैं।

भगवान शिव के लगभग वे ही गुण हैं जो रुद्र के हैं – बस रुद्र के स्वर्णिम वस्त्रों के स्थान पर शिव के शरीर पर विभूति (योग शक्तियाँ या पवित्र भस्म) होती है। जहाँ अन्य देवताओं की मूर्ति-आदि के माध्यम से उपासना होती है, वहीं भगवान शिव की उपासना लिंग (चिह्न या सूचक) के माध्यम से होती है। कुछ अज्ञानी लोग शिवलिंग को मनुष्य के लिंग की तरह देखते हैं, जो सरासर अनुचित है। लिंग का अर्थ चिह्न होता है, तथा शिवलिंग का अर्थ 'शिव की पूजा की जगह' के अर्थ में होता है, अन्य किसी भी अर्थ में नहीं।

यजामहे का अर्थ है उपासना। *त्रयम्बकं सुगन्धिं पुष्टिवर्धनम्* तीन नेत्रों वाले, सुगंधमयी महिमा वाले, तथा पोषण और वृद्धि करने वाले। ये भगवान शिव के गुण हैं। उनकी तीन आँखें हैं, जिसमें तीसरी आँख ज्ञानचक्षु है। अगर वे अपनी तीसरी आँख खोल दें तो सभी वस्तुओं का वास्तविक रूप स्पष्ट हो उठता है जिस कारण रूपों के द्वारा उत्पन्न हुआ भ्रम भस्म हो जाता है। इसी भाव को बाद के लेखकों ने भगवान शिव की कथाओं को नाटकीय ढंग से प्रस्तुत किया।

उर्वारुकं इव बन्धनात् का अर्थ है कि जिस प्रकार खीरा आदि या कोई फल पकने पर डाली से तोड़ा जा सकता है, उसी तरह पूर्ण जीवन होने पर ही मृत्यु आए। जीवन अस्वस्थता या अज्ञान के कारण नष्ट नहीं होना चाहिए।

मृत्योः मुक्षीय मृत्यु से मुक्ति, अर्थात् हमारा जीवन पूर्ण तथा हर तरह से परिपूर्ण हो। *मा अमृतात्* भक्त के लिए अमृत का भाव अर्थात् पूर्ण ज्ञान बाधित न हो।

यह प्रार्थना बताती है कि जीवन का कैसे पूर्ण उपयोग हो ताकि यहाँ पूर्ण भोग हो सके, और साथ ही भविष्य में पूर्णता की ओर अग्रसर हो सकें। स्वामी विवेकानन्द ने इस विचार को सुंदर ढंग से प्रस्तुत किया है, 'जीवन एक महान अवसर है। फिर क्यों सांसारिक भोगों के पीछे दौड़ते हो? ईश्वर तो आनंद का स्रोत है। उच्चतम की कामना करो, उच्चतम का लक्ष्य रखो और तुम उच्चतम को प्राप्त कर लोगे।'

***

III

ईश्वर के बहुमुख

जिस समय से मनुष्यों ने भय, आकांक्षा या प्रेम के कारण ईश्वर की भक्ति शुरू की तभी से उनमें स्वयं को जानने और समझने की प्रक्रिया में एक व्यापक बदलाव आया, और वे अपने देह-बोध की सीमा से आगे जाकर विभिन्न भाव से अपने को ईश्वर से जोड़ने लगे। संसार के आध्यात्मिक इतिहास के प्रारंभ से ही अलग-अलग दृष्टिकोणों के आधार पर भिन्न विचारों के मत उत्पन्न हुए जिनमें से कुछ गहनतम मौन की अवस्था से उपजे तथा अन्य सतही समझ से।

इन दृष्टिकोणों को मोटे तौर पर इस प्रकार वर्गीकृत किया जा सकता है – *एनीमिज्म* या *जीवात्मवाद* जो शिंतो धर्म तथा कुछ आदिवासी समाजों द्वारा अपनाया गया जिसमें कि माना जाता है कि सभी वस्तुओं में जीवात्मा होती है; *टोटमिज्म* या *गणचिह्नवाद* जो आदिवासियों की मान्यता है तथा जिसमें माना जाता है कि मनुष्य तथा अन्य प्राकृतिक प्राणियों में दैवी संबंध होता है; *पॉलीथीइज्म* या *बहुदेववाद* जिसको ग्रीक तथा रोमवासी मानते थे जिसमें ऐसे देवताओं को गाना जाता है जिनके मानवों जैसे शरीर होते हैं तथा जिनके अपने-अपने निजी गुण होते हैं; *मोनोथीइज्म* अर्थात् *एकेश्वरवाद* जो अब्राह्मिक धर्मों (यहूदी, ईसाई तथा इस्लाम) की मान्यता है जिसमें एक परमेश्वर को माना जाता है; डे*इज्म* जिसमें माना जाता है कि एक ईश्वर है परंतु मनुष्य जीवन में वह हस्तक्षेप नहीं करता; *पैंथेइज्म* जिसमें माना जाता है कि भौतिक ब्रह्माण्ड ही ईश्वर है। इनके अतिरिक्त भारत में *द्वैत, अद्वैत, विशिष्टाद्वैत* तथा अन्य आध्यात्मिक दृष्टिकोण हैं जो गहनतम आध्यात्मिक सत्यों पर आधारित हैं।

इनमें से प्रत्येक धर्म अपनी निर्धारित विधि से अपने अनुयायियों को प्रेरित करते हैं कि वे ईश्वर से एकात्मकता अनुभव करें। वहीं दूसरी ओर वेद हैं जो आध्यात्मिकता के मूल स्रोत हैं तथा जो ईश्वर की व्याख्या एक या दो ही भाव से नहीं करते, अपितु हर संभव विधि से करते हैं।

चूँकि ईश्वर अनंत है, इसीलिये वे अनंत गुणों के भंडार हैं। हम उन सभी गुणों को समझ नहीं सकते, इसीलिये हम ईश्वर के केवल एक या कुछेक गुणों पर ध्यान केंद्रित करते हैं, और फिर उस गुण को एक नाम और रूप दे देते हैं। उदाहरण के लिए, सरस्वती की पूजा ज्ञान की देवी के रूप में की जाती है, यह जानते हुए भी कि ईश्वर ही ज्ञानस्वरूप हैं। ऐसे किसी गुण को जब रूप दिया जाता है तो उसे देवी या देवता कहा जाता है।

अनंत ईश्वर को मन द्वारा नहीं जाना जा सकता, क्योंकि मन अपनी प्रकृतिवश ही हमेशा सीमित होता है। इसीलिए उस अनंत को अलग-अलग मन भिन्न-भिन्न प्रकार से देखते हैं, ठीक उसी तरह जैसे अलग-अलग रंग के चश्मों से अलग-अलग देखा जाता है। इसी कारण से ईश्वर को देखने के जितने मन हैं, उतने ही तरीके हैं, तथा इनमें से हर आध्यात्मिक निरूपण एक देवी या देवता के रूप हैं।

ये दो कारण हैं जिससे ईश्वर को कई रूप तथा गुण में देखा जाता है। ईश्वर की पूजा इन्हीं रूपों में होती है, एवं वे ही भक्तों की इच्छा की पूर्ति भी करते हैं।

पुस्तक के इस भाग में पहला अध्याय विभिन्न देवताओं को संबोधित प्रार्थनाओं द्वारा ईश्वर के विभिन्न भाव को प्रस्तुत करता है जिसमें कि उन्हें अपना ही माना जाता है अर्थात् अपने बहुत निकट। अगला अध्याय निराकार ईश्वर के प्रति है।

ये चुनी हुई कुछ प्रार्थनाएँ न तो वेद के विस्तार और न ही उनकी पूर्णता की सूचक हैं, बल्कि ये संकेत करती हैं कि वेद हमें क्या कुछ प्रदान करते हैं।

1.
साकार ईश्वर

मन की यह प्रकृति है कि वह ईश्वर के उस रूप से प्रेम करता है जो उसके अपने व्यक्तित्व के अनुरूप हो, तथा प्रेम भी उसी भाव को करता है जो उसमें प्रचुर मात्रा में होता है। इसीलिए हिंसक लोग हिंसात्मक ईश्वर की पूजा करते हैं, जबकि प्रेमी भक्त के इष्ट प्रेमी ईश्वर होते हैं।

वेद विभिन्न देवताओं को समर्पित प्रार्थनाओं का एक विशाल भंडार हैं। प्रस्तुत प्रार्थनाएँ व्यक्तिगत संबंध की भावना द्वारा अर्पित की जाती हैं जिससे कि विभिन्न प्रकृति के लोग इनसे एकात्मता का अनुभव कर सकें। यह अध्याय मात्र एक छवि प्रस्तुत करता है कि कोई व्यक्ति ईश्वर के साथ किन-किन माध्यमों से अपने को जोड़ सकता है।

पिता, माता, संबंधी के रूप में – इन्द्र

यह प्रार्थना इन्द्र को संबोधित है। ऋग्वेद की लगभग एक चौथाई स्तुतियाँ इन्द्र के प्रति हैं जो किसी भी अन्य देवता से अधिक है। इन्द्र के कई नाम हैं, जिनका सतही तौर पर अर्थ निकाला जाए तो यही प्रतीत होगा कि वे कोई आक्रान्ता या आक्रामक देवताओं के नायक थे जैसा कि पश्चिमी विद्वानों ने प्रचलित कर दिया, पर जो पूरी तरह से गलत है। जैसा कि आप देखेंगे ये प्रार्थनाएँ गहन आध्यात्मिकता से परिपूर्ण हैं तथा ऐसे आध्यात्मिक मन की कामना को दर्शाती हैं जिसका एकमात्र शरण ईश्वर है।

इस प्रार्थना में इन्द्र को एक पिता और माता दोनों के रूप में संबोधित किया गया है। इसी भाव को बाद में अनेक भारतीय ग्रन्थों और प्रार्थनाओं में व्यापक रूप प्रदान किया गया जैसे *त्वमेव माता च पिता त्वमेव* – 'हे ईश्वर! तुम ही पिता हो और तुम ही माता।'

त्वं हि नः पिता वसो त्वं माता शतक्रतो बभूविथ।
अधा ते सुम्नमीमहे॥ ऋग्वेद VIII.98.11, सामवेद 1170 (IV.2.13.2), अथर्ववेद XX.108.2

त्वं हि नः पिता वसो त्वं माता शतक्रतो बभूविथ। अधा ते सुम्नम्-ईमहे॥

हे वसु, आप ही हमारे पिता हैं और हमारी माता। हे इन्द्र, इसीलिए हम आपकी कृपा हेतु आपसे प्रार्थना करते हैं।

इस मन्त्र के महत्व को इस बात से जाना जा सकता है कि ऋग्वेद के अतिरिक्त यह अन्य वेदों में भी आया है। धन प्रदान करने के कारण इन्द्र *वसु* हैं, तथा महान

कर्मों का संपादन करने के कारण वे *शतक्रतु* हैं। वे पिता के समान हैं जो रक्षा करते हैं तथा सारी सुविधा उपलब्ध कराते हैं। साथ ही, वे माँ के समान भी हैं जो पोषण और देखभाल करती है।

चूँकि वे सब कुछ प्रदान करने वाले तथा रक्षक हैं, इसीलिये *सुम्नम* यह प्रार्थना धन, शान्ति तथा सुख के रूप में उनकी कृपा प्राप्त करने हेतु है। इस प्रकार के संबंध की व्याख्या वेद में कई बार की गई है, जैसे:

इन्द्र क्रतुं न आ भर पिता पुत्रेभ्यो यथा।
शिक्षा णो अस्मिन्पुरुहूत यामनि जीवा ज्योतिरशीमहि ॥ ऋग्वेद VII.32.26, सामवेद 259, अथर्ववेद XVIII.3.67

हे इन्द्र, हमें ज्ञान प्रदान करें। जिस प्रकार एक पिता अपने पुत्रों को ज्ञान देता है, उसी तरह, हे इन्द्र, आप हमारा मार्गदर्शन करें ताकि हम लंबी आयु पा सकें और ज्योति (जीवन) का आनंद ले सकें।

यहाँ इन्द्र को न केवल एक पिता के रूप में देखा जा रहा है जो सांसारिक आवश्यकताओं की पूर्ति कर सकते हैं तथा रक्षा कर सकते हैं, अपितु ज्ञान के संदर्भ में एक मार्गदर्शक के रूप में भी देखा जा रहा है, क्योंकि किसी भी अच्छे पिता का यही कर्तव्य होता है।

अगली प्रार्थना में इन्द्र को कई ऐसे रूपों में देखा जा रहा है जो रक्षक हैं और हमें प्रेम करते हैं।

त्राता नो बोधि ददृशान आपिरभिख्याता मर्डिता सोम्यानाम्।
सखा पिता पितृतमः पितॄणां कर्तेमु लोकमुशते वयोधाः ॥ ऋग्वेद IV.17.17

हमारे रक्षक बनें; आप जो सभी की देखभाल करते हैं, अपने भक्तों पर कृपा करें तथा एक मित्र, पिता तथा पिताओं के पिता के रूप में समृद्धि प्रदान करें।

ऐसी प्रार्थनाएँ अन्य देवताओं को भी संबोधित हैं। अगली प्रार्थना में, जो अग्नि को संबोधित है, अति प्रेम का संबंध व्यक्त करते हैं।

अग्निं मन्ये पितरमग्निमापिमग्निं भ्रातरं सदमित्सखायम्।
अग्नेरनीकं बृहतः सपर्यं दिवि शुक्रं यजतं सूर्यस्य ॥ ऋग्वेद X.7.3

मैं अग्नि की स्तुति अपने पिता, संबंधी, भाई के रूप में करता हूँ, तथा उनको सदा के लिए अपना मित्र भी मानता हूँ। मैं उनका सम्मान अपने इष्ट के रूप में करता हूँ जो आकाश में प्रिय सूर्य के समान है।

मित्र के रूप में – इन्द्र

माकिर्न एना सख्या वि यौषुस्तव चेन्द्र विमदस्य च ऋषेः।
विद्मा हि ते प्रमतिं देव जामिवदस्मे ते सन्तु सख्या शिवानि ॥ ऋग्वेद X.23.7

माकिः-नः एना सख्या वि यौषुः-तव च-इन्द्र विमदस्य च ऋषेः।
विद्मा हि ते प्रमतिं देव जामिवत्-अस्मे ते सन्तु सख्या शिवानि ॥

हे इन्द्र आपमें और मुझ विमद के बीच में यह मित्रता कभी न समाप्त हो, हे देव (इन्द्र), क्योंकि हम आपके (मेरे प्रति) लगाव को जानते हैं, जो एक बहन के प्रति भाई का जैसा है। आपकी शुभ मित्रता हमसे बनी रहे।

कुछ लोग ईश्वर की भक्ति भय के कारण करते हैं, पर ईश्वर से श्रेष्ठतम सम्बन्ध प्रेम और मधुरता का होता है। चूँकि ईश्वर हमारे अपने आत्मा हैं, इसीलिये यह हमारा अधिकार है कि हम उनकी उपस्थिति को सदा-सर्वदा अनुभूत करें और आनंदित हों।

इस मन्त्र के ऋषि विमद सभी की ओर से प्रार्थना कर रहे हैं कि इन्द्र से उनकी मित्रता सदा दृढ़ रहे तथा इन्द्र उन पर उसी तरह अपने प्रेम की वर्षा करते रहें जैसे एक भाई अपनी *जामि* अर्थात् बहन पर करता है। इस प्रार्थना में ईश्वर की कृपा की उपमा भाई के अपनी बहन के प्रति प्रेम से की जाती है। यह प्रीतिकर भावना भावविभोर कर देने वाली है।

कुलीन स्त्री, माता, वधू – उषा

वेद में कई देवियों का वर्णन है जिनको माता ही नहीं, वरन अन्य कई रूपों और संबंधों में पूजा गया है। इस मन्त्र में उषा को अनेक रूपों में, जैसे कि आभिजात्य स्त्री, माता तथा वधू की तरह देखा गया है।

आ घा योषेव सूनर्युषा याति प्रभुञ्जती।
जरयन्ती वृजनं पद्वदीयत उत्पातयति पक्षिणः॥ ऋग्वेद I.48.5

आ घा योषा-इव सूनरी-उषाः याति प्रभुञ्जती।
जरयन्ती वृजनं पद्वत्-ईयते उत्-पातयति पक्षिणः॥

एक अभिजात कुलीन स्त्री के समान उषा देवी आती हैं, ध्यान से सभी की देखभाल करते हुए, सभी जीवों को जगाते हुए, वे पैरों वाले जीवों को गतिमान करती हैं तथा पक्षियों को उड़ने के लिए प्रेरित करती हैं।

सृष्टि का मूल लक्षण काल, अर्थात् समय है जिसका सबसे उत्तम रूप सूर्यास्त तथा सूर्योदय है। वेद में उषा का वर्णन कई रूपों में हुआ है, उनमें सूर्य की माता तथा रात्री देवी की बड़ी बहन प्रमुख हैं। उषा देवी का आना और जाना जीवन के चिह्न हैं। आने पर वह सभी को सक्रिय कर देती है। इसी प्रक्रिया में वह सभी को अंतिम विघटन (मृत्यु) की ओर भी गतिमान करती है।

देवी यह सब कैसे करती है? एक कुलीन स्त्री की तरह जो सबकी शुश्रूषा करती है तथा सबका ख्याल रखती है। अन्य स्थानों पर उसे माता एवं वधू के रूप में भी वर्णित किया गया है। इस मन्त्र में उषा की व्याख्या एक ऐसी माता के रूप में की गई है जो पूरे संसार की देखभाल करती है।

एक अन्य मन्त्र में कहते हैं –

उच्छन्ती या कृणोषि मंहना महि प्रख्यै देवि स्वर्दृशे।
तस्यास्ते रत्नभाज ईमहे वयं स्याम मातुर्न सूनवः॥ ऋग्वेद VII.81.4

देवी (उषा) जो अंधकार का नाश करने वाली हैं, वे संसार को जगाती हैं तथा उसे दृश्यमान करती हैं। हे धन-निधि प्रदाता, जैसे एक माँ के पुत्र होते हैं वैसे ही हम आपके बनना चाहते हैं।

ऋषिगण परमात्मा से इतनी निकटता अनुभव करते थे कि जो भी उन्हें संसार में श्रेष्ठ लगता था, वे उससे उसकी तुलना करने में जरा भी संकोच नहीं करते थे। आगे के मन्त्र में देवी उषा के सौंदर्य तथा प्रकाश की तुलना एक नववधू से की जा रही है जिसे उसकी माँ ने विवाह हेतु सजाया-सँवारा है।

सुसंकाशा मातृमृष्टेव योषाविस्तन्वं कृणुषे दृशे कम्।
भद्रा त्वमुषो वितरं व्युच्छ न तत्ते अन्या उषसो नशन्त॥ ऋग्वेद I.123.11

अपनी माँ के द्वारा सजाई-सँवारी गई एक नववधू की तरह देदीप्यमान आप अपना स्वरूप प्रकट करें ताकि सभी उसके दर्शन कर सकें। हे उषा, आप और भी अधिक उज्ज्वलता से प्रकाशमान हों जैसा कि पहले कोई प्रभात प्रकाशवान न हुआ हो।

यह प्रार्थना एक आध्यात्मिक साधक के हृदय से अंधकार को दूर करने के लिए है जो प्रकाश की देवी ही कर सकती है। इस कारण यह प्रार्थना एक नए दिन के लिए है जो एक नये आरंभ का सूचक हो तथा जो पहले से कहीं अधिक प्रकाशवान हो।

युवतियों के मध्य एक युवक – आपः

पवित्र होने का अर्थ है दिव्य होना, अर्थात् अपने अन्दर ईश्वरीय गुण को लाना। इसीलिये हिन्दू धर्म में पवित्रता एक महत्वपूर्ण भूमिका निभाती है। उच्चतम स्तर पर आध्यात्मिक पवित्रता ईश्वर से एकाकार होकर प्राप्त होती है, तथा निम्न स्तर पर अनेक प्रकार से अपवित्रता को निरंतर दूर किया जाता है। स्मृति-शास्त्र हमें विस्तार में बतलाते हैं कि अपवित्रता क्या होती है और किस तरह पवित्रता प्राप्त की जा सकती है।

आपः (आप) दिव्य जल हैं जो संसार को एक माँ के समान पोषित करते हैं तथा अनेक दोष जैसे नैतिक अपराध, हिंसा, झूठ आदि को धो डालते हैं। वर्तमान हिन्दू धर्म में आप का स्थान गंगाजल ने या आवश्यकता पड़ने पर साधारण जल ने ले लिया है क्योंकि जल ही शरीर और मन को पवित्र करने में महत्वपूर्ण भूमिका निभाता है। इस मन्त्र में 'आप' की तुलना युवतियों से की गई है।

याभिः सोमो मोदते हर्षते च कल्याणीभिर्युवतिभिर्न मर्यः।
ता अध्वर्यो अपो अच्छा परेहि यदासिञ्चा ओषधीभिः पुनीतात्॥ ऋग्वेद X.30.5

याभिः सोमः मोदते हर्षते च कल्याणीभिः-युवतिभिः-न मर्यः
तः अध्वर्यो अपः अच्छा परा-इह यत्-आसिञ्चाः ओषधीभिः पुनीतात्॥

जिसमें सोम क्रीड़ा करते हैं तथा हर्षित होते हैं, जैसे कि कोई पुरुष सुंदर युवतियों के साथ क्रीड़ा करता है, हे अध्वर्यु, आप इस जल तक आएँ तथा ओषधियों की वर्षा करके उसे पवित्र करें।

इस प्रार्थना में सोम को, जो एक औषधीय पेय है जिसका पान देवता करते हैं, *आप* को अर्पित किया जा रहा है ताकि भक्तों पर उनकी कृपा हो। यज्ञ में आहुति देने वाले पुरोहित को अध्वर्यु कहते हैं। उनसे याचना की जा रही है कि वे सोम तैयार करें जो *आप* अर्थात् दिव्य जल को समर्पित किया जाएगा। सोम तब एक युवक के समान *कल्याणी* अर्थात् सुंदर स्त्रियों के साथ क्रीड़ा करेगा। यहाँ आप की तुलना सुंदर युवतियों से की गई है।

एक युवक की सुंदर युवतियों के साथ क्रीड़ा की व्याख्या आगे चलकर *भागवतम* जैसे ग्रन्थों में की गई है जिनके अनुसार श्री कृष्ण ने संसार को भक्ति का संदेश देने के लिए दिव्य रास रचकर गोपियों के साथ लीला की थी।

पतिव्रता स्त्री – अग्नि

अग्नि देव को समर्पित यह मन्त्र ईश्वर को अनेक रूपों में देखता है – जैसे ईश्वर, राजा, रक्षक, तथा एक पतिव्रता पत्नी जो अपने पति की सेवा में समर्पित है।

देवो न यः पृथिवीं विश्वधाया उपक्षेति हितमित्रो न राजा।
पुरःसदः शर्मसदो न वीरा अनवद्या पतिजुष्टेव नारी॥ ऋग्वेद I.73.3

देवः न यः पृथिवीं विश्व-धायाः उप-क्षेति हितमित्रः न राजा।
पुरः-सदः शर्मसदः न वीराः अनवद्या पतिजुष्टा-इव नारी॥

वह (अग्नि) जो पृथ्वी पर सबको धारण करने वाले देवता (सूर्य) के समान हैं, जो मित्रों से घिरे एक राजा की तरह रहते हैं, जो वीर पुरुषों के सुरक्षित स्थान की तरह हैं, और जो सुलक्षणा पत्नी के समान हैं जो अपने पति को प्रिय है।

अग्नि देवता इस पृथ्वी तथा उसके जीवों का उसी प्रकार पोषण करते हैं जैसे सूर्य इस सौर मंडल को पोषित करते हैं। यज्ञ के समय वह एक राजा के समान होते हैं जो अपने विश्वसनीय मंत्रियों तथा सेनापतियों से घिरा रहता है। वे एक पिता के समान भी

हैं जिसकी उपस्थिति में बालक सुरक्षित अनुभव करते हैं। यही नहीं, वह एक प्रिय पत्नी के समान भी है जो अपने पति का पूरा ध्यान रखती है।

एक अन्य स्तुति में अग्नि की तुलना एक पत्नी से की गई है, जो सबके लिए एक अनमोल आभूषण के समान है।

दुरोकशोचिः क्रतुर्न नित्यो जायेव योनावरं विश्वस्मै। ऋग्वेद 1.66.5

अग्नि, जिसमें अप्राप्य दीप्ति है, एक चौकस यज्ञकर्ता के समान है; (यज्ञ स्थली पर) वह सबके लिए एक अनमोल आभूषण के समान है जैसे घर पर एक स्त्री होती है।

एक शिशु जिसे चूमा जा रहा है – वेन

वेन एक ऐसे देवता हैं जिन्हें आज लगभग विस्मृत कर दिया गया है, और जिनका स्पष्ट वर्णन वेदों में भी नहीं है। साधारण तौर पर कहें तो उन्हें दिव्य प्रकाश के समान बतलाया गया है जो बादलों में चमकती बिजली, या फिर सूर्य, चन्द्रमा आदि का हो सकता है। वेन की व्याख्या ब्रह्मा के रूप में भी की गई है क्योंकि सृष्टि का प्रकाश उन्हीं से प्रकट होता है, तथा उनको एक ऐसे देवता के रूप में भी देखा जाता है जो मध्य-लोक अर्थात् अंतरिक्ष में अवस्थित हैं।

यह मन्त्र छायावाद परम्परा की है, इसीलिए इसे समझना थोड़ा कठिन है जिस कारण व्याख्याकारों ने इसकी व्याख्या भिन्न-भिन्न ढंग से की है। इस मन्त्र में वेन बादलों के बीच अवस्थित प्रकाश है जो सूर्य की रश्मियों को रथ बनाकर उन पर सवार है, और जो अंतरिक्ष के कणों को गतिमान करता प्रतीत होता है।

इस मन्त्र में ऋषि ईश्वर के प्रति गोद में लिए गए शिशु के समान प्रेम प्रकट करते प्रतीत होते हैं।

अयं वेनश्चोदयत्पृश्निगर्भा ज्योतिर्जरायू रजसो विमाने।
इममपां संगमे सूर्यस्य शिशुं न विप्रा मतिभी रिहन्ति॥ ऋग्वेद X.123.1

अयं वेनः-चोदयत्-पृश्निगर्भाः ज्योतिः-जरायू रजसो विमाने।
इमम्-अपां संगमे सूर्यस्य शिशु न विप्र मतिभि रिहन्ति॥

देखें कि वेन जो प्रकाश में जन्मा है, अंतरिक्ष के जल को गतिमान करता है जो सूर्य से उत्पन्न हुआ है। ऋषि स्तुतियों द्वारा उससे लाड़ करते हैं मानो वह कोई शिशु हो, जहाँ जल और सूर्य का संगम होता है।

प्रातः काल के सूर्य में वेन देवता बादलों के बीच प्रकाश के समान प्रकट होकर उन बादलों को गतिमान करता है जो जल और सूर्य के संगम से जन्म लेते हैं। वह देव एक शिशु के समान दिखता है जिसको ऋषि प्रार्थनाएँ अर्पित करते हैं, मानो वे प्रेम से किसी शिशु को चूम रहे हों।

पृश्निगर्भ का अर्थ है जिसका जन्म पृश्नि से हुआ है। ग्रन्थों के अनुसार इसका अर्थ ईश्वर है, परंतु सायणाचार्य ने इसकी व्याख्या सूर्य की सात देदीप्यमान किरणों के रूप में की है।

ज्योतिः जरायुः बादलों के बीच विद्यमान प्रकाश है, मानो किसी गर्भ में प्रकाश हो। *रजसः* वेद में प्रयुक्त एक प्रचलित शब्द है जिसका अर्थ कण है, जो जल, धूल या सृष्टि के हो सकते हैं। यहाँ इसका अर्थ है अंतरिक्ष के कण जहाँ बादल बनते हैं। *मतिभी* का अर्थ है प्रार्थना करना तथा *रिहन्ति* का अर्थ है चूमना।

ईश्वर एक शिशु समान – विश्वेदेव

यह मन्त्र भी अति सूक्ष्म है, जिसका अर्थ कई तरह से किया जा सकता है। यहाँ देवताओं की परस्पर लीला की तुलना माँ द्वारा शिशु को और शिशु द्वारा माँ को चूमने से की गई है। यह प्रार्थना विश्वेदेव को समर्पित है जो देवताओं का समूह है जिसमें कोई शेष नहीं रहता।

यह मन्त्र अग्नि और वायु को लक्ष्य करके है जो वेद के महत्वपूर्ण देवता हैं तथा जिनकी स्तुति उत्कृष्टता, कृपापूर्ण प्रकृति तथा मित्रता के लिए की गई है। इस संसार में उनके संसर्ग से कई वस्तुएँ उत्पन्न होती हैं – जैसे मेघगर्जन, आग, वाणी आदि जिनके कारण पृथ्वी पर जीवन संभव हो पाता है। इस मन्त्र में उनकी परस्पर लीला का वर्णन किया गया है, जिसे बिजली के चमकने के समय देखा जा सकता है (अग्नि और वायु का खेल) या फिर बोलने के समय अनुभव किया जा सकता है (जिसमें वाणी अग्नि तथा प्राण वायु है)।

एकः सुपर्णः स समुद्रमा विवेश स इदं विश्वं भुवनं वि चष्टे।
तं पाकेन मनसापश्यमन्तितस्तं माता रेळ्हि स उ रेळ्हि मातरम् ॥ ऋग्वेद X.114.4

एकः सुपर्णः स समुद्रम्–आ विवेश स इदं विश्वं भुवनं वि चष्टे।
तं पाकेन मनसा-अपश्यम्-अन्तितः-तं माता रेळ्हि स उ रेळ्हि मातरम् ॥

एक सुंदर पंखों वाले ने वायु के सागर में प्रवेश किया है जहाँ से वह पूरे संसार का अवलोकन करता है। परिपक्व मन से मैंने उसे पास से देखा है, उसकी माँ उसे चूमती है और वह वापस माँ को चूमता है।

वायु देव को यहाँ *सुपर्णः* (सुंदर पंखों वाला पक्षी) कह कर संबोधित किया गया है क्योंकि वे बिना किसी सहारे के एक पक्षी के समान गतिमान होते हैं। यही गुण ईश्वर का भी है जो बिना किसी सहारे के सब जगह गतिमान हैं। ईश्वर/वायु संसार को ठीक वैसे ही देखते हैं जैसे एक पक्षी आकाश से नीचे देखता है तथा इस प्रकार पूरे दृश्य का अवलोकन कर पाते हैं।

ईश्वर, जो ऊपर भी हैं और हृदय में भी, उनको ऋषि ऐसी ध्यान की अवस्था में देखते हैं। वही ईश्वर शरीर में प्राणों के रूप में गतिमान होते हैं जिसकी सहायता से वाणी उच्चरित होती है। वेद में वाणी को अग्नि कहा गया है। वाणी जब उच्चरित होती है तब मानो अग्नि और वायु दोनों साथ-साथ होते हैं। इसकी तुलना एक माँ और शिशु के चुंबन-प्रतिचुंबन से करते हैं।

इस प्रकार हम इन प्रार्थनाओं में उन ऋषियों के प्रेम के प्रवाह को अनुभव कर सकते हैं जो ईश्वर को केवल दिव्य रूप में ही नहीं, वरन एक स्वजन के रूप में भी देखते थे। यह अतिप्रेम के संबंध का प्रतीक है।

इस मन्त्र में रेळि शब्द का प्रयोग हुआ है। इसमें ळ का उच्चारण जीभ को पीछे की ओर घुमाकर किया जाता है जैसे कि हम अंग्रेजी के शब्दों क्लॉक और क्लोव का उच्चारण करते समय करते हैं। पर, अब ये प्रचलित नहीं।

ईश्वर, एक नर्तक – इन्द्र

श्रिये ते पादा दुव आ मिमिक्षुर्धृष्णुर्वज्री शवसा दक्षिणावान्।
वसानो अत्कं सुरभिं दृशे कं स्वर्ण नृतविषिरो बभूथ ॥ ऋग्वेद VI.29.3

श्रिये ते पादा दुवः आ मिमिक्षुः-धृष्णुः-वज्री शवसा दक्षिणावान्।
वसानः अत्कं सुरभिं दृशे कं स्वः-न नृतो-इषिरः बभूथ॥

समृद्धि के लिए आपके भक्त आपके शक्तिशाली चरणों का आलिंगन करते हैं, गर्जन के समान आपकी बाहें हैं, आप दान देने में कृपालु हैं, सुंदर परिधान धारण किए हुए हैं, देखने में स्वर्ग के समान सुंदर हैं, तथा एक सक्रिय नर्तक के समान हैं।

इन्द्र का वर्णन एक दिव्य नर्तक के रूप में किया है क्योंकि वे सदा गतिमान रहते हैं। वे बलशाली हैं परंतु दिखने में सुंदर हैं और सभी से उनको सम्मान प्राप्त होता है। बाद के समय में कृष्ण अवतार में ईश्वर का नर्तक होना विस्तार से दर्शाया गया है।

ईश्वर एक प्रेमी – इन्द्र

दोहेन गामुप शिक्षा सखायं प्र बोधय जरितर्जारमिन्द्रम्।
कोशं न पूर्णं वसुना न्यृष्टमा च्यावय मघदेयाय शूरम्॥ ऋग्वेद X.42.2

दोहेन गाम्-उप शिक्षा सखायं प्र बोधय जरितः-जारम्–इन्द्रम्।
कोशं न पूर्णं वसुना नि-ऋष्टम्-आ च्यावय मघ-देयाय शूरम्॥

अपने मित्र को अपनी ओर खींचें जैसे कि गाय को दुहने के लिए खींचा जाता है। हे गायक (ऋषि), ईश्वर को, उस प्रेमी को जगाओ, उस योद्धा (इन्द्र) को धन से भरे पात्र के समान समृद्धि पाने हेतु गतिमान करो।

इन्द्र देव को यहाँ *जारम्* अर्थात् प्रेमी के रूप में संबोधित किया गया है, *जरितः* उस ऋषि द्वारा जो यह प्रार्थना कर रहे हैं।

एक अन्य मन्त्र में इन्द्र को एक ऐसे पति के रूप में देखा जा रहा है जो अपनी नववधू के समीप जा रहा है। इन्द्र का यह प्रेमी रूप इतना व्यापक है कि बाद के साहित्य में अत्यधिक कामी होने के लिए उनकी घोर निंदा की गई जिससे सबसे लोकप्रिय देव के रूप में उनकी महिमा ही समाप्त हो गई। आगे चलकर भगवान विष्णु, राम, कृष्ण तथा अन्य ने उनकी लोकप्रियता का स्थान ले लिया।

***

2.
निराकार ईश्वर

पिछले भाग से हमें आभास मिलता है कि ऋषिगण ईश्वर से कैसे मधुर संबंध का अनुभव करते थे जिस कारण बहुत सारी सुंदर प्रार्थनाएँ रची गईं जो भक्त और ईश्वर के बीच के संबंध को मानवीय भावों में व्यक्त करती हैं।

इस भाग में ईश्वर के निराकार स्वरूप पर प्रकाश डाला जा रहा है जिसका वर्णन ऋषियों ने वेद में किया। आगे चलकर इस स्वरूप का विस्तृत वर्णन उपनिषदों में आया है, परंतु हम वेद में ऐसे कई मन्त्र पाते हैं जिनमें स्पष्ट है कि ईश्वर कैसे साकार भी हो सकते हैं और निराकार भी। ये दोनों परंपराएँ आज तक चली आ रही हैं।

जो लोग भारतीय आध्यात्मिक परंपराओं से अवगत हैं, वे जानते हैं कि भारत में ईश्वर की उपासना अनंत के रूप में होती है, परंतु यह उपासना साधारणतया भगवान विष्णु के माध्यम से होती है। श्री रामकृष्ण परमहंस ने बड़े ही सुंदर तरीके से इसकी व्याख्या की है, 'स्त्रियाँ अनंतव्रत करती हैं जिसमें अनंत की पूजा होती है। परंतु वास्तविकता में वे जिस इष्ट को पूजती हैं, वे हैं विष्णु। उन्हीं में ईश्वर के अनंत रूपों की कल्पना की जाती है।' हिन्दू धर्म में इतने देवी-देवताओं के होने का यही कारण है – जितने मन, उतने देवी-देवता।

अज्ञेय ईश्वर – विश्वकर्मा

संसार में ऐसे बहुत से लोग हैं जो ईश्वर के बारे में जानने को उत्सुक रहते हैं जिस कारण वे आध्यात्मिकता की ओर बढ़ते हैं। इसी विचार को बड़े ही सुंदर ढंग से *विश्वकर्मा* जो रचना के देवता हैं, या फिर स्रष्टा ईश्वर को अर्पित एक प्रार्थना में प्रस्तुत किया गया है। मूलतः *विश्वकर्मा* नाम ईश्वर का ही था जो सृष्टि करते हैं परंतु बाद में यह नाम रचनाकार देवता के लिए प्रयोग किया जाने लगा जो संसार में उपकरण तथा अस्त्र-शस्त्र सहित सब कुछ के स्रष्टा हैं। वर्तमान समय में उनकी पूजा यन्त्रों तथा उपकरणों के देवता के रूप में की जाती है।

यो नः पिता जनिता यो विधाता धामानि वेद भुवनानि विश्वा।
यो देवानां नामधा एक एव तं सम्प्रश्नं भुवना यन्त्यन्या॥ ऋग्वेद X. 82.3, यजुर्वेद 17.27

यः नः पिता जनिता यः विधाता धामानि वेद भुवनानि विश्वा।
यः देवानां नामधाः एकः एव तं सम्प्रश्नं भुवना यन्ति-अन्या॥

वह जो हमें रचते हैं, हमारे पिता हैं, विधाता हैं, अर्थात् सब कुछ देने वाले हैं, जो सभी जीवों के धामों को जानते हैं, जो सभी देवताओं को नाम प्रदान करते हैं, वे एक हैं, सब उनके विषय में पूछने आते हैं।

परमात्मा हमारे पिता हैं जो हमारी देखभाल करते हैं। वही विधाता हैं अर्थात् कर्मों के फल देने वाले हैं, वह *धामानि वेद* हैं जो सभी के वासस्थान को जानने वाले हैं। अर्थ हुआ कि वे सभी के बारे में, उनके बारे में भी जो उच्च स्वर्गों में रहते हैं अर्थात् देवतागण को भी जानते हैं।

वह *नामधा* सबका नाम देने वाले हैं। यह संसार – भौतिक, सूक्ष्म तथा कारण – माया की लीला है जो अपना प्रभाव इस संसार में नाम और रूपों के द्वारा प्रस्तुत करती है। इसीलिये इन्द्र जैसे देवता भी मात्र नाम और रूप हैं, या यों कहें कि वे सागर में लहरों के समान हैं (जो प्रकट होती हैं और फिर लुप्त हो जाती हैं)। उनको ऐसा किसने बनाया, किसने उन्हें नाम दिए? उत्तर है – ईश्वर ने। इसीलिये इस ब्रह्माण्ड में हर नाम और रूप ईश्वर की ओर से ही आया है।

मनुष्य ही नहीं देवता भी *संप्रश्न* अर्थात् प्रश्न करके पूछते हैं, यह जानने के लिए उत्सुक रहते हैं कि ईश्वर कौन हैं, और उसकी प्रकृति क्या है। उपनिषदों में भी यही दर्शाया गया है कि देवता ईश्वर की प्रकृति को नहीं जानते। यहाँ यह स्पष्ट किया गया है कि यद्यपि ईश्वर रचयिता, विधाता आदि सब है, परंतु लोग उनको नहीं जानते और जिज्ञासावश पूछते हैं, 'वह कौन हैं?'

एक दिव्य अस्तित्व – विश्वेदेव

एकम् सदविप्रा बहुधा वदन्ति – यह विख्यात मन्त्र इस सत्य को अभिव्यक्त करता है कि ईश्वर एक है परंतु ऋषिगण उनको कई नामों से संबोधित करते हैं। यह मन्त्र भारतीय संस्कृति तथा संसार के प्रति भारतीय दृष्टिकोण को भी स्पष्ट करता है, जो अनेकता में एकता की भावना पर आधारित है। यह प्रार्थना विश्वेदेव को संबोधित है जो सभी देवों

का समूह है जिसके अध्यक्ष इन्द्र हैं। ऋषि मनु के अनुसार उनकी प्रतिदिन उपासना होनी चाहिए।

इन्द्रं मित्रं वरुणमग्निमाहुरथो दिव्यः स सुपर्णो गरुत्मान्।
एकं सद्विप्रा बहुधा वदन्ति अग्निं यमं मातरिश्वानमाहुः॥ ऋग्वेद I.164.46

इन्द्रं मित्रं वरुणम्-अग्निम्-आहुः-अथो दिव्यः सः सुपर्णः गरुत्मान्।
एकं सत्-विप्रा बहुधा वदन्ति अग्निं यमं मातरिश्वानम्-आहुः॥

जिसे सब इन्द्र, मित्र, वरुण, अग्नि, और सुन्दर पंख वाले गरुत्मान कहते हैं, वह परम सत्ता एक ही है। ऋषिगण उसे भिन्न-भिन्न नामों से पुकारते हैं, जैसे अग्नि, यम, मातरिश्वा।

परमात्मा का ज्ञान उन्हीं लोगों को प्राप्त होता है जिनका चरित्र निष्कलंक होता है और मन शांत। उनकी उपलब्धि करने वालों को ऋषि कहा जाता है। ये ही *विप्र* अर्थात् ज्ञानीजन देवताओं को जान पाते हैं, और उनमें से कुछ उस सत्य, अर्थात् परमात्मा को जान पाते हैं जो देवताओं के आधार हैं। इसका अर्थ है कि ब्रह्म ही असंख्य देवी-देवताओं के रूप में प्रकट होते हैं।

ये अनुभूतियाँ किसी प्राचीन काल की ही नहीं, बल्कि आज भी, कोई भी इन अनुभूतियों को प्राप्त कर सकता है, चाहे उसका कोई भी धर्म या उसकी कोई भी आस्था क्यों न हो।

इस मन्त्र में जिन देवताओं का उल्लेख हुआ है, वे अपने विशेष गुणों के कारण जाने जाते हैं – इन्द्र अपने ऐश्वर्य के कारण, मित्र मृत्यु से रक्षा, वरुण पाप से रक्षा तथा अग्नि अपने प्रकाश के कारण। *गरुत्मान* (बाद में जो गरुड़ कहलाए) *सुपर्ण* (अर्थात् सुंदर पंखों वाले) हैं, जिनको आकाश से उत्पन्न बताया गया है। *मातरिश्वा* वायुदेव का एक नाम है।

ईश्वर ही सब कुछ बने हैं – आत्मा

पहले अध्याय में बतलाया गया था कि अथर्ववेद का प्रयोग सीधे तौर पर यज्ञ में नहीं किया जाता। इससे पश्चिमी विद्वानों को लगा कि वेदों की श्रृंखला में यह वेद बाद में जोड़ा

गया, जो एक गलत धारणा है। वेदों को यज्ञ कर्म के लिए एक विशेष तरह से व्यवस्थित किया गया था जिसमें अथर्ववेद की परंपरा से जुड़े ब्राह्मण यज्ञ की अध्यक्षता करते थे। पर, इस वेद की विषय-वस्तु या ज्ञान उतना ही आध्यात्मिक है जितनी आध्यात्मिकता हो सकती है, बस अंतर यह है कि इस वेद का यज्ञ से सीधे तौर पर कोई सम्बन्ध नहीं।

अथर्ववेद में बीस भाग हैं जिनको कांड कहा जाता है। कुछ भाग आत्मा, ब्रह्म तथा संसार के तथ्यों की व्याख्या करते हैं। यह मन्त्र स्पष्ट करता है कि कैसे ईश्वर ही सब कुछ बने हैं।

त्वं स्त्री त्वं पुमानसि त्वं कुमार उत वा कुमारी।
त्वं जीर्णो दण्डेन वञ्चसि त्वं जातो भवसि विश्वतोमुखः॥ अथर्ववेद X.8.27

त्वं स्त्री त्वं पुमान्–असि त्वं कुमारः उत वा कुमारी।
त्वं जीर्णः दण्डेन वंचसि त्वं जातः भवसि विश्वतः-मुखः॥

तुम ही स्त्री हो, तुम ही पुरुष हो, तुम ही बालक हो, तुम ही बालिका हो, तुम ही वृद्ध हो जो डंडे का सहारा लेकर लड़खड़ाता चलता है, तुम ही सब रूपों में विद्यमान हो।

यह मन्त्र भारतीय आध्यात्मिक दृष्टिकोण का सार है, उसके हृदय की धड़कन है तथा यह स्पष्ट करता है कि कैसे इस ब्रह्माण्ड में सब कुछ, तथा हर कोई, उसी ईश्वर का रूप है। आगे चलकर इसी विचार को *तत् त्वं असि* (तुम ही वह हो) तथा *अहं ब्रह्मास्मि* (मैं ही ब्रह्म हूँ) आदि कथनों में और अधिक स्पष्ट किया गया। परंतु एकात्मकता की यह अवस्था तभी प्राप्त होती है जब 'मैं' और 'तुम' के सारे भ्रम मिट जाते हैं। यह वैसा ही होता है जैसे सोने के आभूषणों को पिघलाकर सोने का एक पिंड बना देना ताकि सभी भेद मिट जाएँ।

एक जो अनेक बने हैं – इन्द्र

सृष्टि एक पहेली है जिसकी संतोषजनक व्याख्या कोई नहीं दे सकता – न विज्ञान, न दर्शन और न ही धर्म। इसीलिये इस अभेद्यता के लिए हिन्दुओं ने एक नवीन शब्द की रचना की – माया, जिसके द्वारा एक के अनेक रूपों में प्रकट होने की प्रक्रिया का वर्णन किया जा सके।

भारतीय दर्शन के अनेक सिद्धांतों ने माया की व्याख्या भिन्न-भिन्न तरह से की है, कहीं उसे एक भ्रम कहा है, कहीं शून्य, और कहीं मरीचिका समान। माया को सहज तौर पर रेगिस्तान में एक मरीचिका के रूप में समझा जा सकता है जहाँ बालुका राशि जल के रूप में प्रतीत होती है। कोई मरीचिका को जान भी ले तो भी वह औरों को भ्रम में डालने के लिए बनी रहती है। माया की व्याख्या करने के लिए वेदान्त 'रज्जु-सर्प भ्रम' अर्थात् अंधेरे में रस्सी में साँप का भ्रम हो जाने से करते हैं।

माया को कभी नहीं जाना जा सकता। यह किसी व्यक्ति की अंधकार को देखने की इच्छा के समान है जिसके बारे में भली प्रकार से वह अवगत होता है। चूँकि अंधकार को न तो अंधकार, और न ही प्रकाश की सहायता से देखा जा सकता है, इसी तरह बहु की व्याख्या बहु द्वारा नहीं की जा सकती; पर एक बार अगर ज्ञान प्रकाश का उदय हो जाए तो माया का अस्तित्व ही समाप्त हो जाता है। इसीलिये माया न तो सत्य है, न मिथ्या – वह केवल होने की एक अवस्था है जिसको नकारा नहीं जा सकता है और न ही तार्किक ज्ञान के सामान्य तरीकों से उसकी पुष्टि की जा सकती है।

यह मन्त्र स्पष्ट करता है कि इन्द्र कैसे विभिन्न देवताओं, जैसे अग्नि तथा अन्य, के रूप में प्रकट होते हैं, ठीक उसी तरह जैसे ईश्वर अपनी माया की शक्ति से जीव, जगत के रूप में भास रहे हैं।

रूपंरूपं प्रतिरूपो बभूव तदस्य रूपं प्रतिचक्षणाय।
इन्द्रो मायाभिः पुरुरूप ईयते युक्ता ह्यस्य हरयः शता दश॥ ऋग्वेद VI.47.18

रूपं-रूपं प्रति-रूपः बभूव तत्-अस्य रूपं प्रति-चक्षणाय।
इन्द्रः मायाभिः पुरुरूपः ईयते युक्ता हि-अस्य हरयः शता दश॥

इन्द्र की शक्ति ऐसी है कि वे अनेक रूप धारण करते हैं। अपनी माया से इन्द्र अनेक रूपों में प्रकट होते हैं और उनके रथ से जुते घोड़े (अर्थात् शक्ति) अनगिनत हैं।

जिन करोड़ों देवताओं को हम हिन्दू परंपरा में जानते हैं, वे वास्तव में एक देवता इन्द्र (वास्तव में ईश्वर) के रूप हैं। इन्द्र ही हैं जो अपनी दिव्य शक्ति, माया, के द्वारा अग्नि, वरुण, वायु, मित्र तथा अन्य देवताओं के रूप में प्रकट होते हैं। उनके अनेक गुण हैं, जिनमें से एक है कि उनके रथ में हजारों घोड़े जुते हैं, जिसका अर्थ है कि वे

बहुत तीव्र गति से चलते हैं और एक ही समय में अनेक स्थानों पर पहुँच सकते हैं। परंतु कैसे? *ईयते* अंनेक रूप धारण करके। इसका अर्थ है कि यह अनेक रूपों का धारण करना वास्तविक नहीं है, बल्कि उनकी माया शक्ति के कारण है।

ईश्वर पूर्ण ब्रह्माण्ड को सँजोए, परंतु एक बूँद में छिपा – वरुण

हिन्दू धर्म में ईश्वर का साकार रूप प्रार्थना और ध्यान के लिए है, परंतु वेद का यह भाव कि वे विशाल में सबसे विशाल और सूक्ष्म में सबसे सूक्ष्म हैं, सदा विद्यमान रहता है।

उतेयं भूमिर्वरुणस्य राज्ञ उतासौ द्यौर्बृहती दूरेअन्ता।
उतो समुद्रौ वरुणस्य कुक्षी उतास्मिन्नल्प उदके निलीनः॥ अथर्ववेद IV.16.3

उत-इयं भूमिः-वरुणस्य राज्ञः उत-असौ द्यौः-बृहती दूरे-अन्ता
उतो समुद्रौ वरुणस्य कुक्षी उत-अस्मिन्-अल्पे उदके निलीनः॥

यह धरती राजा वरुण का साम्राज्य है, और उससे आगे आकाश भी, तथा दोनों समुद्र उसकी जंघाएँ हैं, फिर भी वह पानी की बूँद में भी है।

वरुण देवता की स्तुति प्रायः एक राजा के रूप में की जाती है जैसा कि *वरुणस्य राज्ञः* से स्पष्ट है। कुछ मन्त्रों में इस विचार को और व्यापक करके एक ऐसे ईश्वर का भाव किया गया जो नैतिक व्यवस्था के उत्तरदायी बतलाए गए। परंतु यह हिन्दुओं को स्वीकार न हुआ, क्योंकि इसमें दार्शनिकता की कमी है। यह मन्त्र स्पष्ट करता है कि ईश्वर कैसे वास्तविक राजा हैं जिनकी महिमा तथा वैभव सर्वत्र व्याप्त है, फिर भी वे सूक्ष्म से भी सूक्ष्म हैं

आत्मा के रूप में ईश्वर

उपनिषदों का मूल विषय आत्मा है, जो अनंत है, तथा द्वैत अर्थात् शुभ-अशुभ, जन्म-मृत्यु, सुख-दुख से परे है। 'मैं' की भावना के रूप में आत्मा का भाव हर व्यक्ति में विद्यमान है, पर यह 'मैं' शरीर-मन-अहंकार से अभेद है। आत्मा, जो वास्तव में अनंत

हैं, उनकी वास्तविक प्रकृति की अनुभूति ध्यान की गहराई में ही होती है, जिसके पश्चात जीवन का कायाकल्प सदा के लिए हो जाता है।

सर्वश्रेष्ठ आध्यात्मिक सत्य यही है कि आत्मा ही ब्रह्म है, अर्थात् जीव और परमात्मा एक हैं, जिसका अर्थ हुआ कि आध्यात्मिकता के उच्चतम स्तर पर न तो कोई औपचारिक पूजा हो सकती है, न कोई यज्ञ। इससे कई विद्वानों ने यही निष्कर्ष निकाला कि उपनिषद दो सामाजिक वर्गों के परस्पर संघर्ष का परिणाम है, जिसमें क्षत्रियों ने ब्राह्मणों से विद्रोह किया था। पर, जैसा कि इस मन्त्र तथा असंख्य अन्य मन्त्रों में देखा जा सकता है, वैदिक अनुष्ठानों के साथ-साथ आत्मा की अनुभूति वेद में उत्कर्ष पर पहुँच चुकी थी, यद्यपि ऐसे मन्त्रों का प्रयोग यज्ञों में नहीं किया जाता था।

अकामो धीरो अमृतः स्वयंभू रसेन तृप्तो न कुतश्चनोनः।
तमेव विद्वान् न बिभाय मृत्योरात्मानं धीरमजरं युवानम्॥ अथर्ववेद X.8.44

अकामः धीरः अमृतः स्वयंभू रसेन तृप्तः न कुतः-चन-ऊनः।
तम्-एव विद्वान् न बिभाय मृत्योः-आत्मानं धीरम्-अजरं युवानम्॥

वे (आत्मा) अकाम, ज्ञानी, अमर, स्वयंभू हैं, रस (आनंद) स्वरूप, तथा पूर्णकाम हैं। जिसने आत्मा को जान लिया जो शांत, अमर, अजर, चिरयुवा है, उसे मृत्यु का भय नहीं रहता।

यह मन्त्र आत्मा के स्वरुप की व्याख्या करता है कि वह इच्छाओं से परे, स्वयंभू आदि है। जीवन का यही उद्देश्य है कि अपने बारे में इस सत्य को जाना जाए तथा मृत्यु समेत सभी प्रकार के भय से मुक्त हुआ जाए। एक बार हम यह सत्य जान जाएँ, तो फिर हमारे लिए न कोई बुढ़ापा होगा और न ही मृत्यु। जब तक ऐसा नहीं हो जाता, हम जन्म-मृत्यु के विशाल चक्र में फँसे-घूमते रहेंगे, जिसमें सुख-दुख, अच्छा-बुरा आदि भरे-पड़े हैं।

सृष्टि में ओत-प्रोत ईश्वर – वेन

वेनस्तत्पश्यन्निहितं गुहा सद्यत्र विश्वं भवत्येकनीडम्।
तस्मिन्निदं सं च वि चैति सर्वं स ओतः प्रोतश्च विभूः प्रजासु॥ यजुर्वेद XXXII.8

वेनः-तत्-पश्यत्-निहितम् गुहा सत्-यत्र विश्वं भवति-एक-नीडम्।
तस्मिन्-इदं सं च वि चैति सर्वं स ओतः प्रोतः–च विभूः प्रजासु॥

ऋषि वेन ने हृदय में विराजमान उस सत-रूपी परमात्मा को देखा जो ब्रह्माण्ड के आधार हैं, जहाँ सब कुछ एक हो जाता है और जहाँ से सब प्रकट भी होता है। वे ही सभी जीवों में ओत-प्रोत भाव से हैं।

ऋषियों ने बार-बार कहा है कि ईश्वर की अनुभूति गुहा अर्थात् हृदय-गुहा में होती है। हृदय-गुहा शब्द का उपनिषदों तथा अन्य ग्रन्थों में अनेक बार प्रयोग हुआ है। ईश्वर के दर्शन कभी-कभी बाहर हो सकते हैं, परंतु आध्यात्मिक ज्ञान हृदय-गुहा में चैतन्य ज्योति या अन्य किसी रूप में ही प्रकट होता है।

यह मन्त्र इस संसार से ईश्वर के संबंध का वर्णन करता है। ईश्वर सृष्टि में ओत-प्रोत भाव से हैं, जैसे दूध में चीनी। इस भाव को दर्शाने के लिए ओत-प्रोत या अविभाज्य से उत्तम शब्द नहीं हो सकता। ईश्वर पूरे ब्रह्माण्ड में व्याप्त हैं। इससे भी अधिक महत्वपूर्ण बात ऋषि का यह कथन है कि उन्होंने ईश्वर को देखा है। ऋषि वेन यहाँ कह रहे हैं कि उन्होंने इस आध्यात्मिक सत्य को जान लिया है कि आत्मा ही ब्रह्म है।

वास्तव में यह ज्ञान ही हर हिन्दू का लक्ष्य है, जो उन्हें अन्य धर्म के लोगों से अलग बनाता है।

न तस्य प्रतिमा अस्ति – ईश्वर का कोई प्रतिरूप नहीं

न तस्य प्रतिमा अस्ति यस्य नाम महद्यशः। यजुर्वेद XXXII.3

न तस्य प्रतिमा अस्ति यस्य नाम महत्-यशः।

ईश्वर, जिनकी महिमा अपरंपार है, उनका प्रतिरूप कोई नहीं।

शुक्ल यजुर्वेद के 32वें अध्याय में, जहाँ से यह मन्त्र लिया गया है, उसमें कई मन्त्र हैं जो ईश्वर के निराकार रूप का वर्णन करते हैं। यह मन्त्र व्याख्या करता है कि ईश्वर जिसे तत् (वह) कहकर संबोधित किया गया है, उसकी कोई *प्रतिमा* नहीं, अर्थात् बराबरी नहीं। प्रतिमा की व्याख्या है – *प्रतिमीयते यया सा प्रतिमा* जिसकी किसी वस्तु

से तुलना न की जा सके। अभिप्राय है कि इस ब्रह्माण्ड में ईश्वर के समान कोई नहीं, यहाँ तक कि कोई उनका प्रतिरूप भी नहीं।

वर्तमान काल में कुछ नास्तिक लोग इसकी दुर्व्याख्या करके कहते हैं कि वेद प्रतिमा अर्थात् मूर्ति पूजन का निषेध करते हैं। यह इस मन्त्र का अर्थ है ही नहीं।

हर अन्धकार के पार ईश्वर

वेदाहमेतं पुरुषं महान्तमादित्यवर्णं तमसः परस्तात्।
तमेव विदित्वाऽतिमृत्युमेति नान्यः पन्था विद्यतेऽयनाय॥ यजुर्वेद XXXI.18

वेदाहम्-एतं पुरुषं महान्तम्-आदित्यवर्णं तमसः परस्तात्।
तम्-एव विदित्वा-अति-मृत्युम्-एति न-अन्यः पन्थाः विद्यते-अयनाय॥

मैंने उस महान पुरुष को जाना है जो सूर्य के समान देदीप्यमान तथा अंधकार से परे हैं। उनको जानकर कोई भी मृत्यु के पार जा सकता है, इसके सिवा अमरता का कोई मार्ग नहीं।

यहाँ ऋषि कहते हैं कि उन्होंने उस *पुरुषं महान्तम्* महान पुरुष अर्थात् ईश्वर को देखा है जो सभी से श्रेष्ठ हैं, तथा जिनका प्रभुत्व सब पर है। वे*आदित्यवर्णं* सूर्य के समान प्रकाशवान तथा चैतन्य ज्योति के समान देदीप्यमान हैं। वे *तमसः परस्तात* माया, मन या किसी भी प्रकार के द्वैत के अंधकार से परे हैं। एक होने के भाव का ज्ञान ही ज्योति है, जबकि द्वैत या बहुलता के भ्रम की अज्ञानता ही अंधकार है।

जो ऋषि ध्यान की गहराइयों में उतरते हैं, वे अपने हृदय में ईश्वर का दर्शन चैतन्य ज्योति के रूप में करते हैं। इसीलिए ईश्वर को प्रायः ज्योति स्वरूप कहा जाता है। इस दर्शन का परिणाम है*अति मृत्युमेति* मृत्यु के पार जाना – न केवल शारीरिक मृत्यु के पार, अपितु जन्म-मृत्यु के चक्र के पार भी। यह तभी संभव होता है जब ईश्वर-साक्षात्कार होते हैं तथा व्यक्ति मन के साम्राज्य के बाहर चला जाता है। जन्म और मृत्यु केवल मन के साम्राज्य में सत्य हैं।

साथ में कहा *नान्यः पन्थाः* अमरता और शान्ति प्राप्त करने का और कोई मार्ग नहीं। चाहे व्यक्ति कोई भी धार्मिक मार्ग क्यों न अपना ले, वह मन के साम्राज्य,

जो कारण जगत (अध्याय एक में जिसकी व्याख्या की गई) तक फैला है, और जिसमें जन्म-मृत्यु का चक्र है, उससे मुक्ति नहीं प्राप्त कर सकता। मुक्ति तभी संभव है जब कोई आत्मा का प्रत्यक्ष ज्ञान प्राप्त कर ले जो मन के साम्राज्य के परे का अस्तित्व है।

एक अन्य मन्त्र में ईश्वर को एक ऐसी ही ज्योति के रूप में बतलाया गया है जिसकी ओर सभी गति कर रहे हैं – कुछ चेष्टा करके और बाकी अनजाने में।

ध्रुवं ज्योतिर्निहितं दृशये कं मनो जविष्ठं पतयत्स्वन्तः।
विश्वे देवाः समनसः सकेता एकं क्रतुमभि वि यन्ति साधु॥ ऋग्वेद VI. 9.5

एक सनातन ज्योति, विचार से भी तेज गतिशील, मार्ग दिखलाने के लिए चलने-फिरने वाले जीवों में विराजमान है। सभी देवता एक ही मन के होने के नाते, एक ही लक्ष्य से उस एक प्रज्ञा की ओर निर्बाध बढ़ रहे हैं।

इस प्रकार वेद घोषित करते हैं कि मनुष्य का परमात्मा की ओर बढ़ना उसी क्षण से आरंभ हो जाता है जब ऐसी कामना उसके हृदय में जन्म लेती है। वही परमात्मा सनातन और ध्रुव ज्योति हैं जिन्हें जानना सबका लक्ष्य है। यह बात आज के संसार के खरबों मनुष्यों के लिए कैसी अद्भुत आशा की किरण है!

ईश्वर श्रेष्ठों में श्रेष्ठ – सोम

एक साधारण व्यक्ति की बुद्धि शायद ही सूक्ष्म होती है जिस कारण वह विरला ही दर्शन शास्त्र की गूढ़ बातों को समझ सकता है। ऐसे लोगों तक ईश्वर की महिमा का विचार कैसे पहुँचाया जाए? वास्तव में यह समस्या गभीर है। इसके लिए सामान्य प्रक्रिया यही है कि देवी-देवताओं की शक्ति उनके समक्ष प्रस्तुत किया जाए, उनकी उपलब्धियों की कथाएँ सुनाई जाएँ, और दिखाया जाए कि कैसे ईश्वर हर प्रजाति में जो श्रेष्ठ है, उसमें विद्यमान हैं।

यह मन्त्र ईश्वर की तुलना उनसे करता है जो किसी भी प्रजाति में सर्वश्रेष्ठ हैं। इस विचार को आत्मसात कराने के लिए विभिन्न समूहों के उदाहरण दिए गए हैं।

ब्रह्मा देवानां पदवीः कवीनामृषिर्विप्राणां महिषो मृगाणाम्।
श्येनो गृध्राणां स्वधितिर्वनानां सोमः पवित्रमत्येति रेभन्॥ ऋग्वेद IX. 96.6

ब्रह्मा देवानां पदवीः कवीनाम्-ऋषिः-विप्राणाम् महिषः मृगाणाम्।
श्येनः गृध्राणां स्वधितिः–वनानां सोमः पवित्रम्-अत्येति रेभन्॥

देवताओं में ब्रह्मा, विद्वानों में श्रेष्ठ, ज्ञानियों में ऋषि, जानवरों में वृषभ, पक्षियों में श्येन (बाज), लकड़ियों में कुल्हाड़ी – इस प्रकार सोम गाते हुए छलनी में से निकलते हैं।

यह मन्त्र सोम देवता को अर्पित है जो वेद के काल में किसी प्रकार की बूटी होती थी जिसके विषय में आज कुछ भी नहीं पता। उसके रस में दिव्य गुण होते थे जो शक्ति, स्वास्थ्य तथा लंबी आयु प्रदान करते थे। वेद में सोम को एक देवता के रूप में माना गया है। *पदवीः कवीनाम्* का अर्थ सभी कवियों में श्रेष्ठ होता है। वेद में कवि एक प्रचलित शब्द है, जिसका अर्थ ऋषि होता है। *पदवी* का अर्थ है सम्मानजनक उपाधि। इसे एक ऐसे सम्मान के रूप में बतलाया गया है जहाँ से कोई अपनी अवस्था से नीचे नहीं गिर सकता। *ऋषिः विप्रानाम्* ज्ञानियों में ऋषि। यह एक रोचक बात है कि एक साथ दो समानार्थक शब्दों – कवि तथा ऋषि – का यहाँ प्रयोग किया गया है। कवि का अर्थ वे ऋषि हैं जो तीनों काल को, या फिर पूरे ब्रह्माण्ड को एक साथ देख सकें, जबकि ऋषि का अर्थ है वह जो काल के आवरण को भेदकर परम सत्य को जान सकें।

परमात्मा को किसी भी समूह में सर्वश्रेष्ठ बतला कर साधारण मन का ध्यान इस ओर आकर्षित किया जा रहा है कि ईश्वर की शक्ति इनमें विशेष रूप से विद्यमान है। पर, एक साधक धीरे-धीरे अनुभव करने लगता है कि ईश्वर ही श्रेष्ठ बने हैं, तथा वही साधारण भी हैं, क्योंकि उनके अतिरिक्त कोई नहीं – वे ही सदा-सर्वदा-सर्वत्र-सर्वरूप में विद्यमान हैं।

ईश्वर के प्रतिरूप

मन्ये त्वा यज्ञियं यज्ञियानां मन्ये त्वा च्यवनमच्युतानाम्।
मन्ये त्वा सत्वनामिन्द्र केतुं मन्ये त्वा वृषभं चर्षणीनाम्॥ ऋग्वेद VIII. 96.4

मन्ये त्वा यज्ञियं यज्ञियानां मन्ये त्वा च्यवनम्-अच्युतानाम्।
मन्ये त्वा सत्वनाम्-इन्द्र केतुं मन्ये त्वा वृषभं चर्षणीनाम्॥

मैं आपको पावनों में सबसे पावन मानता हूँ, मैं आपको स्थिरों में स्थिरतम, हे इन्द्र, योद्धाओं में श्रेष्ठ, मैं आपको सबका नायक मानता हूँ।

ईश्वर अडिग को डिगाने वाले और निडरों की शक्ति हैं। ये गुण इन्द्र के व्यक्तित्व में पूर्ण रूप से विद्यमान हैं। यह बड़े दुख की बात है कि कुछ विद्वानों ने ऐसे मन्त्रों से यह आशय निकाला कि इन्द्र आर्यों के प्रमुख योद्धा थे। ऐसे ही एक अन्य मन्त्र में कहा गया है –

यस्मान्न ऋते विजयन्ते जनासो यं युध्यमाना अवसे हवन्ते।
यो विश्वस्य प्रतिमानं बभूव यो अच्युतच्युत्स जनास इन्द्रः॥ ऋग्वेद II.12.9

जिसकी सहायता के बिना लोग कभी भी युद्ध में विजयी नहीं होते, वे रक्षा के लिए उनका आवाहन करते हैं; यह विश्व जिसका रूप है, जो न हिलने वाली वस्तुओं को भी डिगा देते हैं, हे मानवगण, वह इन्द्र हैं।

यद्यपि यह प्रार्थना इन्द्र को संबोधित है, पर यहाँ स्पष्ट है कि ये गुण केवल ईश्वर के ही हो सकते हैं क्योंकि यहाँ कहा गया है कि ब्रह्माण्ड उनका ही रूप है।

प्रस्तुत तथा परवर्ती के अध्यायों से यह स्पष्ट होता है कि ऋषि ईश्वर को किस रूप में देखते थे तथा वे भाव किस तरह भारतीय मन में प्रसारित हुए हैं। इसी कारण, अनपढ़ हिन्दू भी, जिसको धर्म का थोड़ा भी ज्ञान है, इन आधारभूत सत्य को अच्छी तरह जानता और समझता है।

***

IV

सृष्टि

मैं कौन हूँ? कहाँ से आया? मरणोपरांत कहाँ जाऊँगा? संक्षेप में पूछें तो इस सृष्टि का रहस्य क्या है? ये सारे प्रश्न किसी भी ऋषि, दार्शनिक, वैज्ञानिक, साधारण मनुष्य और एक बच्चे के मन में भी उठते रहते हैं। पर, ज्ञान की किसी भी शाखा के पास इनका समुचित उत्तर नहीं है। इसीलिए ज्ञान-विज्ञान की हर शाखा इन प्रश्नों का उत्तर ढूँढ़ने का प्रयास करती रहती है और एक तर्कसंगत समाधान प्रदान करने का प्रयत्न करती है ताकि आगे बढ़ा जा सके।

सृष्टि की प्रक्रिया की गूढ़ता को एक रोचक प्रसंग से समझा जा सकता है जो आइंस्टाइन तथा जॉर्ज लेमैत्रे के बारे में है। लेमैत्रे (जन्म 1894) एक ईसाई पादरी, भौतिक शास्त्री तथा खगोल वैज्ञानिक थे जिन्होंने सर्वप्रथम प्रस्तावित किया कि ब्रह्माण्ड का विस्तार हो रहा है तथा इसका गणितीय सूत्रीकरण किया और बिग बैंग सिद्धांत को प्रस्थापित किया। उसके पहले भौतिक विज्ञान में मान्यता थी कि ब्रह्माण्ड स्थिर है, जैसा कि बाईबल में कहा गया है।

लेमैत्रे ने अपने निष्कर्षों का आधार आइंस्टाइन की *थ्योरी ऑफ रिलेटिविटी (सापेक्षता के सिद्धांत)* को बनाया था। जब उन्होंने विस्तारशील ब्रह्माण्ड के विचारों को आइंस्टाइन को बतलाने का प्रयास किया तो आइंस्टाइन ने खिन्न होकर कहा, 'आपका गणित सही है, परंतु आपके भौतिक विज्ञान का ज्ञान ठीक नहीं।' बाद में जब विस्तारशील ब्रह्माण्ड, *बिग बैंग थ्योरी* आदि के विचार लोकप्रिय हो गए थे, तब भी आइंस्टाइन ने उन्हें मानने से मना कर दिया था तथा उनके विरोध में *कॉस्मॉलॉजिकल*

कॉन्स्टैंट की अवधारणा प्रस्तुत की थी। परंतु यह धारणा विश्व के वैज्ञानिकों को स्वीकार्य न हुई। इससे सिद्ध होता है कि ब्रह्माण्ड की उत्पत्ति के विचार श्रेष्ठ वैज्ञानिकों के लिए भी कितने जटिल हो सकते हैं।

विस्तारशील ब्रह्माण्ड के विषय में एक अन्य रोचक तथ्य यह है कि अंत में जाकर एक बिंदु पर जिसे *सिंगुलैरिटी* कहा जाता है, सारे समीकरण काम करना बंद कर देते हैं, जिसका अर्थ है कि काल और स्थान के उस बिंदु से पहले क्या हुआ था यह निश्चित तौर पर नहीं कहा जा सकता।

वेद की दो स्तुतियाँ, *पुरुष सूक्त* एवं *नासदीय सूक्त*, सृष्टि के दो दृष्टिकोण से ब्रह्माण्ड और सृष्टि की प्रक्रिया की व्याख्या करते हैं। पुरुष सूक्त के अनुसार सृष्टि पुरुष, अर्थात् साकार ईश्वर से हुई है जिनका एक अंश ब्रह्माण्ड है। *नासदीय सूक्त* में दिया गया सृष्टि का सिद्धांत अवैयक्तिक है, अर्थात् सृष्टि निराकार सत्ता से आती है। पिछले कल्प के प्रलय के बाद सृष्टि करने वाली शक्ति बिना किसी स्पंदन के विद्यमान थी। उस अवस्था में एक संतुलन की अवस्था होती है जिसमें कोई हलचल नहीं होती। जब सृष्टि की प्रक्रिया आरंभ होने को होती है, तब ईश्वरीय इच्छा शक्ति के रूप में प्रकट होती है जो उस संतुलन को अस्थिर कर देती है और फिर सृष्टि की प्रक्रिया आरंभ हो जाती है।

यहाँ बता दें कि हिन्दू धर्म में सृष्टि एककालिक नहीं, वरन एक पहिये के समान घूमते हुए आगे चलती है। सृष्टि का संहार अलग-अलग स्तर पर होता है, जैसे कल्प, महाप्रलय आदि, और सृष्टि वहाँ से फिर निकल आती है। यह प्रक्रिया कुछ हद तक वृक्ष-बीज-वृक्ष जैसी चक्रवत है।

बाद के दार्शनिकों और कवियों ने इन दो अवधारणाओं को लेकर अपने सिद्धांतों को विकसित किया जिनमें सबसे विख्यात हैं सांख्य, योग, वेदान्त तथा पौराणिक अवधारणाएँ। हर भारतीय दर्शन इनमें से एक अवधारणा को लेकर सृष्टि का सिद्धांत बनाता है, तथा उसी के आधार पर इस ब्रह्माण्ड की व्याख्या करता है।

1. नासदीय सूक्त
ऋग्वेद X.129

नासदीय सूक्त वेद की एक अति मनोरम और अमूर्त स्तुति है जिसमें ऋषि सृष्टि की प्रक्रिया को काव्यात्मक ढंग से प्रस्तुत किए हैं। यह सूक्त युक्तिसंगत तथा आध्यात्मिक

दृष्टि से परिपूर्ण है। स्वामी विवेकानन्द को यह स्तुति इतनी पसंद थी कि उन्होंने इसका अंग्रेजी पद्यानुवाद भी किया था, तथा इसके आधार पर अमेरिकी वैज्ञानिक निकोल टेस्ला को गणितीय समीकरण बनाने के लिए कहा था।

इस सूक्त में बताया गया है कि ऋषि किस प्रकार गहन ध्यान की अवस्था में जाकर ऐसे सत्य से अवगत होते थे जो आगे चलकर उपनिषदों में वर्णित सत्य के ही समान हैं। इससे पता लगता है कि उपनिषद हठात प्रकट नहीं हुए थे, बल्कि वेद की सृष्टि के आरंभिक काल से ही उनका नियमित विकास हुआ था।

इस सूक्त की व्याख्या करने से पहले हम काल और आकाश के विचारों पर एक दृष्टि डालते हैं क्योंकि इस सूक्त में इनकी महत्वपूर्ण भूमिका है।

काल और आकाश

विश्वभर के दार्शनिकों ने काल और आकाश से संबंधित प्रश्नों को अनेक प्रकार से संबोधित किया है। ग्रीक दार्शनिकों ने काल अर्थात् समय को 'घटनाओं की माप' बतलाया है तथा स्पेस अर्थात् आकाश को उस तत्व के रूप में बतलाया है जिसमें सभी वस्तुएँ स्थिर हैं, या जो सबको आधार प्रदान करता है। इसी कारण पदार्थ वह है जो आकाश या स्थान घेरता है।

न्यूटन ने इनको गणितीय भौतिकी के आधार पर स्थाई आकाश और स्थाई काल कहा, जिसका अर्थ है कि आकाश बिना पदार्थ के भी विद्यमान रहता है तथा काल की गति समान रूप से पूरे आकाश, अर्थात् स्थान में बनी रहती है, चाहे वहाँ वस्तुएँ या घटनाएँ हों या न हों। इस प्रकार आकाश तथा काल एक खाली बक्से के समान स्थिर हैं जिसमें ईश्वर पदार्थ डालते हैं तथा इस ब्रह्माण्ड के क्रियाकलाप को व्यवस्थित रखते हैं। विज्ञान इन्हीं सिद्धांतों पर सैकड़ों वर्षों तक चलता रहा।

फिर आये आइंस्टाइन जिनके सापेक्षता के सिद्धांत ने काल और आकाश को चार-आयामी (तीन आकाश के – लम्बाई, चौड़ाई, ऊँचाई, और एक समय का), आकाश-समय निरंतरता के रूप में प्रस्तुत किया, जहाँ किसी भी वस्तु को निश्चित रूप से अवस्थित होने के लिए तीन स्थानिक निर्देशांकों, साथ ही समय के निर्देशांक की भी आवश्यकता होती है। अब ये तीनों (काल-आकाश-पदार्थ) एक-दूसरे पर निर्भर माने जाते हैं। एक को हटा दें तो बाकी दो भी लुप्त हो जाएँगे। इस प्रकार न्यूटन की गणित

पर आधारित काल और आकाश की निरपेक्षता को त्याग दिया गया। इसका अर्थ है कि अगर पदार्थ न रहे तो आकाश भी नहीं रहेगा!

यहाँ याद दिला दें कि भारतीय दर्शन में आकाश का अर्थ सूक्ष्मतम पदार्थ है जो सृष्टि में सर्वत्र व्याप्त रहता है। आकाश ही सब कुछ का आधार, अर्थात् स्थान है तथा सारे पदार्थों का मूल है। भारत में सांख्य दर्शन ब्रह्माण्ड को आकाश-समय-पदार्थ-मन की निरन्तरता के रूप में देखता है जिसमें चारों का अवस्थान एक दूसरे पर है। इसी कारण बाकियों को छोड़कर किसी एक का विचार नहीं किया जा सकता।

वेदान्त दर्शन जो वेद के दर्शन का मर्म है, आकाश-समय-पदार्थ-मन-चैतन्य की निरन्तरता की बात करता है, जिसका अर्थ है कि आकाश, समय, पदार्थ तथा मन विशुद्ध चैतन्य के सागर में तरंगों के समान हैं। ये चारों तभी प्रकट होते हैं जब सृष्टि होती है, परंतु प्रलय के बाद ये सब सदा चैतन्य में समाहित हो जाते हैं, ठीक उसी तरह जैसे कि लहरें शांत सागर में समा जाती हैं।

पश्चिमी विज्ञान और भारतीय अध्यात्म में एक मूलभूत परस्पर विरोध है। जहाँ पश्चिमी दृष्टिकोण स्वयं को बाहरी दृश्यमान घटनाओं तक सीमित रखता है, वहीं भारतीय दर्शन सदा व्यावहारिक रहे। इस कारण ऋषियों ने जो सिद्धांत हमें दिए, उनमें जीवन की अनुभूतियों को भी उन्होंने सम्मिलित किया जिसमें मन तथा चेतना की अनुभूतियाँ भी मौजूद हैं। ये दोनों ऐसे तत्व हैं जिनके बिना किसी सिद्धांत को समझा क्या, बनाया ही नहीं जा सकता। स्पष्ट है कि इन दोनों दृष्टिकोणों – पश्चिमी विज्ञान और भारतीय आध्यात्मिक – में ऐसा गहरा मतभेद है जिसे पाटा नहीं जा सकता।

देवता – परमात्मा; ऋषि – प्रजापति परमेष्ठी

नासदासीन्नो सदासीत्तदानीं नासीद्रजो नो व्योमा परो यत्।
किमावरीवः कुह कस्य शर्मन्नम्भः किमासीद्गहनं गभीरम्॥ 1

न-असत्-आसीत्-नो सत्-आसीत्-तदानीम् न-आसीत्-रजः नो व्योम परः यत्।
किम्- आवरिवः कुह कस्य शर्मन्-अम्भः किमासीत्-गहनम् गभीरम्॥

तब सत (अस्तित्व) नहीं था, न ही असत (अस्तित्व का अभाव) था, तब ब्रह्माण्ड नहीं था और न ही उसके परे कोई आकाश। वह किससे आच्छादित था, किसके कल्याण हेतु, क्या वहाँ अथाह गहराई वाला कारण-सलिल था?

तदानीम् सृष्टि से पहले क्या था, इस प्रश्न को काव्यात्मक ढंग से रखकर इस सूक्त का आरंभ होता है। उत्तर है *न असत् आसीत्* ऐसा नहीं कि सब कुछ का अभाव था। असत के कई अर्थ हैं जैसे प्रकृति (सृष्टि की जननी), अगोचर वस्तुएँ तथा वन्ध्या-पुत्र की तरह शून्यता। उदाहरण के लिए अगर कहा जाए कि 'मेज पर कोई हाथी नहीं है', तो यह न केवल किसी वस्तु के न होने का कथन है, बल्कि यह न होने के तथ्य की सकारात्मक पुष्टि भी है जो चेतनात्मक ज्ञान पर आधारित है जिसमें इंद्रियाँ, मन तथा जानने की प्रक्रिया शामिल हैं। यह मन्त्र व्याख्या करता है कि सृष्टि से पहले क्या था, यह कोई नहीं जानता क्योंकि संज्ञान के तीनों अंग तब अनुपस्थित थे। मन की उत्पत्ति सृष्टि हो जाने के बाद ही होती है, तथा इंद्रियाँ बहुत बाद में प्रकट होती हैं।

सृष्टि से पहले *असत्* की उपस्थिति को नकार कर, यह मन्त्र सांख्य तथा बाकी सभी दर्शनों का खंडन करता है जिनके अनुसार प्रकृति (पदार्थ, शक्ति तथा मन का कुल योग) का अपना स्वतंत्र अस्तित्व है। अर्थात्, सृष्टि किसी जड़ ऊर्जा से नहीं होती। इस प्रकार यह मन्त्र विज्ञान के वर्तमान सिद्धान्तों का भी खंडन करता है।

तो क्या इसका मतलब हुआ कि सृष्टि के पहले किसी प्रकार का अस्तित्व था?

न सत् आसीत् इस कथन में 'कुछ था' इसको भी नकारा गया है। सत का अर्थ है अस्तित्व या 'जो है'। यहाँ इसका अर्थ है गोचर वस्तुएँ। चूँकि तब मन या इंद्रियाँ नहीं थीं, इसीलिये यह नहीं कहा जा सकता कि सृष्टि से पहले कुछ था या नहीं।

सत् का एक अन्य अर्थ है ब्रह्म (चूँकि वह शुद्ध अस्तित्व है), अन्य अर्थ है प्रकृति (सृष्टि के बाद का अस्तित्व)। पिछले कथन में प्रकृति के अस्तित्व को नकारा गया है, तो इससे क्या ब्रह्म का अस्तित्व भी नकारा जाता है, जिसका अर्थ बनता है बौद्धों की शून्य अवस्था? नहीं! शुद्ध चैतन्य या ब्रह्म कभी भी ज्ञान का विषय नहीं होता, चूँकि उसको तो केवल समाधि की उच्चतम अवस्था में ही जाना जा सकता है जहाँ मन का क्रिया-कलाप पूरी तरह रुक जाता है। इसीलिये ब्रह्म के अस्तित्व या न-अस्तित्व पर कोई चर्चा ही नहीं हो सकती। इस मन्त्र का अर्थ है कि सृष्टि से पहले जो अस्तित्व में था – उपस्थित या अनुपस्थित – उसे मन के द्वारा नहीं समझा जा सकता और इसीलिए उसे शब्दों में व्यक्त भी नहीं किया जा सकता।

यह ध्यान देने वाली बात है कि सारी भाषाएँ अद्वैत की अवस्था की व्याख्या करने में अक्षम हैं, क्योंकि अद्वैत में समय और आकाश समेत कोई भी गुण नहीं होता। इसे आगे के मन्त्रों में स्पष्ट किया जाएगा।

इससे यह भी स्पष्ट होता है कि अद्वैत एकत्ववाद नहीं है। अद्वैत का अर्थ है शुद्ध अस्तित्व जिससे हम एकाकार तो हो सकते हैं, परंतु जिसे हम कभी जान नहीं सकते। अद्वैत न तो शून्य है, न एक! वह इन सबसे परे है।

श्री रामकृष्णदेव ने स्वामी विवेकानन्द को दस घड़ों का उदाहरण देकर यह स्पष्ट किया था जिनमें सूर्य प्रतिबिंबित हो रहा हो। प्रतिबिंबित होने के कारण ग्यारह सूर्य नजर आयेंगे (दस प्रतिबिंबित तथा एक आसमान में)। उन्होंने कहा, 'अगर उन घड़ों को एक-एक करके तोड़ा जाए और आखिर में एक ही घड़ा बचे तो दो सूर्य बचेंगे, परंतु यदि आखिरी घड़े को भी तोड़ दिया जाए तो कितने सूर्य बचेंगे?' स्वामी विवेकानन्द ने कहा, 'एक!' इस पर श्री रामकृष्ण ने उनको कहा, 'नहीं। जो बाद में बचा उसे वर्णित नहीं किया जा सकता क्योंकि यह बतलाने के लिए कोई है ही नहीं कि क्या बचा है।' यह अद्वैत है – जो व्याख्या से परे है।

नकारने की प्रक्रिया को आगे बढ़ाते हुए मन्त्र में कहा गया *न आसीत्* रजः कण वहाँ नहीं थे। रज के कई अर्थ होते हैं जिनका आशय है पदार्थ। यहाँ इसका अर्थ है कण तथा वह सब जो उनसे बनाया जा सकता है, जैसे कि विभिन्न लोक – *भौतिक, सूक्ष्म* तथा *कारण* – जो अस्तित्व के तीन लोक हैं जैसा कि अध्याय 1 में स्पष्ट किया गया। वेद में स्वर्ग-नरक की सामान्य अवधारणा नहीं है। इसके विपरीत चौदह लोकों की अवधारणा है जिसको समय के साथ परिष्कृत किया गया। ये चौदह लोक सूक्ष्म से सूक्ष्मतर हैं जिनमें सत्य लोक सबसे सूक्ष्म है। ये लोक हैं – *भूः, भुवः, स्वः, महः, जनः, तपः और सत्य।* ये ऊपर के लोक हैं। नीचे के लोक हैं *तल, अतल, वितल, सुतल, रसातल, तलातल, महातल* तथा*पाताल।* इन्हें भुवन भी कहा जाता है। चूँकि ये सभी पदार्थ से बने हैं, स्थूल हों या सूक्ष्म, इनको कुल मिलाकर रज कहा गया है।

तो क्या पहले सर्वव्यापी आकाश था? उत्तर है *नो व्योमा परो यत्* न आकाश था, न कोई अन्य आच्छादक। पृथ्वी जैसे आसमान से ढँकी है, उसी तरह ये लोक किसी प्रकार के आकाश से ढँके हैं – इस संभावना को भी यह मन्त्र नकारते हैं। इस तरह सृष्टि के पूर्व न किसी प्रकार का पदार्थ था, न आकाश।

जैसे कि पहले बताया गया, भौतिक विज्ञान के दृष्टिकोण से हम आकाश (स्पेस) के बारे में कोई भी दृष्टिकोण रखें, न्यूटन का या आइंस्टाइन का, इन सिद्धांतों में स्वीकृत किसी भी मूलभूत तत्व का न तो अस्तित्व था, और न ही अस्तित्व के अभाव का।

किं आवरीवः? जो भी था उसे क्या आच्छादित करता था? कुछ भी नहीं! *कस्य शर्मन्* किसके कल्याण हेतु? किसी के नहीं! हर वस्तु किसी के उपयोग के लिए होती है। तो यह सृष्टि कहाँ थी और किसके भोग के लिए? उत्तर है किसी के भोग के लिए नहीं, क्योंकि तब कुछ भी नहीं था।

हिन्दू धर्म के अनुसार सृष्टि जल तत्व से हुई मानी जाती है जिसके लिए प्रचलित शब्द सलिल है। पुराणों में इस विचार को और आगे ले जाकर वर्णन किया गया कि भगवान विष्णु कारण-सलिल (सागर) पर शयन करते हैं। तो क्या तब इस सलिल की अथाह गहराई थी *अम्भः किम् आसीत् गहनं गभीरम्* ? स्पष्ट उत्तर है – नहीं!

न मृत्युरासीदमृतं न तर्हि न रात्र्या अह्न आसीत्प्रकेतः।
आनीदवातं स्वधया तदेकं तस्माद्धान्यन्न परः किं चनास॥ 2

न मृत्युः-आसीत्-अमृतं न तर्हि न रात्र्या अह्न असीत्-प्रकेतः।
आनीत्-अवातं स्वधया तत्-एकं तस्मात्-ह-अन्यत्-न् परः किं चन-आस॥

तब मृत्यु नहीं थी, अमरता भी नहीं थी, न दिन से अलग रात थी। वह एक, जो स्थिर था, अपनी ही प्रकृति से साँस ले रहा था, उसके अलावा कुछ भी नहीं था।

महान भौतिक शास्त्री स्टीफन हॉकिंग ने कहा था कि सृष्टि से पहले क्या था, यह प्रश्न ऐसा ही है जैसे कि पूछना कि दक्षिणी ध्रुव के दक्षिण में क्या है। अर्थात् ऐसे प्रश्न निरर्थक हैं।

परंतु ऐसे विचारों को साधारण मनुष्य को कैसे स्पष्ट करें जो ईश्वर और सृष्टि के रहस्यों को जानने को उत्सुक है? यह मन्त्र काव्यात्मक ढंग से वर्णन करता है कि पहले कैसे सब कुछ एक ठोस द्रव्य के समान था जिसमें कुछ भी स्पष्ट नहीं था।

तब न मृत्यु थी न अमरता, *न मृत्युः आसीत् अमृतं न* हर धर्म सृष्टि के पार जाकर ईश्वर के समीप पहुँचकर अमर होने की बात करता है। पर, इस अवस्था में, जब कोई सृष्टि नहीं थी, तो मृत्यु और अमरता का प्रश्न ही नहीं उठता।

तर्हि न रात्र्या अह्न आसीत् प्रकेतः तब दिन-रात में कोई भेद न था (दिन-रात का अर्थ यहाँ समय के बीतने से है)। समय सृष्टि के बाद शुरू होता है तथा मन, पदार्थ एवं

आकाश के साथ उसका जन्म होता है। पिछले मन्त्र में सृष्टि से पूर्व आकाश के अभाव को स्पष्ट किया गया, जबकि यह मन्त्र समय की अनुपस्थिति को स्पष्ट करता है।

समय को, जिसे काल भी कहा जाता है, हिन्दू धर्म में एक प्रमुख स्थान प्राप्त है। इस संसार में सब कुछ काल से बँधा है तथा इसीलिए काल के पार जाना ही सबका ध्येय है जो ईश्वरज्ञान द्वारा ही संभव है। सभी प्रार्थनाओं तथा आध्यात्मिक साधनाओं का यही लक्ष्य है कि काल के पार जाया जाए और इस तरह जन्म-मृत्यु के चक्र से मुक्त हुआ जाए।

इसीलिए परमेश्वर, जिसके बारे में उस अवस्था में (सृष्टि से पहले) कुछ नहीं जाना जा सकता, *आनीत्* श्वासों के बिना थे, अर्थात् किसी भी गति या स्पंदन के बिना थे क्योंकि वह अवस्था*अवात* बिना वायु के थी। उस एकीकृत अस्तित्व की अवस्था में कोई अलग से शक्ति नहीं थी जो हलचल उत्पन्न कर सके। जो शक्ति बाहर-भीतर काम करती है उसे प्राण कहा जाता है। जीवों के अन्दर प्राण सक्रिय होते हैं इसीलिए उनको प्राणी भी कहा जाता है। ईश्वर कोई प्राणी नहीं, इसीलिये उनके श्वास लेने या न लेने का कोई प्रश्न ही नहीं जैसा कि यहाँ स्पष्ट किया गया है।

ईश्वर तब किस अस्तित्व में थे? *तदेकं* एक परम ही केवल अस्तित्व में था। यह शब्द ईश्वर के अतिरिक्त किसी के भी स्वतंत्र अस्तित्व का खंडन करता है। अर्थात्, उस अवस्था में शक्ति, काल, मन तथा अन्य किसी तत्व के होने की संभावना को नकारा गया है।

एक परम ही थे, *स्वधया* अपने अस्तित्व को स्वयं के द्वारा सँभाले हुए। बाद के ग्रन्थों और दार्शनिकों ने ईश्वर की शक्ति, जो ब्रह्माण्ड की सृष्टि, पालन और उसका संहार करती हैं, उसका वर्णन करने के लिए माया, प्रकृति, शक्ति आदि शब्दों का व्यवहार किया।

सृष्टि की आदि-अवस्था में ईश्वर अपने में समाहित अपनी शक्ति के साथ ही विद्यमान थे। श्री रामकृष्ण ने इसको स्पष्ट करने के लिए साँप का उदाहरण दिया, जो कुंडली मारकर भी बैठता है और जिसकी तिर्यक गति भी रहती है। प्रलय अवस्था में ब्रह्म कुंडली मारे हुए साँप की तरह होता है जो अपनी शक्ति को स्वयं में समेटे रहता है। जब सृष्टि आरंभ हो जाती है तो वह उस साँप के समान होता है जो गतिमान है। एक बार सृष्टि आरंभ हो जाए तो विषय और वस्तु उत्पन्न हो जाते हैं तथा इस शक्ति का वर्णन करने के लिए हम अन्य शब्दों का प्रयोग करने के लिए स्वतंत्र होते हैं।

ब्रह्म तथा उनकी अंतर्निहित शक्ति के अलावा सृष्टि से पहले कुछ भी अस्तित्व में नहीं था, *तस्मात् ह अन्यत् न परः किञ्चन आस*। इस तरह ये पहले दो मन्त्र सृष्टि से पहले अस्तित्व की अद्वैत अवस्था को दर्शाते हैं।

तम आसीत्तमसा गूळ्हमग्रेऽप्रकेतं सलिलं सर्वमा इदम्।
तुच्छ्येनाभ्वपिहितं यदासीत्तपसस्तन्महिनाजायतैकम्॥ 3

तमः आसीत्-तमसा गूळ्हम्-अग्रे-अप्रकेतं सलिलं सर्वमा इदम्।
तुच्छ्येन-आभु-अपिहितं यदासीत्-तपसः-तत्-महिना-अजायत-एकम्॥

उस अवस्था में अविभेद्य जलराशि की तरह केवल अंधकार से ढँका अंधकार था। तब, वह जो किसी से आच्छादित नहीं था, तप की शक्ति से उत्पन्न हुआ।

भारतीय आध्यात्मिक परंपराओं में ब्रह्माण्ड के कारण के लिए कई शब्द प्रयोग होते हैं जैसे कि प्रधान, अव्यक्त, अदृश्य, आदि। यहाँ पर *तमः* अंधकार शब्द का प्रयोग हुआ है जिसका अर्थ है कि सृष्टि से पहले क्या था, वह अज्ञात है।

तमः आसीत् तमसा गूळ्हम् अग्रे अप्रकेतम् तब केवल अंधकार से ढँका अंधकार था, अर्थात् सृष्टि से पहले मूल कारण था, परंतु उसके बारे में किसी तरह जाना नहीं जा सकता क्योंकि तब किसी प्रकार का कोई लक्षण नहीं था।*अप्रकेतम्* का अर्थ है किसी भेद के लक्षण न होने के कारण जिसे जाना न जा सके।

उस अंधकार की गहनता को 'अंधकार से ढँका अंधकार' स्पष्ट करते हैं। यह काव्यात्मक सौंदर्य की अद्भुत अभिव्यक्ति है। इसका अर्थ है कि जो भी इस ब्रह्माण्ड में दिखता है, उस समय वह माया की अज्ञेयता से आच्छादित था, ठीक उसी तरह जैसे रात सभी को आच्छादित करके उन्हें अज्ञेय तथा अप्रकट कर देती है। इस तरह सभी वस्तुएँ तब अविभेद्य बीजों के रूप में विद्यमान थीं।

सृष्टि से पहले किसी वस्तु के अस्तित्व की बात कोई भी नहीं कर सकता क्योंकि ऐसा करना अपने आप में ही खंडन होगा। मूलतः यही कहा जा सकता है कि ब्रह्म स्वयं में विद्यमान था, तथा उसमें सभी कुछ बनने की क्षमता थी। भौतिक शास्त्र के अनुसार जब सृष्टि के समय पदार्थ एवं शक्ति एक होकर रहते हैं, और फिर धीरे-धीरे अधिक स्थूल रूप धारण करके ब्रह्माण्ड की सृष्टि करते हैं, तब ऐसा ही कुछ होता है। दर्शन के

विभिन्न सिद्धांत सृष्टि के प्रति अपने दृष्टिकोण को सही ठहराने के लिए इस युक्ति का प्रयोग करते हैं।

सलिलम् सर्वम् आः इदम् सृष्टि से पहले सब जल समान था, अर्थात् इस जगत के दो महत्वपूर्ण पहलू – कार्य और कारण – दूध और जल के समान मिश्रित थे। *सलिलम्* जल शब्द का प्रयोग ब्रह्माण्ड के कारण की ओर इंगित करने के लिए प्रायः किया जाता है, परंतु यह कोई साधारण जल नहीं, अपितु सब वस्तुओं का कारण है।

यत् ब्रह्माण्ड का कारण, जिसे प्रकृति भी कहा है, *तुच्छ्येना* शून्यता से आच्छादित थी, जिसे न खाली, न भरा हुआ कहा जा सकता है (इसकी व्याख्या पहले की जा चुकी है)। इस तरह सृष्टि से पहले ईश्वर ही अपनी शक्ति के साथ अस्तित्व में था, पर उस शक्ति का स्वाधीन अस्तित्व नहीं था। जब सृष्टि का समय हुआ, तो ईश्वर ने यह प्रक्रिया *तपसः महिना* तप की शक्ति से आरंभ की। एकाग्र संकल्प द्वारा उत्पन्न हुए ताप को तप कहते हैं। इसका अर्थ ज्ञान भी हो सकता है जैसा कि '*ईश्वर ने इच्छा की कि सृष्टि हो*' से स्पष्ट है। भारतीय साहित्य में यह प्रचलित विचार है कि ईश्वर ने ब्रह्माण्ड की सृष्टि तप से की।

सृष्टि की प्रक्रिया आरंभ होने पर *तत् एकम्* वह एक प्रकृति जो ब्रह्माण्ड का कारण है तथा जो तब तक ईश्वर में समाई थी, ईश्वर की इच्छा-शक्ति से प्रकट हो गई। तब ईश्वर जो अज्ञेय हैं, सगुण ईश्वर या साकार ईश्वर के रूप में प्रकट हुए जो ब्रह्माण्ड की सृष्टि, पालन और संहार करते हैं।

कामस्तदग्रे समवर्तताधि मनसो रेतः प्रथमं यदासीत्।
सतो बन्धुमसति निरविन्दन्हृदि प्रतीष्या कवयो मनीषा ॥ 4

कामः-तत्-अग्रे सम्-अवर्तत-अधि मनसः रेतः प्रथमं यत्-आसीत्।
सतः बन्धुम्-असति निरविन्दन्-हृदि प्रतीष्या कवयः मनीषा ॥

(सृष्टि के) प्रारम्भ में काम (इच्छा) था जो मन का प्रथम बीज बना। ऋषियों ने अपने हृदय में सत् और असत् के बंधन का ज्ञान प्राप्त किया।

यह मन्त्र अविद्या की प्रकृति स्पष्ट करता है जिसका प्रभाव काम अर्थात् इच्छा तथा उससे जनित कर्मों के रूप में होता है। अविद्या ही सत् (अस्तित्व) और असत् (अस्तित्वहीनता) के बीच की कड़ी है।

सृष्टि से ठीक पहले *तत् अग्रे कामः समवर्तत्* ईश्वर के मन में इसकी इच्छा उत्पन्न हुई। इसकी व्याख्या कठिन है। जो ईश्वर आप्तकाम, अर्थात् आत्म-परिपूर्ण हैं, उसे कोई इच्छा कैसे हो सकती है? यही नहीं, कोई भला कैसे जान सकता है कि ईश्वर के मन में क्या था, चूँकि एक श्रेष्ठतर मन ही दूसरे मन को जान सकता है? इसका कोई तर्कसंगत उत्तर नहीं, सिवाय इसके कि इसे मनुष्य के दृष्टिकोण से देखा गया है, जो पहले इच्छा करता है और फिर उसे कर्म में परिवर्तित करता है। परंतु यह भी चेताया गया है कि ईश्वर की इच्छा कोई सामान्य इच्छा नहीं। जब कहा जाता है कि ईश्वर ने इच्छा की, तो यह समझना पड़ता है कि उस इच्छा का कारण मानसिक समझ के परे है।

जब सृष्टि आरंभ हुई तो *अधि मनसः रेतः प्रथमं यत् आसीत्* ईश्वर की इच्छा मन का पहला बीज बना। चूँकि विचार, इच्छा और मन एक-दूसरे पर परस्पर निर्भर करते हैं, इसीलिये ईश्वर की इच्छा का अर्थ है ईश्वर का मन। *रेतः* एक सामान्य शब्द है जिसका प्रयोग उन कई स्थितियों के लिए किया जाता है जिनमें कुछ प्रकट होता है। यह बीज भी कोई सामान्य बीज नहीं अपितु वह कारण है जो जीवात्मा (शरीर अवस्थित आत्मा) को कर्म (किसी व्यक्ति द्वारा किए गए कर्मों से मन पर पड़ी छाप) के लिए प्रेरित करता है तथा फिर उन कर्मों के फल के परिणाम देता है।

हमें यह सब कैसे ज्ञात? और जो यहाँ कहा जा रहा है उस पर हम क्यों विश्वास करें? उत्तर है *कवयः हृदि प्रतीष्या मनीषा* ऋषियों ने ध्यान द्वारा यह ज्ञान प्राप्त किया। कवि क्रांतदर्शी होता है जो वस्तुओं को पूर्णता में (वर्तमान, भूत और भविष्य में एक साथ) देखता है। इसीलिये ईश्वर ही एकमात्र कवि हैं। परंतु महान ऋषि, जो मन की सीमा के पार जा चुके हैं, उनमें भी ऐसी शक्ति होती है इसीलिये उन्हें भी आदरपूर्वक कवि कहा गया है। इन ऋषियों ने अपने पवित्र मन के द्वारा अपने हृदय में ईश्वर के ज्ञान को प्राप्त किया। चूँकि लगभग सभी ध्यान कुंडलिनी (पहले अध्याय में वर्णित) के हृदय चक्र पर मन को एकाग्र करके किए जाते हैं, इसीलिये ऐसा कहा गया है।

हिन्दू परंपरा में किसी भी बात को मात्र विश्वास के रूप में नहीं लिया जाता, चाहे वह वेद से ही प्राप्त क्यों न हो। वेद-वर्णित सत्य को प्रत्यक्ष करने के लिए कोई भी व्यक्ति ऋषियों द्वारा की गयी साधना का अनुसरण कर, मन को पवित्र कर, उन्हीं की तरह ध्यान में उतर, सब कुछ स्वयं जान सकता है। इस प्रकार, इन कथनों की सत्यता इनकी प्रयोगात्मकता में छिपी है।

जो सबसे महत्वपूर्ण ज्ञान ऋषियों ने अपने ध्यान द्वारा प्राप्त किया वह है *सतः बन्धुम् असति निरविन्दन्* सत (अस्तित्व) और असत के बीच का संबंध। यह सृष्टि ईश्वर जैसा सत्य नहीं है, जिसका अर्थ है कि इसका स्थायी अस्तित्व नहीं है, जबकि ईश्वर स्थायी और पूर्णतः सत है जैसा कि पहले वर्णन किया गया। इसीलिये यह रहस्य कि ये दोनों कैसे मिले, कोई साधारण मन नहीं जान सकता, परंतु इसे कोई ऋषि अवश्य जान सकते हैं। *बन्धुम्* अर्थात् जो बाँधता है, एक सुंदर शब्द है जिसका अर्थ मित्र भी होता है। अर्थ है कि मित्रता वह सूत्र है जो दो लोगों को आपस में बाँधता है। यहाँ वर्णन किया गया कि ईश्वर तथा सृष्टि आपस में गुँथे-बँधे हैं।

मन्त्र 3 और 4 व्याख्या करते हैं कि कैसे सृष्टि की इच्छा ईश्वर के मन में प्रकट हुई। यह विचार अनेक प्रकार से वेद में अभिव्यक्त हुआ है। यह सृष्टि मानसिक थी, जैसा कि *मनसो* रेतः में कहा गया है। ये दो मन्त्र *सत्* और*असत्* के बीच में संबंध की भी व्याख्या करते हैं, जो माया के कारण है जिसे युक्ति-तर्क से नहीं समझा जा सकता।

तिरश्चीनो विततो रश्मिरेषामधः स्विदासीदुपरि स्विदासीत्।
रेतोधा आसन्महिमान आसन्त्स्वधा अवस्तात्प्रयतिः परस्तात्॥ 5

तिरश्चीनः विततः रश्मिः-एषाम्-अधः स्वित्-आसीत्-उपरि स्वित्–आसीत्।
रेतः-धाः आसन्-महिमानः आसन्-स्वधा अवस्तात्-प्रयतिः परस्तात्॥

उनकी रश्मि फैली थी, शायद तिरछी (मध्य), ऊपर और नीचे। मौलिक शक्तियों ने उर्वर बल को बनाया, नीचे बल (पदार्थ) था तथा उसके ऊपर संवेग (ऊर्जा) था।

एक बार पदार्थ तथा ऊर्जा, चाहे किसी भी रूप में प्रकट हुए हों, ये पूरे ब्रह्माण्ड में ठीक उसी तरह फैल गए जैसे सूर्य की किरणें संसार में फैल जाती हैं। ये कैसे फैले थे? ये ऊपर गए या नीचे? सीधे या टेढ़े? उत्तर है कि यह भी एक अनजान रहस्य है, परंतु इतना अवश्य कहा जा सकता है कि ये सर्जनात्मक शक्तियाँ दो में विभाजित हो गईं, तथा एक-दूसरे पर प्रभाव डालने लगीं।

रेतोधाः का अर्थ है जिसमें बीज निहित हो। यहाँ इसका अर्थ है जीव, क्योंकि वह बीज छोड़ता है जिससे उसके जैसा ही जीव जन्म ले सके। *महिमानः* महिमामयी को *रेतोधाः* के साथ लेने पर अर्थ होता है पुरुष तथा नारीतत्व। लेकिन इन दो शब्दों की

व्याख्या ऋषियों ने भिन्न की है। सायणाचार्य के अनुसार इनका अर्थ है जीव तथा उसका भोजन, जबकि स्वामी विवेकानन्द ने इनकी व्याख्या ऊर्जा तथा पदार्थ के रूप में की है। पर, दोनों व्याख्याओं में ही कर्त्ता-कर्म का द्वैत आ जाता है।

कर्त्ता-कर्म, पुरुष-प्रकृति, जीव-भोजन, पदार्थ-ऊर्जा का द्वैत इस प्रकार अवस्थित था कि *स्वधा अवस्तात प्रयतिः पुरस्तात्* नीचे बल (पदार्थ) था और उसके ऊपर संवेग (ऊर्जा)।

रोचक तथ्य यह है कि स्वामी विवेकानन्द ने इस द्वैत को ऊर्जा और पदार्थ कहा, जिसमें ऊर्जा स्वयं पर आघात करके सूक्ष्मतम पदार्थ की सृष्टि कर रही थी। आइंस्टाइन के द्वारा सापेक्षता के सिद्धांत के प्रकाशन से कई वर्ष पूर्व ही उन्होंने ऐसा कह दिया था। हम आश्चर्य कर सकते हैं कि स्वामीजी ने ऐसी अद्भुत व्याख्या कैसे की। उनके तथा अन्य ऋषियों के संदर्भ में भी उत्तर यही है कि ज्ञान एक अंतर्ज्ञान के संवेग की तरह आता है जिससे वह तुरंत और पूर्ण समझ में आ जाता है। आइंस्टाइन तथा अन्य अग्रणी वैज्ञानिकों ने भी यही बात कही है कि सिद्धांतों पर काम करने, प्रयोगों तथा जानकारी का विश्लेषण करने के बाद उनको सत्य की एक ही क्षण में निःशब्द अनुभूति हुई और उसके बाद ही उन्होंने उस सत्य को पन्नों पर लिखने की प्रकिया आरंभ की ताकि पूरा संसार उसे जान सके।

सृष्टि के मुख्यतः दो तरह के सिद्धांत हैं। पहला कहता है कि सब वस्तुएँ एक क्रम में उत्पन्न हुईं जैसे कि क्रमविकास के सिद्धांत या थ्योरी ऑफ इवॉल्यूशन में बताया जाता है। दूसरा है सृजनवादी सिद्धांत या क्रिएशनिस्टि थ्योरी जिसके अनुसार ईश्वर ने एक के बाद एक जीवों की सृष्टि की, परंतु किसी विशेष क्रम में नहीं। आगे दी गई स्तुति क्रमविकास के सिद्धांत का अनुमोदन करती है जिसके अनुसार आकाश (पदार्थ का सूक्ष्मतम रूप जिससे पदार्थ के अन्य प्रकार उत्पन्न होते हैं) आत्मा से प्रकट होता है, जिसका अर्थ है समय, आकाश, पदार्थ तथा चेतना की निरन्तरता। इसे गीता (VII.5) में स्पष्ट किया गया है, 'हे अर्जुन! भौतिक प्रकृति अर्थात् पदार्थ मेरी निम्न प्रकृति है। मेरी उच्च प्रकृति वह आत्मा है जिससे यह पूरा ब्रह्माण्ड धारण किया गया है।'

सृष्टि की उत्पत्ति एक बिजली के कौंधने के समान इतनी आकस्मिक और तीव्र थी (चूँकि वह ईश्वर की सृष्टि थी) कि क्रमों का भेद कर पाना असंभव था। ध्यान दें कि यह कैसे वर्तमान के वैज्ञानिक मत के ही समान बात है जिसमें कहा जाता है कि पहले ही कुछ पीकोसैकेण्ड अर्थात् क्षण के खरबवें हिस्से से भी कम समय में पूरे ब्रह्माण्ड का बड़ी तीव्र गति से विस्तार तथा निर्माण हुआ।

को अद्धा वेद क इह प्र वोचत्कुत आजाता कुत इयं विसृष्टिः।
अर्वाग्देवा अस्य विसर्जनेनाथा को वेद यत आबभूव॥ 6

कः अद्धा वेद कः इह प्र-वोचत्-कुतः आजाता कुतः इयं विसृष्टिः।
अर्वाक्-देवा अस्य विसर्जनेन-अथ कः वेद यतः आबभूव॥

वास्तव में कौन जानता है, कौन कह सकता है कि यह सब कहाँ से आया और कैसे सृष्टि हुई? देवता स्वयं सृष्टि के बाद आए, तो कौन जानता है कि यह कहाँ से उत्पन्न हुआ?

सृष्टि की क्रिया अति गूढ़ है जिसकी संतोषजनक व्याख्या नहीं की जा सकती, *कः अद्धा वेद कः इह प्रवोचत्* न केवल सृष्टि, अपितु उसका उद्देश्य भी एक रहस्य है, *कुतः आजाता कुतः इयं विसृष्टिः।*

प्रश्न उठ सकता है कि भले ही ऋषि, दार्शनिक तथा वैज्ञानिकगण सृष्टि के रहस्य की व्याख्या न कर पाएँ, पर उन देवताओं का क्या जो मनुष्य के भाग्य के विधाता हैं? उत्तर है कि वे भी इस रहस्य का उत्तर नहीं दे सकते क्योंकि वे भी सृष्टि के बाद ही प्रकट हुए, *अर्वाक् देवाः अस्य विसर्जनेन।*

याद दिलाएँ कि देवता भी उसी अनंत के रूप हैं, पर उनको देहधारी उच्च जीवों के रूप में देखा जाता है। कुछ भी हो, वे भी सृष्टि की प्रक्रिया के बाद ही प्रकट हुए, इसीलिये वे भी नहीं बतला सकते कि यह सब कैसे हुआ।

यहाँ ऋषि सारे ज्ञान को जानने का दावा करने के प्रलोभन का प्रतिरोध करके मानते हैं कि जानने की एक सीमा है। वे यहाँ तक कह जाते हैं कि देवताओं को भी यह ज्ञान नहीं, और ऐसा वे निडर होकर कहते हैं कि कहीं उन्हें विधर्मी न कहा जाए, क्योंकि वेद देवताओं की उपासना पर ही केंद्रित हैं। पर, उनके लिए सत्य का महत्त्व इन बातों से अधिक है।

इयं विसृष्टिर्यत आबभूव यदि वा दधे यदि वा न।
यो अस्याध्यक्षः परमे व्योमन्त्सो अङ्ग वेद यदि वा न वेद॥ 7

इयम् विसृष्टिः-यतः आबभूव यदि वा दधे यदि वा न।
यः अस्य-अध्यक्षः परमे व्योमन्-सः अंग वेद यदि वा न वेद॥

वह, जिससे सृष्टि उत्पन्न हुई, वही इसे जान सकता है या शायद नहीं; वह, जो उच्चतम लोक के अध्यक्ष हैं, वे शायद जानते हों, या नहीं भी जानते हों।

यह *स्तुति* पूरी मानवता को संबोधित है,*अंग* मनुष्य को यह याद दिलाने के लिए कि केवल *यः अस्य अध्यक्षः परमे व्योमन्* परमेश्वर जो अपनी ही महिमा में अवस्थित हैं तथा इस ब्रह्माण्ड के स्वामी हैं, *यदि वा दधे* वह जानते हैं कि वे ही इसे संभाले है या नहीं, अर्थात् केवल वही जानते हैं कि क्यों और कैसे सृष्टि हुई। ईश्वर के अतिरिक्त किसी के पास भी सृष्टि के रहस्य का कोई सूत्र न है, न हो सकता है।

सृष्टि के बारे में यह अति लोकप्रिय सूक्त इस विषय पर भारतीय मत को स्पष्ट करता है। सृष्टि से पहले केवल ईश्वर थे। सृष्टि क्यों और कैसे हुई, इसे मानव मन कभी नहीं जान सकता, क्योंकि मन बाद में आया। ऋषि साकार ईश्वर की प्रकृति को तो ध्यान की गहराइयों में जान लेते हैं, परंतु वे कभी भी निराकार ईश्वर को नहीं जान सकते, क्योंकि वह मन के परे है। ध्यान और समाधि से साधक मन के पार जाकर उससे एक तो हो सकता है, पर उसे जान नहीं सकता क्योंकि समाधि में मन का विलय हो जाता है।

इस प्रकार की स्तुति के बारे में यहाँ जानने योग्य तथ्य यह है कि ऋषि सृष्टि की प्रक्रिया की व्याख्या नहीं कर रहे, अपितु मनन और ध्यान के लिए ईश्वर की प्रकृति का वर्णन कर रहे हैं। वेद का लक्ष्य लोगों को मुक्ति की ओर अग्रसर करना है। कभी-कभी इसमें व्याख्या तथा आख्यान की आवश्यकता पड़ती है, पर वह इनका विषय नहीं है, जैसा कि यहाँ देखा गया।

2.
पुरुष सूक्त
ऋग्वेद X. 90

भारत में इतनी बड़ी संख्या में देवी, देवताओं, गुरुओं और मतों के होते हुए भी यहाँ तीन परम्पराएँ सार्वभौमिक हैं – मन्त्रों में ॐ का प्रयोग, गायत्री का दैनिक जप, तथा पुरुष सूक्त का नित्य पाठ।

हर धर्म के चार स्तम्भ होते हैं – दर्शन, धर्म-कथा, आचार, तथा अर्चना विधि। अर्चना-अनुष्ठान में धार्मिक क्रिया द्वारा व्यक्ति ईश्वर से संपर्क को अनुभव करने का

प्रयत्न करता है; धर्म-कथा वाचन में धार्मिक कहानियों, गीतों आदि द्वारा इस सम्बन्ध का अनुभव किया जाता है; आचार विधि द्वारा कोई व्यक्ति आचरण तथा गुणों का पालन करने का प्रयत्न करता है जिसके माध्यम से पवित्र होकर ईश्वर प्राप्ति के योग्य बना जा सके; तथा दर्शन द्वारा व्यक्ति सब कुछ त्याग कर ईश्वर को प्राप्त करने का प्रयत्न करता है। ये चारों स्तम्भ सर्वथा पृथक नहीं, वरन ये प्रायः एक दूसरे के क्षेत्र में प्रवेश करते रहते हैं।

आध्यात्मिक साधना में भी ईश्वर के तीन भाव – गुण, रूप और लीला – के प्रति प्रार्थना तथा ध्यान होता है। लोग प्रायः ईश्वर में प्रेम, दया, न्याय आदि गुण की पूजा करते हैं। साथ ही, ईश्वर को निराकार तथा अनेंक रूपों वाला भी बतलाया जाता है। इतना ही नहीं, सृष्टि, संहार तथा अन्य लीला कथा लगभग सभी धार्मिक साहित्यों में बड़ी संख्या में हैं। अतएव गुण, रूप और लीला – इन तीन भाव के आधार पर ईश्वर के कई नाम हो सकते हैं। आध्यात्मिक विकास के लिए भक्त इन नामों के आधार पर प्रार्थना या मन्त्र जप करते हैं तथा उनके अर्थ पर ध्यान करते हैं।

पुरुष सूक्त लीला, अर्थात् सृष्टि की दिव्य लीला, से संबंधित है। यह सूक्त ईश्वर को स्रष्टा के रूप में प्रस्तुत करता है जो न केवल सभी कुछ की सृष्टि करते हैं, अपितु सब कुछ वही बने हैं। नासदीय सूक्त से अलग हटकर यह सूक्त सरलता, मधुरता तथा सार्वभौमिक संबंधता के कारण अधिक लोकप्रिय है जिस कारण इसका प्रयोग उपासना के समय एक दैनिक प्रार्थना के रूप में तथा ध्यान के लिए भी किया जाता है। बाद के काल के भक्ति साहित्य ने इसी सूक्त से प्रेरणा प्राप्त कर वर्णन किया कि कैसे ईश्वर ही इस संसार में सब कुछ बने हैं।

इस सूक्त के अनुसार पूरा ब्रह्माण्ड पुरुष अर्थात् ईश्वर से प्रकट हुआ है तथा उसी के द्वारा इसका पालन होता है। यह संसार पुरुष का शरीर है। साथ ही, वर्तमान, भूत, तथा भविष्य की सृष्टि परमेश्वर का केवल आंशिक प्रकटीकरण है। इस सृष्टि की प्रक्रिया को एक यज्ञ की तरह देखा जाता है जिसमें पुरुष की ही बलि दी जाती है। जब उनके अंगों को काटा जाता है तो वे ब्रह्माण्ड और जीवों का रूप ले लेते हैं। ऐसा इसीलिये क्योंकि भारतीय ऋषि हर कर्म को यज्ञ के रूप में देखते थे। यह भाव वैदिक दृष्टिकोण, हिन्दू धार्मिक अनुष्ठानों, गीता के दर्शन तथा सामान्य रूप से हर हिन्दू के जीवन में निहित है।

परंतु, इस स्तुति का लक्ष्य सृष्टि प्रक्रिया का वर्णन करना नहीं, अपितु यह दर्शाना है कि ईश्वर इस ब्रह्माण्ड की हर वस्तु के पीछे विद्यमान हैं। ऐसी स्तुतियों तथा प्रार्थनाओं का

उद्देश्य सृष्टि की व्याख्या करना नहीं, वरन इस सत्य में जाग्रत होना है कि ईश्वर ही एकमात्र सत्य हैं, बाकी सब अनित्य है। यही ज्ञान परिपक्व होने पर व्यक्ति मुक्त हो जाता है।

पुरुष सूक्त यजुर्वेद, कृष्ण यजुर्वेद के तैत्तिरीय आरण्यक, सामवेद तथा अथर्ववेद में भी कुछ परिवर्तनों तथा संपादन के साथ उपलब्ध हैं। ऋग्वेद में (X.90) यह 16 मन्त्रों में आता है। बाद में इस सूक्त के दार्शनिक पहलू को उपनिषदों तथा पुराणों में भी प्रयोग किया गया।

देवता – पुरुष; ऋषि – नारायण

सहस्रशीर्षा पुरुषः सहस्राक्षः सहस्रपात्।
स भूमिं विश्वतो वृत्वात्यतिष्ठद्दशाङ्गुलम्॥ 1

सहस्रशीर्षा पुरुषः सहस्र-अक्षः सहस्र-पात्।
स भूमिं विश्वतः वृत्वा-अति-अतिष्ठत्-दश-अङ्गुलम्॥

पुरुष (ईश्वर) हजार मस्तक वाले, हजार आँखों वाले, और हजार पैरों वाले हैं। पृथ्वी को सब दिशाओं से आच्छादित करके भी वे उससे दस अंगुल बड़े हैं।

यहाँ ईश्वर को साकार रूप में देखा गया है जो ब्रह्माण्ड की सृष्टि, उसका पालन तथा उसका संहार करते हैं। स्वाभाविक है कि ऐसे ईश्वर के विशेष गुण होंगे जिसके वर्णन में कहा गया है कि वे *सहस्रशीर्ष* हजार सिर वाले हैं। इसी तरह उनकी हजार आँखें तथा हजार पैर हैं। प्राचीन साहित्य में सहस्र शब्द का प्रयोग विशालता के लिए किया जाता था। ईश्वर चूँकि सबके सार हैं, और हर जड़-जंगम उनका अंग है, इसीलिए ब्रह्माण्ड में हर सिर, आँख, हाथ, पैर आदि ईश्वर के ही अंग हैं। यही साकार ईश्वर की सर्वश्रेष्ठ व्याख्या है। इसी विचार को लेकर गीता के 11वें अध्याय में ईश्वर के विश्वरूप का वर्णन किया गया है।

यहाँ ईश्वर को *पुरुष* कहकर संबोधित किया गया है जिसका अर्थ होता है 'जो शरीर में वास करते हैं'। शरीर की तुलना प्रायः एक नगर से की जाती है। शरीर-नगर में रहने वाला तथा उसका स्वामी ईश्वर हैं। साथ ही वे ब्रह्माण्ड-नगर के निवासी और स्वामी भी हैं, क्योंकि जो भी अणु स्तर पर होता है, वही वृहद स्तर पर भी होता है।

विश्वतः वृत्वा ईश्वर सबको आच्छादित करते हैं तथा दृश्य और अदृश्य ब्रह्माण्ड के पार भी हैं। यह लाक्षणिक रूप में *अत्यतिष्ठत् दशाङ्गुलम्* दस अंगुल बड़ा है कहकर किया गया है। दस अंगुल का प्रयोग सांकेतिक भी है, चूँकि दशमलव पद्धति में, जिसे वैदिक काल से ही भारत के लोग प्रयोग करते आए हैं, 9 सबसे बड़ा अंक होता है। दस अंगुल का यह भी अर्थ हो सकता है कि योगी हृदय गुहा में, जो नाभि प्रदेश से दस अंगुल ऊपर है, आत्मा की अनुभूति करते हैं।

बाद में दस अंगुल बड़े होने के विचार को भागवत में सुन्दर वर्णन किया गया जब भगवान कृष्ण को यशोदा मैया उन्हें ओखली से बाँधने का असफल प्रयास करती हैं। उनके आश्चर्य का ठिकाना न रहा जब उन्होंने पाया कि वे जिस भी रस्सी का प्रयोग करती हैं, चाहे वह कितनी भी लंबी हो, भगवान कृष्ण को बाँधते समय वह दो अंगुल छोटी रह जाती है।

संक्षेप में कहें तो चाहे ईश्वर के विषय में कुछ भी विचार कर लें, ईश्वर सदा मन की पकड़ से परे ही रहेंगे। इस प्रकार वेद ईश्वर को अन्तर्यामी, नित्य तथा उत्कृष्ट के रूप में देखते हैं। साथ ही, उनके बारे में कोई जो कुछ सोच सकता है, वे उसके परे हैं।

पुरुष एवेदं सर्वं यद्भूतं यच्च भव्यम्।
उतामृतत्वस्येशानो यदन्नेनातिरोहति ॥ 2

पुरुषः एव-इदम्-सर्वम् यत्-भूतम् यत्-च भव्यम्।
उत-अमृतत्वस्य-ईशानः यत्-अन्नेन-अतिरोहति ॥

पुरुष ही सब कुछ हैं। जो हो चुका है तथा जो होना है, वे सब भी वही हैं। वह अमरता के प्रभु, तथा जो भी अन्न से उगता है उसके भी प्रभु हैं।

ईश्वर न केवल सब सृष्टि करते हैं बल्कि वे सब कुछ हैं, साथ ही जो हुआ है और होगा, वह भी हैं। ऐसी कोई भी वस्तु नहीं जो ईश्वर न हो। यह बड़े ही सुंदर ढंग से व्यक्त किया गया है, *यत् भूतं यच्च भव्यं*।

भारतीय परंपरा में सृष्टि को एक कल्प, अर्थात् चक्र समान माना गया है। गीता में श्री कृष्ण कहते हैं कि वे एक क्षण के लिए भी विश्राम नहीं करते क्योंकि सृष्टि सदा चलती रहती है। ऐसा नहीं है कि ईश्वर सृष्टि करके विश्राम में चले जाते हैं। इस मन्त्र में

भूत, वर्तमान तथा भविष्य की जो बात की गई है, वह दर्शाती है कि सृष्टि का वर्तमान चक्र, जिसे कल्प कहा है, पिछले कल्प के ही समान है तथा भविष्य में भी ऐसा ही होगा। मूलभूत रूप से ब्रह्माण्ड में कोई परिवर्तन नहीं होता।

अमृतत्वस्य ईशानः ईश्वर अमरता के प्रभु हैं, जिसका अर्थ है कि वे इन्द्र जैसे देवताओं के भी प्रभु हैं जिन्हें सापेक्ष अमरता प्राप्त है। इसका अर्थ यह भी हो सकता है कि ईश्वर ही केवल मुक्ति प्रदान कर सकते हैं। *यदन्नेन अति रोहति* जो भी अन्न से उगता है अर्थात् जीवों के भी स्वामी वे ही हैं क्योंकि ये जीव अपनी वर्तमान स्थिति से विकसित होकर अन्न द्वारा संसार से एक हो जाते हैं। मन्त्र का अर्थ है कि ईश्वर सबके स्वामी हैं, चाहे वे देवता हों, मनुष्य हों, निम्न जीव या अन्य।

एतावानस्य महिमातो ज्यायांश्च पूरुषः।
पादोऽस्य विश्वा भूतानि त्रिपादस्यामृतं दिवि ॥ 3

एतावान्-अस्य महिमा-अतः ज्यायान्-च पूरुषः।
पादः-अस्य विश्वा भूतानि त्रिपात्-अस्य-अमृतं दिवि ॥

ऐसी उनकी महिमा है, परंतु पुरुष इनसे और भी अधिक महान हैं। उनका एक चौथाई भाग सब रचे गए जीव हैं, तथा उनके तीन चौथाई स्वर्ग में अमर हैं।

पिछला मन्त्र बतलाता है कि ईश्वर सभी देवताओं और जीवों के स्वामी हैं। ब्रह्माण्ड में जो कुछ भी है, वह सब वे ही हैं। तो क्या वे सबका कुल जोड़ हैं? नहीं! ऐसा नहीं है। *एतावान् अस्य महिमा* वर्तमान, भूत, तथा भविष्य के ब्रह्माण्ड सब ईश्वर की शक्ति का प्रत्यक्ष रूप है। परंतु पुरुष, जो सबके विधाता हैं, *अतो ज्यायांश्च* इससे भी महान हैं। कितना महान? – *पादः अस्य विश्वा भूतानि त्रिपादस्य अमृतं दिवि* सृष्टि उनका मात्र एक चौथाई हिस्सा है, जबकि उनका तीन चौथाई हिस्सा इससे परे है।

विभिन्न धर्म ईश्वर को एकमात्र सत्य मानते हैं जो संसार में अन्तर्निहित होते हैं या फिर वे सब कुछ के परे पारलौकिक होते हैं। यहाँ ईश्वर को दोनों ही रूपों में देखा गया है। भारतीय ग्रन्थों में यह विचार कि ईश्वर अन्तर्निहित हैं, तथा सबसे परे भी, बार-बार आता है। भगवान विष्णु को प्रायः उरुक्रम, जिनके लंबे पग हैं, बताया जाता है क्योंकि

वे पूरे ब्रह्माण्ड को दो पगों में माप सकते हैं। गीता में भी कहा गया है कि ब्रह्माण्ड ईश्वर का एक बहुत छोटा अंश है।

त्रिपादूर्ध्व उदैत्पुरुषः पादोऽस्येहाभवत्पुनः।
ततो विष्वङ्व्यक्रामत्साशनानशने अभि ॥ 4

त्रिपात्-ऊर्ध्व उत्-ऐत्-पुरुषः पादः–अस्य-इह-अभवत्पुनः।
ततः विष्वङ्-वि-अक्रामत्-साशन-अनशने अभि ॥

तीन चौथाई पुरुष ऊपर सबके परे होता है, उनका एक चौथाई पुनः-पुनः बनता है। वह सब ओर व्याप्त है – उन सबमें, जो भोजन करते हैं और जो नहीं खाते।

विष्वङ् व्यक्रामत् अभवत् पुनः ईश्वर सब ओर व्याप्त हैं। किस प्रकार? उत्तर है कि एक चौथाई हिस्से में वे देवताओं, मनुष्यों आदि से बने ब्रह्माण्ड को प्रकट किए जैसा कि वे पिछले कल्पों में लगातार करते आ रहे थे। उनका तीन चौथाई भाग किसी भी परिवर्तन से परे रहा। ईश्वर का यह प्रकटीकरण *साशन* तथा *अनशन* जो खाते हैं और जो नहीं खाते में है, अर्थात् वही जीव भी हैं और निर्जीव वस्तुएँ भी। साथ ही, वे भोजन भी हैं और खाने वाले भी।

इस मन्त्र को इस प्रकार समझा जा सकता है जैसे कि एक अथाह तथा विशाल सागर हो जिसमें ऐसे हिस्से हों जो सर्दी के मौसम में जम जाते हैं तथा गर्मियों में पिघल जाते हैं, जैसे कि दक्षिणी ध्रुव। यह कुछ समय के लिए जम जाना सृष्टि के समान है। विभिन्न रूपों और आकार वाले हिम के खंड और कुछ नहीं, सागर ही हैं, परंतु वे अलग दिखते हैं। इनके बनने और बने रहने के परे सागर वही का वही रहता है – अथाह और विशाल।

तस्माद्विराळ् अजायत विराजो अधि पूरुषः।
स जातो अत्यरिच्यत पश्चाद्भूमिमथो पुरः ॥ 5

तस्मात्-विराळ्(ट) अजायत विराजः अधि पूरुषः।
सः जातः अति-अरिच्यत पश्चात्-भूमिम् अथो पुरः ॥

उस (पुरुष) से विराट उत्पन्न हुआ, तथा अधिपुरुष उस विराट से उत्पन्न हुआ। वह जो उत्पन्न हुआ उसका विस्तार हुआ, और फिर उसने पृथ्वी और जीवों की सृष्टि की।

पुरुष से सृष्टि की प्रक्रिया का यहाँ वर्णन किया जा रहा है। जब *पुरुष* ने, जिसे *अधिपुरुष* भी कहा जाता है, सृष्टि की इच्छा की तो उस इच्छा ने *विराट* का रूप ले लिया जो गोचर और अगोचर सभी ब्रह्माण्डों का कुल योग है। *विराळ्* का वैदिक उच्चारण अब लगभग विस्मृत हो चुका है, इसीलिये उसका सरल उच्चारण *विराट* या *विराज* के रूप में होता है।

पुरुष जो कि सृष्टि से परे हैं, अब सृष्टि में प्रवेश कर गए और*अधिपुरुष* के रूप में प्रकट हुए जो साकार ईश्वर हैं। भाव है कि पुरुष (ईश्वर) ब्रह्माण्ड के स्रष्टा, पालनकर्ता और संहारकर्ता हैं।*अधिपुरुष* का वर्णन देहाभिमानी कह कर हुआ है अर्थात् जिसका शरीर है। इस प्रकार इस मन्त्र में दो *पुरुष* हैं – एक सृष्टि से पहले का और दूसरा बाद का।

भारतीय परंपरा ईश्वर को बोधगम्यता के क्रम में चार रूपों में देखती है – *ब्रह्म*, *ईश्वर*, *हिण्यगर्भ* तथा *विराट*। ब्रह्माण्ड (स्थूल जगत) के रूप में परमात्मा *विराट* कहलाता है, हिरण्यगर्भ सूक्ष्म ब्रह्माण्ड (सूक्ष्म जगत) का कुल योग है, कारण जगत का कुल योग ईश्वर है, तथा ब्रह्म महाकारण है जो प्रकटीकरण के परे है। निराकार ब्रह्म ही वास्तविक सत्य या सत्ता है, परंतु माया की आच्छादान शक्ति के कारण वह इन तीन रूपों में प्रकट होता है। हमारे मन की सूक्ष्मता और गठन के आधार पर हम ईश्वर को इन चारों में से किसी एक रूप में देखते हैं। यही इस मन्त्र का आशय है।

तस्मात् विराट् अजायत – विराट या विराज ब्रह्माण्डीय शरीर है जो एक अंड (जिसे ब्रह्माण्ड भी कहा जाता है) के रूप में*अधिपुरुष* से, जो वास्तव में परमात्मा है, अस्तित्व में आता है। इस स्वर्णिम ब्रह्माण्डीय अंड से आदिपुरुष या ईश्वर, जो ब्रह्माण्ड के स्वामी हैं, उत्पन्न हुए। इस प्रकार ईश्वर ने अपनी शक्ति से विराज की सृष्टि की तथा उसमें प्रवेश किया और फिर उसे देहाभिमानी पुरुष के रूप में सचेतन किया, अर्थात् एक ऐसे ईश्वर के रूप में जो ऋषियों को एक शरीर के साथ दृश्यमान हुआ। ब्रह्माण्ड निर्जीव पदार्थ है, इसीलिए जब तक ईश्वर उसमें प्रवेश करके उसे चेतनता प्रदान न करें, यह ब्रह्माण्ड निष्क्रिय तथा अप्रभावशाली ही रहेगा।

इस प्रकार की उत्पत्ति को, जिसमें एक दूसरे को जन्म देता है, तथा जो फिर से पहले को उत्पन्न करता है, पारस्परिक उत्पत्ति कहा जाता है जैसा कि वेद में कई स्थानों पर आता है। ऐसी स्तुतियाँ हैं जो वर्णन करती हैं कि इन्द्र विभिन्न तत्वों से उत्पन्न हुए और फिर इन्द्र ने उन्हें उत्पन्न किया। *तैत्तिरीयोपनिषद* (2.6.6) में कहा है – *तत्सृष्ट्वा तदेवानुप्राविशत्* – उसकी सृष्टि करके उसने उसमें प्रवेश किया।

पुराण जैसे बाद के ग्रन्थ स्पष्ट रूप से वर्णन करते हैं कि कैसे ईश्वर ब्रह्माण्ड की सृष्टि करते हैं तथा फिर उससे ब्रह्मा (सृष्टि करने वाले भगवान) के रूप में प्रकट होते हैं। इस प्रकार विराज परमात्मा के निराकार रूप (*आदिपुरुष*) तथा साकार ईश्वर के बीच की मध्यवर्ती अवस्था है जिसने सब कुछ बनाया। इस सबसे सृष्टि की अभेद्यता की ओर ही संकेत होता है। इस कारण इन स्तुतियों का प्रयोग व्याख्या के लिए नहीं, वरन प्रार्थना और ध्यान के लिए होता है।

विराज से जो ईश्वर प्रकट हुआ, *अत्यरिच्यत पश्चात् भूमिम् अथो पुरः* उन्होंने लोक, नक्षत्र, जीव आदि को बनाया। सृष्टि के क्रम का वर्णन आगे के मन्त्रों में किया गया है।

यत्पुरुषेण हविषा देवा यज्ञमतन्वत।
वसन्तो अस्यासीदाज्यं ग्रीष्म इध्मः शरद्धविः ॥ 6

यत्-पुरुषेण हविषा देवाः यज्ञम्-अतन्वत।
वसन्तः अस्य-आसीत्-आज्यं ग्रीष्मः इध्मः शरत्-हविः ॥

पुरुष को आहुति बनाकर जब देवताओं ने एक यज्ञ आयोजित किया, तब वसंत घी बना, ग्रीष्म उसका ईंधन और शरत्काल हविष्य।

भारत हर व्यक्तिगत या ब्रह्माण्डीय कर्म को एक यज्ञ के रूप में देखता है। ईश्वर द्वारा सृष्टि का कर्म भी एक यज्ञ है, परंतु सृष्टि के समय पुरुष के अलावा कुछ भी नहीं था, तो यज्ञ कैसे संपन्न हुआ? इसी की यहाँ व्याख्या की जा रही है।

यत् पुरुषेण हविषा ईश्वर ने स्व-अग्नि में स्वयं की आहुति देकर सृष्टि की। *देवा यज्ञम् अतन्वत* यह यज्ञ देवताओं द्वारा संपन्न किया गया जो ईश्वर की इंद्रियाँ हैं। देव का अर्थ देवता तथा इंद्रियाँ – दोनों होते हैं। यह शब्द मूलधातु *दिव्* से आता है जिसका अर्थ है दीप्त करना। देवता आत्मा के ज्ञान से दीप्त होते हैं, जबकि इंद्रियाँ मन की चेतना से दीप्त, अर्थात् प्रकाशित होती हैं।

भारतीय दार्शनिकों का मानना है कि इस समानता के कारण प्रत्येक इंद्रिय का एक देवता होता है, जैसे आँखों के देवता सूर्य हैं। यह मन्त्र वर्णन करता है कि सृष्टि के समय कैसे केवल ईश्वर ही थे, इसीलिये देवतागण, जो प्रभु की इंद्रियाँ हैं, उसी तरह यज्ञ संपन्न किए जैसे ऋषि यज्ञ-सामग्री लेकर करते हैं।

एक अन्य व्याख्या के अनुसार, देवता, साध्य (एक विशेष प्रकार के उच्चतम ऋषि), तथा अन्यान्य ऋषि विराट से उत्पन्न हुए। चूँकि सृष्टि कोई एक बार का कार्य नहीं, अपितु चक्रीय है, इसीलिये जो भी पिछले कल्प में था वही नए कल्प में भी होता है। देवता और ऋषि पिछले कल्प में थे, इसीलिये उन्हें वर्तमान कल्प में भी होना होगा।

यज्ञ में अनेक साधनों की आवश्यकता रहती है जैसे अग्नि, ईंधन, हविष्य, घी आदि। फिर देवताओं ने यज्ञ कैसे किया जब आरंभ में कुछ भी नहीं था? यह मन्त्र काव्यात्मक ढंग से इसकी व्याख्या करता है, *वसन्तो अस्यासीद् आज्यम् ग्रीष्म इध्मः शरत् हविः* वसंत घी बना, ग्रीष्म ईंधन तथा शरत हविष्य।

यज्ञ के विभिन्न साधनों के लिए इन्हीं ऋतुओं का विशेष चयन क्यों किया गया? ऐसा इसीलिये कि वसंत सृष्टि को उसी तरह चमका देता है जैसे घी अग्नि को देदीप्यमान कर देता है। ग्रीष्म ने पलाश के पेड़ों की लकड़ियों का काम किया। पलाश को उसके चमकदार लाल फूलों के कारण तथा अग्नि को और भी गर्म करने के लिए यज्ञ की अग्नि में डाला जाता था। शरत ऋतु को अति सुन्दर माना जाता है। उसे अग्नि की लपटों को रंग प्रदान करने के लिए यज्ञ में डाला गया। परंतु ये ऋतुएँ केवल समय के बहाव की प्रतीक हैं, क्योंकि यह यज्ञ मानसिक था, न कि पदार्थों से निर्मित। सभी वस्तुएँ पुरुष (ईश्वर) से बनीं, न कि किसी यज्ञ से। इसके पीछे का भाव है कि पुरुष स्वयं इस सृष्टि की विभिन्नता हैं।

तं यज्ञं बर्हिषि प्रौक्षन्पुरुषं जातमग्रतः।
तेन देवा अयजन्त साध्या ऋषयश्च ये॥ 7

तं यज्ञं बर्हिषि प्रौक्षन्-पुरुषं जातम्-अग्रतः।
तेन देवाः अयजन्त साध्याः ऋषयः–च ये॥

यज्ञ में उन्होंने पहले पुरुष पर पवित्र करने हेतु जल छिड़का; देवताओं, ऋषियों और साध्यों ने इस प्रकार यज्ञ संपन्न किया।

देवता, ऋषि और साध्य, जो सृष्टि के हर कल्प (नई सृष्टि) में ईश्वर के साथ होने के लिए प्रकट होते हैं, उन्होंने पहले यज्ञ द्वारा सृष्टि की प्रक्रिया शुरू की। इसीलिये उन्होंने पुरुष को बलि देने हेतु कुशा घास पर बिछाया या उसे एक बलि के बकरे के समान स्तंभ से बाँधा। फिर, *यज्ञं बर्हिषि* यज्ञ के अनुष्ठान में *तम् प्रौक्षन् पुरुषम् जातम् अग्रतः*

पहले उनको पवित्र करने के लिए उनपर जल छिड़का। यह प्रक्रिया मानसिक थी, न कि भौतिक। *बर्हिष* का अर्थ है बलि की कुशा। कुछ विद्वान मानते हैं कि विराट, बर्हिष तथा प्रकृति का एक ही अर्थ है, तथा इस प्रकार संपूर्ण प्रकृति एक मंच है जहाँ इस यज्ञ के लिए पुरुष की बलि चढ़ाई जाती है।

जब यज्ञ का यह पहला कर्म पूर्ण हुआ तो पुरुष को काटकर प्रत्येक अंग से जीवों को रचा गया।

तस्माद्यज्ञात्सर्वहुतः सम्भृतं पृषदाज्यम्।
पशून्तांश्चक्रे वायव्यानारण्यान्ग्राम्याश्च ये ॥ 8

तस्मात्-यज्ञात्-सर्वहुतः सम्भृतं पृषत्–आज्यम्।
पशून्-तान्-चक्रे वायव्यान्–आरण्यान्-ग्राम्याः च ये॥

उस सब कुछ बलि पर चढ़ाने वाले यज्ञ से दही और घी उत्पन्न हुए; फिर उसने वायु, वन तथा गाँव के पशुओं को रचा।

पुरुष जो सबके आत्मा हैं, उनकी बलि इस यज्ञ में दी गई इसीलिये उन्हें *सर्वहुतः* सब कुछ यज्ञ पर चढ़ने वाला कहा गया है। इसी यज्ञ से इस ब्रह्माण्ड की सभी वस्तुओं की सृष्टि हुई। यहाँ केवल महत्वपूर्ण वस्तुओं का उल्लेख किया गया है जैसे कि दही, घी, पशु तथा पक्षी, परंतु मन्त्र का संकेत सभी रची गई वस्तुओं की ओर है।

तस्माद्यज्ञात्सर्वहुत ऋचः सामानि जज्ञिरे।
छन्दांसि जज्ञिरे तस्माद्यजुस्तस्मादजायत ॥ 9

तस्मात्-यज्ञात्-सर्वहुतः ऋचः सामानि जज्ञिरे।
छन्दांसि जज्ञिरे तस्मात्-यजुः-तस्मात्-अजायत॥

उस सर्वहुत (यज्ञ) से ऋक्, साम की उत्पत्ति हुई, छंद भी उससे उत्पन्न हुए, तथा यजुः भी उत्पन्न हुए।

यह एक विशेष *मन्त्र* है जो वेद के चारों प्रकार के संयोजन का उल्लेख करता है – *ऋक्, साम, यजुः तथा छंद* जो चार वेदों – *ऋग्वेद, सामवेद, यजुर्वेद* तथा *अथर्ववेद* – के

प्रतीक हैं। सार यह है कि वेद और उनके विषय पहले के कल्प में भी समान ही थे तथा इनकी उत्पत्ति सृष्टि के प्रारंभ में हो गई थी। किस प्रकार? वैसे ही जैसे ये पिछले कल्प में थे। बाद के काल में ऋषियों ने केवल इस ज्ञान को ध्यान में प्राप्त किया।

तस्मादश्वा अजायन्त ये के चोभयादतः।
गावो ह जज्ञिरे तस्मात्तस्माज्जाता अजावयः॥ 10

तस्मात्-अश्वा अजायन्त ये के च-उभयादतः।
गावो ह जज्ञिरे तस्मात्-तस्मात्-जाता अजावयः॥

उस यज्ञ से घोड़े उत्पन्न हुए तथा दो पंक्ति के दाँतों वाले जीव; उससे गाय उत्पन्न हुईं तथा बकरियाँ और भेड़ें उत्पन्न हुईं।

इस पृथ्वी तथा स्वर्ग में अनेक प्रजातियों को ईश्वर स्वेच्छाचारी की तरह सृष्टि नहीं करते चले, अपितु यह सृष्टि दिव्य मंथन की प्रक्रिया से हुई जिसे यज्ञ कहा गया और जिसमें पुरुष का स्वयं मंथन हुआ। इसकी कल्पना इस प्रकार की जा सकती है कि तारों, तारा मंडलों आदि तथा सूक्ष्म एवं कारण जगत समेत पूरे ब्रह्माण्ड की सृष्टि हेतु दिव्य मंथन हुआ जिससे उस सबकी सृष्टि हुई जो आज हमारे समक्ष है। सायणाचार्य ने इसकी व्याख्या बड़े सुंदर ढंग से की है, 'दूध से दही और मक्खन निकल आते हैं, जो प्रकृति में इतने भिन्न होते हैं परंतु जिनका स्रोत एक ही होता है।'

ये के च उभयादतः जिनके दो पंक्तियों में दाँत हों, अर्थात् सब तरह के पशु।

यत्पुरुषं व्यदधुः कतिधा व्यकल्पयन्।
मुखं किमस्य कौ बाहू का ऊरू पादा उच्येते॥ 11

यत्-पुरुषं वि-अदधुः कतिधा वि-अकल्पयन्।
मुखं किम्-अस्य कौ बाहू का उरू पादौ उच्येते॥

जब देवताओं ने पुरुष की बलि दी, तो कितने हिस्सों में उसका विभाजन किया? उसका मुँह क्या था, उनकी बाहें क्या थीं, उसकी जंघाएँ और पैर क्या कहलाए?

जिस यज्ञ में *पुरुष* की बलि दी गई और फिर उसे काटा गया, वही इस सृष्टि का मूल है, अर्थात् जो कुछ भी इस ब्रह्माण्ड में है वह ईश्वर का ही रूप है। फिर भी जब पुरुष के सिर, जंघाओं आदि को काटा गया, तब उनका क्या हुआ?

ये प्रश्न तथा इनके उत्तर विराट (ईश्वर का ब्रह्माण्डीय भौतिक रूप) पर ध्यान करने के लिए हैं। श्री रामकृष्ण ने एक बार आध्यात्मिक दर्शन किया था कि पेड़ और झाड़ियाँ, सभी विराट की वेदी पर एक पुष्प गुच्छ के समान हैं।

ब्राह्मणोऽस्य मुखमासीद्बाहू राजन्यः कृतः।
ऊरू तदस्य यद्वैश्यः पद्भ्यां शूद्रो अजायत॥ 12

ब्राह्मणः-अस्य मुखम्–आसीत्-बाहू राजन्यः कृतः।
ऊरू तदस्य यत्-वैश्यः पद्भ्यां शूद्रो अजायत॥

ब्राह्मण उनके मुख थे, राजन्य (क्षत्रिय) उनकी दो भुजाएँ, वैश्य उनकी जंघाएँ, तथा शूद्र उनके पैरों से उत्पन्न हुए।

इस स्तुति में दूसरों की तुलना में किसी भी वर्ण, जाति या प्रजाति की विशिष्टता तथा श्रेष्ठता को नकारा गया है। कैसे? यह संकेत करके कि जगत में जो भी है वह ईश्वर ही है। आगे इसकी व्याख्या करते हुए कहते हैं कि पुरुष के ही विभिन्न अंग चारों वर्ण – ब्राह्मण, राजन्य अर्थात् क्षत्रिय, वैश्य तथा शूद्र – बने।

पहले के समय में भारत में परिवार तथा पारिवारिक व्यवसाय की बड़ी महत्वपूर्ण भूमिका रहती थी जिससे कि जाति की अवधारणा बनी। इससे समाज के हर सदस्य को काम मिलना सुनिश्चित हुआ, चाहे कोई कितना भी गरीब क्यों न हो। रीति-रिवाज तथा धार्मिक अनुष्ठान भी पारिवारिक परंपराओं के अनुसार होते थे जिन्हें कुलधर्म कहते हैं। जाति की परंपराओं को जातिधर्म कहा जाता है।

व्यवसायों में विशेषज्ञता के कारण हजारों जातियाँ हुआ करती थीं और समय के साथ इनकी परंपराओं, व्यवहार और आचरण के नियम अप्रबंधनीय हो गए। इसीलिये इनको चार वर्णों में वर्गीकृत कर दिया गया तथा इनके कर्तव्यों और प्रथाओं को मोटे तौर पर संहिताबद्ध कर दिया गया। धीरे-धीरे ये प्रथाएँ दृढ हो गईं जिससे विशेषाधिकारों

तथा शोषण का जन्म हुआ जो ग्रन्थों का लक्ष्य कभी नहीं था। ऋषि हमें यही बतलाना चाहते थे कि समाज में और हमारे आसपास हर कोई ईश्वर से ही आया है और ईश्वर में ही चला जाएगा।

कुछ लोग इस मन्त्र का उद्धरण देकर हिन्दू धर्म को कलंकित करने का प्रयत्न करते हैं। वे कहते हैं कि ग्रन्थों में भेदभाव किया गया है, परंतु यह सच नहीं। चूँकि ईश्वर शुद्ध चैतन्य हैं, इसीलिये यह कहना मूर्खतापूर्ण है कि उनके सिर या पैर हैं, और यह कहना भी धृष्टता है कि ईश्वर के पैर उनके सिर से किसी प्रकार निम्न हैं। चीनी से बने एक खिलौने की कल्पना करें। क्या पैरों की तुलना में उसका सिर अधिक स्वादिष्ट और चीनी से भरपूर होगा?

और भी अधिक महत्व की बात यह है कि वेद कहीं भी विभिन्न वर्णों के संदर्भ में अलग-अलग स्वर्ग या मुक्ति की बात नहीं करते। वर्ण तो सामाजिक-आर्थिक प्रणालियों के एक व्यापक छत्र के समान हैं जिनका उद्देश्य व्यक्तिगत तथा सामाजिक हितों की रक्षा करना है। समय के साथ वर्ण व्यवस्था से व्यापार में एक परम विशेषज्ञता भी उत्पन्न हुई। यहाँ पर वेद केवल आध्यात्मिक सत्य को सभी के लिए वैधता प्रदान करते हैं।

चन्द्रमा मनसो जातश्चक्षोः सूर्यो अजायत।
मुखादिन्द्रश्चाग्निश्च प्राणाद्वायुरजायत॥ 13

चन्द्रमा मनसः जातः–चक्षोः सूर्यः अजायत।
मुखात्-इन्द्रः-च-अग्निः-च प्राणात्-वायुः-अजायत॥

चन्द्रमा उनके मन से उत्पन्न हुआ, सूर्य उनकी दो आँखों से उत्पन्न हुआ, उनके मुख से इन्द्र और अग्नि उत्पन्न हुए, और उनके श्वास से वायु उत्पन्न हुए।

चूँकि देवतागण भी उसी प्रक्रिया से उत्पन्न हुए जिससे मनुष्य तथा अन्य जीव हुए, इसीलिये वे गुणात्मक रूप से मनुष्यों से श्रेष्ठ नहीं हैं, जब तक कि उन्हें ईश्वर के रूप में न देखा जाए।

सूर्य, चन्द्रमा तथा अन्य देवतागण को जीवों में शरीर के तत्संबंधी अंगों तथा उनसे संबंधित प्राकृतिक कृत्यों के रूप में देखा गया। इस प्रकार सूर्य आँखों के देवता हैं तथा साथ ही आसमान के सूर्य के भी। ऋग्वेद में इस प्रकार के दोहरे संदर्भ

सामान्य हैं, विशेषकर विभिन्न देवताओं को संबोधित स्तुतियों में जिनमें प्रकृति की सुंदर कल्पनाएँ भी हैं।

नाभ्या आसीदन्तरिक्षं शीर्ष्णो द्यौः समवर्तत।
पद्भ्यां भूमिर्दिशः श्रोत्रात्तथा लोकाँ अकल्पयन्॥ 14

नाभ्याः आसीत्-अन्तरिक्षम् शीर्षणः द्यौः समवर्तत।
पद्भ्यां भूमिः-दिशः श्रोत्रात्-तथा लोकान् अकल्पयन्॥

उनकी नाभि से अंतरिक्ष उत्पन्न हुआ, उनके सिर से स्वर्ग निकले, उनके पैरों से पृथ्वी और कानों से दिशाएँ निकली। इस प्रकार लोकों की सृष्टि हुई।

यह मन्त्र आकाश (सम्पूर्ण ब्रह्माण्ड) के विभिन्न पहलुओं की सृष्टि का वर्णन करता है जैसे कि अंतरिक्ष, पृथ्वी तथा स्वर्ग के बीच मध्यस्थ आकाश, द्यु अर्थात् उच्चतम आकाश या स्वर्ग, भूमि अर्थात् भौतिक आकाश, दिशाएँ, जो चार बतलाई गई हैं और कभी-कभी दस बतलाई जाती हैं, तथा लोक अर्थात् अस्तित्व के विभिन्न स्तर। ये सारे शब्द आकाश के आवश्यक निर्देशकों का संकेत करते हैं।

सप्तास्यासन्परिधयस्त्रिः सप्त समिधः कृताः।
देवा यद्यज्ञं तन्वाना अबध्नन्पुरुषं पशुम्॥ 15

सप्त-अस्य-आसन्-परिधयः-त्रिः सप्त समिधः कृताः।
देवाः यत्-यज्ञं तन्वानः अबध्नन्-पुरुषं पशुम्॥

सात बाड़ लगाने की कीलें लगाई गईं और तीन गुना सात ईंधन की लकड़ियाँ लगाई गईं। (कब?) जब यज्ञ का उत्सव मनाते देवताओं ने पुरुष को बलि के लिए बाँधा।

यह मन्त्र आगे व्याख्या करता है कि ध्यान के समय ईश्वर की कैसे कल्पना करनी है। *सप्त अस्य आसन् परिधयः* सात बाड़ लगाने वाली कीलें लगाई गईं। परंतु चूँकि यह मानसिक यज्ञ था इसीलिये किसी बाड़ की आवश्यकता नहीं थी जैसी एक यज्ञ में होती है। इसकी मात्र कल्पना करनी है।

इन सात कीलों की वेदों के सात काव्यात्मक छंदों के रूप में व्याख्या की गई है। ये छंद हैं – गायत्री, उष्णिक्, अनुष्टुप, बृहती, पंक्ति, त्रिष्टुप् तथा जगती। पारंपरिक हिन्दू मान्यता यही है कि वेद वह कुंजी है जिसके आधार पर ब्रह्माण्ड की सृष्टि हुई तथा छंद वह परिसीमा है जो वेद के काव्य को परिभाषित करते हैं। इस कारण इस शब्द का यहाँ प्रयोग हुआ है।

यज्ञेन यज्ञमयजन्त देवास्तानि धर्माणि प्रथमान्यासन्।
ते ह नाकं महिमानः सचन्त यत्र पूर्वे साध्याः सन्ति देवाः ॥ 16

यज्ञेन यज्ञम्-अयजन्त देवाः-तानि धर्माणि प्रथमानि-आसन्।
ते ह नाकं महिमानः सचन्त यत्र पूर्वे साध्याः सन्ति देवाः ॥

उस यज्ञ से देवताओं ने उनका (पुरुष को) यज्ञ किया, यह सबसे पहले का धर्म (पवित्र अनुष्ठान) था, वे महानगण स्वर्ग में एकत्र हुए जहाँ प्राचीन दिव्यात्माएँ तथा साध्य निवास करते हैं।

धर्म का अर्थ है जो धारण करता है, तथा यह भौतिक, मानसिक या आध्यात्मिक हो सकता है। धर्म जीव का सार है, इसीलिए मनुष्य जीवन का लक्ष्य अपने धर्म में प्रतिष्ठित होना है, जिसका अर्थ अपनी दिव्य प्रकृति को जानना है। इस ज्ञान की प्राप्ति के मार्ग को भी धर्म कहा जाता है।

यह मन्त्र स्पष्ट करता है कि कैसे देवताओं, साध्यों और महान ऋषियों ने, जो सृष्टि के प्रारंभ में थे, धर्म के प्रथम अनुष्ठानों को उन उच्चतम स्वर्गों में संपन्न किया जहाँ वे निवास करते थे। इस प्रकार कोई भी व्यक्ति धार्मिक अनुष्ठानों या फिर ईश्वर पर ध्यान के माध्यम से अपनी दिव्य प्रकृति का अनुभव कर सकता है। हिन्दू धर्म में यज्ञ का अनुष्ठान आज भी प्रचलित है। इसका कारण यही है कि ईश्वर ने यज्ञ संपन्न करके विश्व-ब्रह्माण्ड की सृष्टि की।

***

V

सूक्त

पहले अध्याय में बतलाया गया था कि वेद में देवी-देवताओं की प्रार्थनाओं की स्तुतियाँ हैं जिन्हें सूक्त कहा जाता है। जब इन्हीं स्तुतियों में से एक पंक्ति का प्रयोग किया जाता है तो उसे मन्त्र (श्लोक नहीं) कहा जाता है।

चार वेदों में हजारों सूक्त हैं जो परमात्मा का वर्णन करते हैं, उनके प्रति अथाह प्रेम की अभिव्यक्ति करते हैं, या फिर किसी वस्तु के लिए प्रार्थना करते हैं। प्रार्थना धन से लेकर आध्यात्मिक अनुभूति तक हो सकती है। पर, ये प्रार्थनाएँ साधारणतया कोई भीख माँगने की प्रक्रिया नहीं, अपितु एक अधिकारपूर्ण माँग है जो परमात्मा से गहन संबंध से उत्पन्न होती है।

पिछले अध्यायों में सृष्टि के दो सूक्तों के माध्यम से व्याख्या की गई कि कैसे ब्रह्माण्ड की सृष्टि के उपरांत उन देवताओं की सृष्टि हुई जिनके प्रति वेद की प्रार्थनाएँ हैं। ऋग्वेद X.72 में इसका एक सुंदर वर्णन है, 'ब्रह्मणस्पति (ईश्वर) ने देवताओं की सृष्टि उसी प्रकार की जैसे एक लोहार धौंकनी में लोहा पिघलाकर औजार बनाता है।' स्वाभाविक है कि ऋषियों के लिए ऐसे देवताओं का कोई महत्व नहीं, क्योंकि ये मनुष्यों की ही भाँति नश्वर हैं, हालाँकि इनकी शक्तियाँ और आयु अधिक होती हैं। इसीलिये वेद में इन्हें या तो ईश्वर के प्रतीक के रूप में देखा गया या इनकी दिव्य प्रकृति के अवैयक्तिक रूप की वंदना हुई।

देवताओं को यज्ञ के माध्यम से आहुति दी जाती थी, और दी जाती है। जब अग्नि द्वारा यज्ञ/हवन किया जाता है तो कुछ अनुष्ठानों के साथ मन्त्रों का उच्चारण किया

जाता है जिनमें स्वाहा शब्द का प्रयोग देवताओं को अर्पण करने के लिए किया जाता है, और स्वधा पितरों को अर्पण करने के लिए। वषट् का प्रयोग इन दोनों को खड़े होकर अर्पण करने के लिए करते हैं।

परंतु यहाँ हमें इन सूक्तों की आध्यात्मिक विषय-वस्तु से सरोकार है। आगे की व्याख्या उसी अनुरूप है। याद दिला दें कि ऋग्वेद की स्तुतियों का प्रयोग प्रार्थना के रूप में किया जाता है, जबकि यजुर्वेद के मन्त्रों को अग्नि में आहुति देते समय किया जाता है। पर, जैसा कि हम देखेंगे, भारतीय आध्यात्मिक ज्ञान-भंडार में इन स्तुतियों का यज्ञ के परे अपना स्वतंत्र मूल्य भी है।

1.
अग्नि सूक्त
ऋग्वेद का प्रथम सूक्त
ऋग्वेद 1.1

देवता – अग्नि; ऋषि – मधुछंद, विश्वामित्र का पुत्र

अग्नि की उपासना प्राचीन काल से ही हिन्दुओं और पारसियों में रही है। परंतु जहाँ पारसी केवल अग्नि की उपासना करते हैं, वहीं हिन्दुओं के लिए अग्नि, जो देवताओं और मनुष्यों के बीच सेतु का काम करते हैं, अनेक देवताओं में से एक हैं। जो आहुतियाँ यज्ञ के समय अग्नि में दी जाती हैं उन्हें अग्निदेव स्वर्ग में सभी देवताओं तक पहुँचाते हैं तथा यजमान द्वारा यज्ञ से प्राप्त समृद्धि का श्रेय अग्नि को ही दिया जाता है। इस प्रकार उन्हें इस प्रक्रिया में एक सहायक के रूप में देखा जाता है। किसी मृत के शरीर को भी जब चिता पर रखा जाता है तो अग्नि देवता से प्रार्थना की जाती है कि वे दिवंगत आत्मा को उच्च लोकों तक पहुँचाएँ।

प्राचीन प्रथा रही है कि ब्राह्मण जीवन भर विभिन्न यज्ञों का सम्पादन करें जिनमें सबसे महत्वपूर्ण था अग्निहोत्र यज्ञ। यज्ञोपवीत संस्कार द्वारा वैदिक जीवन शैली में दीक्षित हर व्यक्ति के लिए दिन में दो बार यह यज्ञ करना आवश्यक था। यज्ञ के लिए दो अरणियों (काठ) को आपस में रगड़कर हर बार अग्नि नए सिरे से प्रज्वलित की जाती थी। भारत में कुछ घरों में यह प्रथा आज तक जीवित है।

समय के साथ अग्नि के प्रति श्रद्धा आम लोगों में भी प्रचलित हो गई जो भोजन पकाते समय अग्नि में कुछ न कुछ अवश्य अर्पित करते हैं। धर्मप्राण हिन्दू तो आग में फूँक मारने से भी कतराते हैं, चाहे वह मोमबत्ती की लपट ही क्यों न हो (इसी कारण बहुत से हिन्दू जन्मदिवस पर जलती मोमबत्तियों को फूँक मारकर बुझाना सही नहीं समझते) क्योंकि ऐसा करना वे अग्नि देवता का अपमान समझते हैं, और उन्हें दूषित करना मानते हैं।

यास्क के अनुसार देवतागण तीन लोकों में वास करते हैं – पृथ्वी, अंतरिक्ष तथा स्वर्ग। अग्नि पृथ्वीलोक के देवता हैं। वेद में उनके प्रति लगभग 200 सूक्त हैं, तथा इन्द्र के बाद उनका ही सर्वोच्च महत्व है। यही नहीं, इन्द्र को उनका जुड़वाँ भी कहा गया है।

किंवदंती के अनुसार देवताओं ने अग्नि को मनुष्यों के लिए एक प्रकाश के रूप में उत्पन्न किया था तथा उनको मनुष्यों के बीच स्थापित किया था। यह भी माना जाता है कि अग्नि की उत्पत्ति उच्चतम स्वर्ग में हुई थी जहाँ से उन्हें मातरिश्वा अर्थात् वायु देवता नीचे लेकर आए। इस प्रकार, मनुष्यों को अग्नि की प्राप्ति देवताओं की ओर से दान माना जाता है। उनकी उत्पत्ति आकाशीय जल से भी मानी जाती है तथा पृथ्वीगत जल में उन्हें (बड़वानल के रूप में) सुप्त माना जाता है। उनके अनेक नाम हैं जिनमें जातवेद अर्थात् सभी जीवों को जानने वाला, तथा विश्ववेद अर्थात् ब्रह्माण्ड में सब कुछ जानने वाला प्रचलित हैं। चूँकि उनको हर सुबह प्रकट किया जाता है, जैसे कि अग्निहोत्र में, इसीलिये वे चिरयुवा हैं। साथ ही, उनसे अधिक आयु का भी कोई यज्ञकर्ता नहीं क्योंकि उनकी सहायता (पुरुष सूक्त अध्याय में वर्णित) से ही सृष्टि हुई।

अग्निमीळे पुरोहितं यज्ञस्य देवमृत्विजम्। होतारं रत्नधातमम्॥ 1

अग्निम्-इळे पुरोहितं यज्ञस्य देवम्-ऋत्विजम्। होतारं रत्न-धातमम्॥

मैं अग्नि देवता से प्रार्थना करता हूँ, जो यज्ञ के पुरोहित, होता (अध्यक्ष), तथा धन के धाता हैं।

उपासक द्वारा अग्नि देव को यह प्रार्थना रक्षा, वीर पुत्रों तथा धन-धान्य के लिए की गई है। इळे का उच्चारण ड तथा ल को मिलाकर होता है, इसीलिये इसका इडे तथा इले दोनों तरह से उच्चारण होता है।

यज्ञस्य पुरोहितं (अग्नि) यज्ञ के पुरोहित हैं, क्योंकि वे यज्ञ के सफल संपन्न होने के लिए उसी तरह कार्य करते हैं जैसे एक पुरोहित राजा के कल्याण के लिए करता है। पुरोहित का अर्थ अध्यक्ष भी होता है इसीलिए यह स्पष्टीकरण किया गया है। चूँकि अग्नि देवताओं के पुरोहित भी हैं इसीलिये उन्हें भी पुरोहित या ऋत्विक कहा जाता है। वे *होता* भी हैं अर्थात् यज्ञ में जो ऋग्वेद के मन्त्रों का पाठ करते हैं। यज्ञ के समय चार वेदों के लिए चार पुरोहित होते हैं – *होता* ऋग्वेद के लिए, *उद्गाता* सामवेद के लिए, *अध्वर्यु* यजुर्वेद के लिए तथा *ब्रह्मा* अथर्ववेद के लिए।

अग्नि दिव्य हैं। देव शब्द के कई अर्थ हैं – जो दान दे, प्रकाशवान हो, प्रकाशित करे या जिसका निवास स्वर्ग में हो। अग्नि इन सभी अर्थों में हैं। वे *रत्न धातमम* धन का भंडार या धनवान हैं, और इसीलिए वे अपने उपासकों के लिए परम कल्याणकारी हैं, उनकी रक्षा करते हैं तथा उनको सभी प्रकार के वर एवं समृद्धि प्रदान करते हैं।

धर्म में यह स्पष्ट है कि परमदाता ईश्वर ही हैं जो लोगों को उनके कर्म के अनुसार फल देते हैं। अपने कर्तव्यों का पालन कर, धार्मिक कर्म, सदाचार का पालन आदि कर अपने लिए शुभ कर्म अर्जित किए जा सकते हैं जो अच्छे फल देते हैं।

यह प्रार्थना अग्नि देवता के प्रति है जो पृथ्वी पर ईश्वर का मूर्त रूप हैं। यज्ञादि के माध्यम से उनकी स्तुति कर आशा की जाती है कि वे अपने भक्त पर कृपा करेंगे।

अग्निः पूर्वेभिर्ऋषिभिरीड्यो नूतनैरुत। स देवाँ एह वक्षति ॥ 2

अग्निः पूर्वेभिः-ऋषिभिः-ईड्यः नूतनैः-उत। सः देवान् एह वक्षति ॥

अग्नि, जिन्हें प्राचीन और वर्तमान ऋषि स्तुति करते हैं, देवताओं को यज्ञ-स्थली तक लाएँ।

यह प्रार्थना अग्नि के लिए है जो *पूर्वेभिः ऋषिभिः ईड्यः नूतनैः उत* प्राचीन ऋषियों तथा वर्तमान काल के उपासकों के उपास्य हैं। *ऋषि* शब्द का अर्थ है जिन्होंने परम सत्य की अनुभूति की है। यह प्रार्थना धर्म के मामलों में अटूट परम्पराओं के महत्व की ओर इंगित करती है। ऐसा नहीं कि अग्नि की पहले उपासना नहीं होती थी तथा फिर अचानक किसी ने उपासना करने की ठान ली, ऐसी धुन जो हम भारत में प्रायः उभरते देखते हैं और फिर बिना किसी चिह्न के अदृश्य होते भी देखते हैं। भाव है कि अग्नि की आराधना एक प्राचीन परम्परा है जो अभी तक चल रही है।

सः देवान् एह वक्षति वे उन देवताओं को यहाँ लाएँ जिनके प्रति अग्नि में आहुति अर्पित की जा रही हैं।

नास्तिकों को यह सुनने में अटपटा लग सकता है, परंतु यह सत्य है कि कोई यज्ञ तभी फल प्रदान करता है जब यज्ञ करने वाले की पवित्रता, मन्त्रों की शुद्धता तथा यज्ञ के संपन्न करने में पूर्णता से आकर्षित होकर दिव्य शक्तियाँ उपस्थित हों; अन्यथा फल नहीं मिलता। भारतीय परंपरा में ऐसी कई कथाएँ हैं जो इस बात को दुहराती हैं।

अग्निना रयिमश्नवत्पोषमेव दिवेदिवे। यशसं वीरवत्तमम्॥ 3

अग्निना रयिम्-अश्नवत्-पोषम्–एव दिवे-दिवे। यशसं वीरवत्-तमम्॥

अग्नि के द्वारा व्यक्ति समृद्धि प्राप्त करता है जो दिन-प्रतिदिन वृद्धि करती है, जो यश लेकर आती है, और परिवार की भी वृद्धि करती है।

अग्नि की यहाँ एक ऐसे देवता के रूप में स्तुति की जा रही है जिनकी उपासना से *रयिम् अश्नवत्* धन प्राप्त होता है, *पोषमेव दिवे-दिवे* जो दिन-प्रतिदिन बढ़ता है, अर्थात् इस प्रकार प्राप्त धन समय के साथ कम नहीं होता। इस प्रकार प्राप्त धन से *यशसं* यश की वृद्धि होती है क्योंकि वह व्यक्ति योग्य लोगों को दान आदि करता है। कोई धनवान व्यक्ति इसीलिये विख्यात नहीं होता क्योंकि उसके पास धन है, अपितु इसीलिये कि वह उस धन से समाज की सेवा करता है।

उपासना से *वीरवत्तमम्* परिवार तथा सेवकों की वृद्धि भी होती है। इस संसार में एक सामान्य व्यक्ति धन तथा भोग चाहता है, और दोनों का उदाहरण है एक धनी परिवार तथा उत्तम संग जिनके लिए यहाँ प्रार्थना की गई है।

अग्ने यं यज्ञमध्वरं विश्वतः परिभूरसि। स इद्देवेषु गच्छति॥ 4

अग्ने यं यज्ञम्–अध्वरं विश्वतः परि-भूः–असि। स इत्-देवेषु गच्छति॥

अग्नि! जिस निर्विघ्न यज्ञ के आप हर ओर से रक्षक हैं, वह अवश्य ही देवताओं तक पहुँचता है।

आश्चर्य की बात यह नहीं कि लोग अच्छे कार्य करते हैं, आश्चर्य इस बात का है कि लोग अच्छे कर्म पूरा कर पाते हैं, जबकि अशुभ शक्तियाँ कार्य में निरंतर विघ्न डालकर उसे नष्ट करने का प्रयत्न करती रहती हैं। हमारे ग्रन्थों में अनगिनत कथाएँ हैं जिनमें ऋषियों को यज्ञ संपन्न करते समय बड़े-बड़े विघ्नों का सामना करना पड़ता था। महर्षि विश्वामित्र को अनेक विघ्नों का सामना करना पड़ा और इसीलिए वे श्री राम को साथ ले गए ताकि वे उनके यज्ञ की रक्षा कर सकें। वर्तमान काल में भी हर पूजा के समय अशुभ शक्तियों से रक्षा हेतु अपने चारों ओर 'रङ्' का उच्चारण करते हुए जल छिड़ककर अग्नि के घेरे की कल्पना की जाती है।

यह प्रार्थना अग्नि की स्तुति करती है कि चूँकि वे *विश्वतः परिभूरसी* सभी दिशाओं के रक्षक हैं, इसीलिये यज्ञ *अध्वर* निर्विघ्न संपन्न हो पाता है। इसका परिणाम है कि *सः इत् देवेषु गच्छति* आहुति अवश्य ही देवताओं तक पहुँचती है।

इस प्रकार अग्नि आहुति ग्रहण करते हैं, सुरक्षा आश्वसित करते हैं तथा उनको निश्चित रूप से देवताओं तक पहुँचाते हैं।

परिभूरसि शब्द का यज्ञ में विशेष महत्व है जहाँ चार भिन्न अग्नियों को चारों दिशाओं में प्रज्ज्वलित किया जाता है अर्थात् पूर्व, पश्चिम, दक्षिण और उत्तर में, जिनको क्रमशः *आह्वनीय, मारजालीय, गार्हपत्य तथा अग्नीध्रीय* कहा जाता है।

अग्निर्होता कविक्रतुः सत्यश्चित्रश्रवस्तमः। देवो देवेभिरागमत्॥ 5

अग्निः-होता कवि-क्रतुः सत्यः-चित्रश्रवः-तमः। देवो देवेभिः-आ-गमत्॥

हे अग्नि! (जो) होता, ज्ञानी, सत्य, सबसे अद्भुत यश वाले, तथा दिव्य (हैं), (वे) देवताओं के साथ यहाँ आएँ।

इस मन्त्र में अग्नि का वर्णन उसी प्रकार किया है जैसे कोई ईश्वर का सत्य, यश, चैतन्य जैसे शब्दों से करता है! यहाँ उनका एक ऐसे व्यक्तित्व वाले ईश्वर के रूप में वर्णन किया गया है जो पालक हैं तथा कामनाओं की पूर्ति करने वाले हैं। अग्नि ऋग्वेद के *होता* अर्थात् मुख्य पुरोहित की तरह हैं, तथा वे *कवि-क्रतु* यज्ञ संपन्न करने वाले एक ज्ञानी की तरह। *क्रतु* का यहाँ अर्थ है शक्ति, जिसका अभिप्राय है महान पुरोहित के रूप में अग्नि की शक्ति।

सत्य शब्द प्रायः देवताओं के लिए प्रयोग होता है, जबकि *चित्र-श्रवस्तम* का अर्थ है वह जिसके पास यश या धन के रूप में सुन्दरतम अर्जित वस्तु है।

अग्नि से फिर प्रार्थना की जाती है कि वे सभी देवताओं को यज्ञ-स्थल पर लेकर आएँ ताकि यज्ञ सफल हो। यज्ञ किसी अदृश्य ईश्वर के लिए नहीं किया जाता, अपितु देवताओं के जीवंत स्वरूपों के लिए किया जाता है।

यदङ्ग दाशुषे त्वमग्ने भद्रं करिष्यसि। तवेत्तत्सत्यमङ्गिरः॥ 6

यत्-अङ्ग दाशुषे त्वम्-अग्ने भद्रं करिष्यसि। तव–एतत्-सत्यम्-अङ्गिरः॥

हे अङ्गिरस! आप जो कुछ भी अच्छा यज्ञकर्ता को देंगे, हे अग्नि, वह आपका ही होगा।

अग्नि की उत्पत्ति तथा कर्मों से संबंधित उनके कई नाम हैं। उनमें से एक नाम है*अङ्गिरस* जिनकी उत्पत्ति की भिन्न कथाएँ हैं। एक कथा है कि वे एक ऋषि थे जो जलते कोयलों से प्रकट हुए तथा इसीलिए यह शब्द अग्नि का ही एक अन्य नाम बन गया। एक दूसरे प्रसंग के अनुसार एक ऋषि ने अग्नि की अनुपस्थिति में अग्नि के रूप में अध्यक्षता की, या हो सकता है कि ऋषि अङ्गिरस ने अनुष्ठानों के लिए दो अरणियों को रगड़कर आग उत्पन्न करने की कला अर्जित की, इसीलिये उनका नाम अग्नि के समकक्ष हो गया।

अंग का अर्थ है हाथ या पैर तथा इसका अर्थ सभी हाथ-पैरों का योग भी हो सकता है, अर्थात् देहवान व्यक्ति। यहाँ कहा जा रहा है कि (पूर्णता में) जिन शुभ वस्तुओं को आप किसी यजमान पर कृपा कर देंगे, हे अग्नि, वे आपकी ही होंगी, अर्थात् उनका श्रेय आपको ही जाएगा। इसका अर्थ यह भी हो सकता है कि प्राप्त धन भविष्य के किसी यज्ञ में प्रयोग होगा।

उप त्वाग्ने दिवेदिवे दोषावस्तर्धिया वयम्। नमो भरन्त एमसि॥ 7

उप त्वा-अग्ने दिव-दिवे दोषावस्तः-धिया वयम्। नमः भरन्तः एमसि॥

हे अग्नि! हम आप के पास (दैनिक पूजा के लिए) प्रतिदिन सुबह और शाम श्रद्धा के साथ स्तुति करने आते हैं।

इस मन्त्र का सौंदर्य इस बात में निहित है कि उपासक किसी अनुग्रह के लिए भीख नहीं माँग रहा, बल्कि उसे भरोसा है कि अग्नि की सुबह और शाम की प्रतिदिन की श्रद्धापूर्ण उपासना के फलस्वरूप उसकी समृद्धि की कामना पूर्ण होगी। हिन्दू परंपरा में यह दृष्टिकोण बड़ा ही महत्वपूर्ण है जिसकी कई स्थानों पर आवृत्ति हुई है जैसे कि इशोपनिषद (मन्त्र 15) में।

भक्ति प्रेम का एक कृत्य है। इसमें अपने प्रिय से जो भी अपेक्षा होती है वह प्रेम के कारण होती है जिसमें लेन-देन का भाव नहीं होता और न ही याचना करने का।

राजन्तमध्वराणां गोपामृतस्य दीदिविम्। वर्धमानं स्वे दमे॥ 8

राजन्तम्-अध्वराणां गोपाम्-ऋतस्य दीदिविम्। वर्धमानं स्वे दमे॥

आप देदीप्यमान हैं, यज्ञों के रक्षक हैं, ऋत को सदा प्रकाशित करने वाले हैं तथा अपने निवास में सदा वृद्धि पाते हैं।

अग्नि की उपासना उपासक द्वारा विशेष स्थान पर की जाती है जिसे यज्ञशाला कहा जाता है, जो बाद में घर के पूजा कक्ष में परिवर्तित हो गया। सार्वजनिक उपासना का स्थान मंदिरों के रूप में बना। यज्ञशाला में आहुतियों के कारण अग्नि बढ़ती है। इसीलिये यहाँ *वर्धमानं स्वे दमे* का प्रयोग हुआ है।

अग्नि की स्तुति उनके गुणों के कारण भी की जा रही है जैसे कि देदीप्यमान, पापपूर्ण शक्तियों से यज्ञों के रक्षक, तथा सबसे महत्वपूर्ण रूप में वे *ऋत* को निरंतर प्रकाशित करने वाले हैं जिसका अर्थ किसी व्यक्ति के कर्मों के परिणाम से है। ईश्वर, जो विधाता हैं, उनके रूप में यहाँ अग्नि की प्रशंसा की जा रही है – वे प्रभु जो सुनिश्चित करते हैं कि कर्मों के अच्छे या बुरे फल कर्म करने वाले को प्राप्त हों।

स नः पितेव सूनवेऽग्ने सूपायनो भव। सचस्वा नः स्वस्तये॥ 9

सः नः पिता-इव सूनवे-अग्ने सू-उपायनः भव। सचस्वा नः स्वस्तये॥

अग्नि सहजता से हमें प्राप्त हों, जैसे पिता पुत्र के लिए होता है। वे हमारे कल्याण हेतु सदा विद्यमान रहें।

यह प्रार्थना अग्नि से इस अनुरोध के साथ समाप्त होती है कि वे सदा अपने उपासक के कल्याण के लिए विद्यमान हों, जैसे एक पिता अपने पुत्र के लिए रहता है। पिता-पुत्र का यह संबंध वेद में बार-बार आता है। इस प्रकार यह प्रार्थना किसी याचना के लिए नहीं, अपितु अपने प्रिय प्रभु के प्रति एक समर्पण की तरह है।

***

2.
विष्णु सूक्त
ऋग्वेद: 1.154

वेद में सैकड़ों देवी-देवताओं के प्रति स्तुति हैं, जो वास्तव में परमात्मा के ही प्रतीक हैं। भारतीय आध्यात्मिक परंपरा की हजारों वर्षों की निरंतर यात्रा में कुछ देवता केवल ग्रन्थ के पन्नों में सिमटकर रह गए, तथा कुछ साधारण बनकर रह गए, जबकि इन्द्र जैसे कुछ देवताओं का महत्व समाप्त हो गया परंतु उनकी उपासना होती रही।

परंतु वैदिक काल के दो लोकप्रिय देवता, अग्नि और विष्णु, का महत्व आज तक बना है। अग्नि हिन्दू जीवनधारा में एक सर्वव्यापी देवता के रूप में स्थापित हो गए, तथा विवाह सहित हर यज्ञ में उनका स्थान बना रहा। जबकि विष्णु अपने अवतारों, जो दस, चौबीस या अनंत बतलाए गए हैं, उनके माध्यम से हिन्दू आध्यात्मिक हृदय के शासक हो गए। यह स्तुति उन्हीं के प्रति है।

विष्णु शब्द का अर्थ है सर्वव्यापी। सूक्तों की संख्या के अनुसार वे ऋग्वेद में गौण हैं, परंतु बाद के धर्मग्रन्थों में उन्हें ईश्वर के रूप में देखा जाने लगा जो आज भी प्रचलित है। ईश्वर होने के नाते वे ब्रह्माण्ड के स्रष्टा तथा पालनकर्ता हैं जो अनायास ब्रह्माण्ड को तीन पगों में नाप लेते हैं, या जिसका अर्थ तीन लोकों की सृष्टि हो सकता है। वेद में उनका वर्णन इन्द्र के छोटे भाई के रूप में हुआ है जो सदा उनकी तथा मनुष्य जाति की किसी भी विपदा में सहायता करने को तत्पर रहते हैं।

उनकी शक्ति का एक रोचक तथ्य यह है कि उन्होंने तीन पगों में पूरे ब्रह्माण्ड को माप लिया था। उनके तीन पग विशेष नामों से संबंधित हैं – *उरुगाय* अर्थात् हर ओर

जाने वाले तथा *उरुक्रम* अर्थात् बड़े पगों वाले। ऋग्वेद I.22.18 में कहा गया है, 'धर्म का यहाँ (स्वर्ग से) पालन करते हुए कभी न विफल होने वाले विष्णु ने तीन पग धरे।'

बाद में दैत्य जाति के राजा बलि की कथा में भगवान विष्णु के इस गुण का वर्णन किया गया, जब विष्णु ने वामन ब्राह्मण के रूप में अवतार लिया तथा बलि से तीन पग धरती की माँग की। जब बलि मान गए तो भगवान ने अपना स्वरूप अति विशाल करके दो पगों में पूरे ब्रह्माण्ड को माप लिया तथा तीसरा पग विस्मित राजा बलि के अनुरोध पर उनके सिर पर रखा। इस प्रकार देवताओं पर मँडराता खतरा टल गया।

उनके दो पग मनुष्यों को दिखाई पड़ते हैं, परंतु तीसरा पग केवल ऋषि ही देख पाते हैं, जैसा कि बाद के एक अध्याय में भगवान विष्णु की प्रार्थना में वर्णन किया गया है। यही भाव ऋग्वेद VII.99.1 में दोहराया गया, '*हे विष्णु! लोग आपकी महानता को नहीं जानते क्योंकि आप स्वयं अपने प्रताप से हर सीमा से बाहर बढ़ते हैं। हम मनुष्य यहाँ पृथ्वी से केवल ब्रह्माण्ड के दो लोकों अर्थात् पृथ्वी और आकाश को जान सकते हैं, परंतु हे ईश्वर,आप ब्रह्माण्ड के श्रेष्ठतम लोक को भी जानते हैं*', तथा ऋग्वेद VII.99.2 में कहा गया है, '*जिन्होंने जन्म लिया है या पूर्व में जन्म लिया था उनमें से कोई भी आपकी महिमा का पार नहीं पा सका।*'

भगवान विष्णु के प्रति यह स्तुति उनके विशेष गुणों का वर्णन करती है तथा उपासक के लिए एक श्रेष्ठ कोटि की प्रार्थना भी प्रस्तुत करती है।

देवता – विष्णु; ऋषि – दीर्घत्मा औचथ्यः

विष्णोर्नु कं वीर्याणि प्र वोचं यः पार्थिवानि विममे रजांसि।
यो अस्कभायदुत्तरं सधस्थं विचक्रमाणस्त्रेधोरुगायः ॥ 1

विष्णोः-नु कं वीर्याणि प्र वोचं यः पार्थिवानि विममे रजांसि।
यः अस्कभायत्-उत्तरं सधस्थं विचक्रमाणः-त्रेधा-उरुगायः ॥

अब श्रद्धापूर्वक मैं विष्णु के कार्यों का वर्णन करता हूँ जिन्होंने (सृष्टि) तत्वों से तीन लोकों को रचा तथा उन्हें स्थिर किया। तीन पगों से वे इन्हें नाप लिए, इसीलिए ऋषिगण उनकी स्तुति करते हैं।

लोग व्यष्टि तथा समष्टि स्तर पर सृष्टि के बारे में यदा-कदा सोचते ही रहते हैं। इसके पहले दो अध्याय,*नासदीय सूक्त* तथा *पुरुष सूक्त* के माध्यम से सृष्टि की व्याख्या की गयी। अब यह सूक्त ब्रह्माण्ड के विभिन्न पहलुओं को भगवान विष्णु की स्तुति के माध्यम से प्रस्तुत करता है जिन्हें तीनों जगत – स्थूल जगत, सूक्ष्म जगत तथा कारण जगत – का रचयिता बतलाया गया है। ये जगत रज कणों अर्थात् भौतिक कणों से बनाये गए हैं। हिन्दू धर्म में उच्चतम लोक को सत्य लोक, विष्णु लोक आदि कहा गया है। अस्तित्व का चौथा स्तर, महाकारण, भौतिक नहीं है इसीलिए उसकी सृष्टि का कोई प्रश्न उत्पन्न नहीं होता।

ऋषि कहते हैं *विष्णोः नु कं प्र वोच* वे भगवान विष्णु के गुणों का वर्णन करने जा रहे हैं, *यः पार्थिवानि विममे राजांसि* जिन्होंने ब्रह्माण्ड की सृष्टि कणों से की। *पार्थिवानि* शब्द पृथ्वी अर्थात् धरती से बना है, परंतु यहाँ इसका अर्थ विभिन्न लोक हैं जहाँ वैयक्तिकता, अर्थात् 'मैं'पन, जो मन की क्रिया का संकेत है, बना रहता है। भारतीय परंपरा में मन को भौतिक माना गया है, इसीलिए उच्चतम स्वर्ग भी भौतिक ही है, क्योंकि वहाँ भी हर जीव का 'मैं'पन रहता है।

फिर भगवान ने यह सुनिश्चित किया कि ये लोक अपनी भौतिक प्रकृति के कारण कहीं बिखर न जाएँ, इसीलिये उन्होंने सबसे उच्चतम लोक, विष्णुलोक की सृष्टि की जैसा कि *यो अस्कभावत् उत्तरं* में वर्णन किया गया है, अर्थात् वह जिसने अन्य सभी लोकों के आधार स्तंभ के रूप में उच्चतम लोक की सृष्टि की। बाकी सब लोक इसीलिए अस्तित्व में हैं क्योंकि विष्णुलोक उनका आधार है। ये लोक *सधस्थं* हैं, जहाँ अपनी वैयक्तिकता को कायम रखते हुए जीव निवास करते हैं। हाँ, महाकारण से एक होने के लिए साधक को अपने मन का विलय करना पड़ता है, अतः वहाँ आने या जाने का प्रश्न नहीं उठता, क्योकि आवागमन मन का कार्य है।

भगवान कोई निर्विकार रचयिता नहीं हैं। वे *विचक्रमानः त्रेधा* ब्रह्माण्ड को सक्रिय बनाए रखते हैं तथा उनको तीन पगों में ही माप सकते हैं। सर्वव्यापी होने के कारण कोई भी साधक उन्हें कहीं भी प्राप्त कर सकता है।

भगवान से जुड़े तीन पगों का विचार शायद पुरुष सूक्त से ही आया है जिसमें वर्णन किया गया है कि भगवान कैसे ब्रह्माण्ड की सृष्टि करते हैं, परंतु फिर भी उससे तीन चौथाई परे हैं। याद दिलाएँ कि ये कथन अक्षरशः नहीं लिए जाने चाहिए, अपितु इन्हें ध्यान करने के साधन के रूप में लिया जाना चाहिए।

उरुगायः जिनके लंबे पग हैं, या जिसकी महिमा महान ऋषि करते हैं जैसा कि सायणाचार्य ने वर्णन किया है। यह अर्थ भगवान के दिव्य भाव के अनुरूप है। पूर्व और वर्तमान के ऋषि उनकी महिमा गाते हैं क्योंकि वे शक्ति तथा दया स्वरुप हैं, और साथ ही उनमें अन्य अनेक गुण हैं जैसा कि अगले मन्त्रों में वर्णन किया जाएगा।

प्र तद्विष्णुः स्तवते वीर्येण मृगो न भीमः कुचरो गिरिष्ठाः।
यस्योरुषु त्रिषु विक्रमणेष्वधिक्षियन्ति भुवनानि विश्वा॥ 2

प्र तत्-विष्णुः स्तवते वीर्येण मृगः न भीमः कुचरः गिरिष्ठाः।
यस्य-उरुषु त्रिषु विक्रमणेषु-अधिक्षियन्ति भुवनानि विश्वा॥

विष्णु की महिमा उनके बल के लिए, जो सिंहतुल्य, सीमाहीन तथा ऋषियों द्वारा प्रशंसनीय हैं, की जाती है। उनके तीन पगों में सभी लोकों के जीव निवास करते हैं।

प्र तत् विष्णुः स्तवते वीर्येण ऋषि उन बलशाली भगवान की महिमा गाते हैं जो *मृगो न भीमः* एक भयावह सिंह के समान हैं, *कुचरः* शत्रुओं के लिए घातक हैं, *गिरिष्ठाः* जिनकी प्रशंसा का गुणगान ऋषिगण करते हैं।

इस पंक्ति में प्रयुक्त विशेषण भ्रामक हो सकते हैं क्योंकि इनमें से कुछ भगवान के उस व्यक्तित्व से मेल नहीं खाते जिसे हम जानते हैं। कई पश्चिमी विद्वान जो संस्कृत के शब्दों का केवल अक्षरशः अर्थ लगाते हैं, उन्होंने ऐसे अनुवाद किए हैं जो बेमेल हैं, जैसे कि *विष्णु गिरिष्ठाः* का अर्थ 'विष्णु पर्वत की गुफाओं में रहते हैं' तथा *कुचरः* अर्थात् 'क्रूर' आदि। दुर्भाग्यवश कई भारतीय अनुवादकों ने इन्हीं अंग्रेजी के कथनों का भारतीय भाषाओं में पुनः अनुवाद कर दिया है।

इनकी जो व्याख्या हमें पारंपरिक तौर पर प्राप्त हुई है उसमें स्पष्ट कहा गया है कि भगवान बल में असीम हैं जिसके द्वारा वे दानवों का संहार करते हैं, जैसा कि भारत की धार्मिक कथाओं में वर्णन है। उनके बल की तुलना एक पर्वतीय सिंह से की गई है जो सभी पशुओं पर राज करता है। इसीलिये *कुचरः* शब्द का अर्थ हुआ 'जो मारने में सक्षम हो', परंतु सायणाचार्य के अनुसार इसका अर्थ है 'वह जो संसार में निर्बाध रूप से गति करता है।' जो भी भारतीय परंपराओं से अवगत है, जानता होगा कि यही सही व्याख्या है क्योंकि भगवान तीन पगों में पूरे ब्रह्माण्ड को माप सकते हैं। सभी लोकों में निर्बाध रूप से गति करने

की शक्ति से भगवान विष्णु समय-समय पर विभिन्न प्रजातियों में अवतार लेते हैं ताकि उनका विकास हो सके। इसी विचार को बौद्ध धर्म में जातक कथाओं में अपनाया गया।

इसकी व्याख्या करते हुए श्री रामकृष्णदेव कहते थे, 'ईश्वर के भिन्न –भिन्न रूप हैं तथा वे भिन्न-भिन्न तरीकों से लीलाएँ करते हैं। वे ईश्वर, देव, मानव तथा सृष्टि के रूप में लीला करते हैं। हर युग में वे लोगों को प्रेम तथा भक्ति की शिक्षा देने हेतु पृथ्वी पर मानव रूप में अवतरित होते हैं।'

जैसा कि विद्वानों ने समझा है उससे *गिरिष्ठाः* शब्द का भी भिन्न अर्थ है। मूल शब्द *गिर* का अर्थ है शब्द, इसीलिए इस शब्द का यहाँ अर्थ होता है 'वह प्रभु जिनकी महिमा ऋषियों द्वारा गाई जाती है।' इस प्रकार भगवान विष्णु की यहाँ स्तुति की जा रही है कि उनमें सिंहतुल्य बल है, उनमें शक्ति है कि वे संसार में निर्बाध गति कर सकें, तथा उनकी महिमा ऋषि गाते हैं। इस शब्द का अर्थ यह भी हो सकता है कि भगवान सबके हृदय की गुहा में रहते हैं, जो आध्यात्मिक परंपराओं में एक सर्वमान्य अभिव्यक्ति है।

यस्य उरुषु त्रिषु विक्रमणेषु भगवान के तीन पग, *अधिक्षियन्ति* आश्रय हैं, *भुवनानि* ब्रह्माण्ड के सभी जीवों के लिए। *भुवन* का अर्थ विभिन्न लोकों के लिए होता है। परंतु इससे इस मन्त्र का अर्थ नहीं बदलता, चूँकि लोक का अर्थ है कि वहाँ जीव रहते हैं तथा वे इस संदर्भ में शामिल हैं। इस प्रकार भगवान सभी जीवों के लिए आश्रय हैं, उच्च हों या निम्न, आस्तिक हों या नास्तिक।

प्र विष्णवे शूषमेतु मन्म गिरिक्षित उरुगायाय वृष्णे।
य इदं दीर्घं प्रयतं सधस्थमेको विममे त्रिभिरित्पदेभिः ॥ 3

प्र विष्णवे शूषम्-एतु मन्म गिरि-क्षिते उरु-गायाय वृष्णे।
यः इदं दीर्घं प्रयतं सधस्थम्-एकः विममे त्रिभिः-इत्-पदेभिः ॥

यह प्रार्थना जिनकी उत्पत्ति बल से हुई है, महिमामयी, महान और उदार भगवान विष्णु तक पहुँचे जो ब्रह्माण्ड की ऊँचाइयों को संभाले हैं तथा जो उसकी सृष्टि केवल तीन पगों में करते हैं।

कोई भी प्रार्थना कोरे शब्द नहीं होने चाहिए। यह मन्त्र दर्शाता है कि ऋषि चाहते हैं कि किस प्रकार कठोर धार्मिक अनुष्ठानों से प्राप्त बल के द्वारा उनकी प्रार्थना भगवान तक पहुँचे।

ऋषि प्रार्थना करते हैं कि *मन्म* प्रार्थनाएँ जो समर्पित भाव के कारण हृदय से उठी हैं तथा जो पूर्ण श्रद्धा के साथ बोले गए हैं, *प्र विष्णवे एतु* भगवान विष्णु तक पहुँचे। कहीं भी पहुँचने के लिए बल अथवा शक्ति की आवश्यकता पड़ती है जो *शूष्म* शब्द से स्पष्ट होता है जिसका अर्थ है यज्ञ संपन्न करने से उत्पन्न बल जो ऋषि ने कठोर धार्मिक अनुष्ठानों से प्राप्त की है। अर्थ है कि किसी भक्त की प्रार्थनाएँ तभी सुनी जाती हैं जब उसने फल प्राप्ति के लिए परिश्रम किया हो, नहीं तो ईश्वर को एक बालक की बचकानी प्रार्थना को भी सुनना पड़ेगा और फिर तो अधिकांश दिन बच्चों को स्कूल से छुट्टी ही मिलती रहेगी, चूँकि बच्चे तो हमेशा स्कूल से छुट्टी की प्रार्थना करते रहते हैं। यही नहीं भगवान ऐसी प्रार्थनाएँ सुनने लगें तो शत्रुओं की प्रार्थनाओं के कारण न जाने कितने लोग मरते रहेंगे! ऐसा नहीं होता क्योंकि प्रार्थनाएँ तभी सुनी जाती हैं जब उनके पीछे आध्यात्मिक साधना का बल हो।

ईश्वर कहाँ रहते हैं? इसका उत्तर इस सुंदर कथन में दिया गया है, *गिरिक्षित* उच्चतम स्वर्ग में या अपने भक्तों की प्रार्थनाओं में रहते हैं। ईश्वर साधारण जनों को दर्शन नहीं देते, परंतु वे सदा शब्द रूप में अर्थात् वेद के रूप में सबको उपलब्ध हैं। इस शब्द का अर्थ यह भी हो सकता है कि वे उच्चतम स्वर्ग, विष्णुलोक में प्राप्य हैं। इस प्रकार ईश्वर सभी जीवों के हृदय में, शब्दों में तथा उच्चतम स्वर्ग में वास करते हैं। भारत के भक्ति साहित्य के अनुसार जो भक्त ऐसे स्वर्ग में पहुँच जाता है, उसके लिए चार तरह की मुक्ति की बात हुई है – *सालोक्य, सारूप्य, सामीप्य तथा सायुज्य* – विष्णुलोक में रहना, समकक्ष स्वरूप प्राप्त करना, समीप रहना तथा भगवान में समा जाना।

भगवान *उरुगाय* भी हैं अर्थात् जिनकी महिमा ऋषियों ने गाई है। इससे इस परंपरा की निरंतरता के महत्व का ज्ञान होता है। वे *वृष्णे* अपने भक्त पर कृपा वर्षण करते हैं, नहीं तो एक कृपाविहीन ईश्वर से भला भक्त को क्या लाभ होगा! कुछ पश्चिमी विद्वानों ने *उरुगायाय वृष्णे* का अनुवाद 'विशाल शरीर वाले वृषभ' किया है, जिसका इस संदर्भ में कोई अर्थ ही नहीं निकलता।

यः एकः इदं *दीर्घं सधस्तम्* विष्णु सर्वोच्च बलशाली हैं, चूँकि वे अकेले ही जीवों के विशाल निवास स्थान की *विममे* सृष्टि करते हैं तथा *प्रयतम्* स्थिर करते हैं। *दीर्घं प्रयतम्* कथन का अर्थ है विशाल निश्चित स्थान तथा *सधस्थम्* का अर्थ है निवास स्थान अर्थात् सृष्टि की विशालता जिसमें विभिन्न लोकों के जीव को अपने-अपने निवासों को लेकर कोई संशय नहीं होता।

उन्होंने कैसे इस अनंत ब्रह्माण्ड की सृष्टि की? *त्रिभिः पदेभिः* तीन डग लेकर। इस प्रकार भगवान विष्णु अपने तीन डगों से पूर्ण रूप से संबंधित हैं।

भाव यह है कि ईश्वर की यह प्रार्थना, जिनकी महिमा का वर्णन किया जा रहा है, उनके प्रति समर्पण के माध्यम से उन तक पहुँचनी चाहिए।

यस्य त्री पूर्णा मधुना पदान्यक्षीयमाणा स्वधया मदन्ति।
य उ त्रिधातु पृथिवीमुत द्यामेको दाधार भुवनानि विश्वा॥ 4

यस्य त्री पूर्णा मधुना पदानि-अक्षीयमाणा स्वधया मदन्ति।
यः उ त्रि-धातु पृथिवीम्–उत द्याम्–एकः दाधार भुवनानि विश्वा॥

वे जिनके तीन पद मधुर, अविनाशी हैं, जो जीवों को सुख देते हैं, तीन तत्वों से बने पृथ्वी, आकाश, ब्रह्माण्ड को वे अकेले ही संभाले हुए हैं।

पहले के मन्त्रों के समान ही यह भी अगले मन्त्र से संबंधित है। इसमें ब्रह्माण्ड के रचयिता और पालनकर्ता के रूप में भगवान की स्तुति की जा रही है जबकि अगला मन्त्र श्रेष्ठतम स्वर्ग की प्राप्ति के लिए प्रार्थना है जिसे पाने पर पुनर्जन्म नहीं होता।

यस्य त्री पदानि जिनके (भगवान विष्णु के) तीन पग *मधुना पूर्ण* मधुर तथा पूर्ण हैं। *पाद* शब्द के अनेक अर्थ तथा अभिप्राय होते हैं, परंतु यहाँ इसका अर्थ है सृष्टि। *त्री पदानि* भगवान के तीन पग सृष्टि अर्थात् तीन लोकों की सीमा निर्धारित करता है। *मधुना पूर्ण* का अर्थ भगवान के पगों अर्थात् इस सृष्टि की मधुरता तथा पूर्णता में है। ये मधुर तथा पूर्ण पग कैसे हैं? *स्वधया* अपनी अंतर्निहित पोषक शक्ति से *अक्षीयमाणा* अक्षय हैं इसीलिए विभिन्न लोकों के जीव *मदन्ति* सुख अनुभव करते हैं या पोषित होते हैं।

कहने का अर्थ यह है कि जीव जिस लोक में निवास करता है, ईश्वर उसके अनुसार ही भोजन उपलब्ध कराकर सबकी आवश्यकताओं की पूर्ति करते हैं और पालन करते हैं। *स्वधया* शब्द का अर्थ अंतर्निहित शक्ति है, परंतु इसका अर्थ भोजन भी हो सकता है जो किसी जीव में अंतर्निहित शक्ति उत्पन्न करता है ताकि वह प्रकृति की आपदाओं का सामना कर अपना संरक्षण कर सके।

यः उन्होंने (विष्णु) *एकः उ* अकेले *भुवनानि विश्व* इस ब्रह्माण्ड के लोकों को तब *दाधार* संभाला और आज भी संभाल रहे हैं। सृष्टि में पृथ्वी सहित *उत द्याम* आकाश

में कुल चौदह लोक हैं। कहने का अर्थ यह है कि ब्रह्माण्ड में जो कुछ भी है उसको सँभालने वाले भगवान हैं। सब लोक, ब्रह्माण्ड और यह सृष्टि *त्रिधातु* तीन तत्वों से बनी है – पृथ्वी, जल तथा अग्नि। साधारणतया ब्रह्माण्ड की सृष्टि में पाँच तत्वों का उल्लेख देखते हैं, परंतु कभी-कभी यह संख्या तीन में सीमित कर दी जाती है जैसे कि *छांदोग्य उपनिषद* (6.3.3) में।

अगले मन्त्र में बतलाया गया है कि प्रार्थना के द्वारा भक्त भगवान से क्या आशा रखता है।

तदस्य प्रियमभि पाथो अश्यां नरो यत्र देवयवो मदन्ति।
उरुक्रमस्य स हि बन्धुरित्था विष्णोः पदे परमे मध्व उत्सः॥ 5

तदस्य प्रियम्-अभि पाथः अश्यां नरः यत्र देवयवः मदन्ति।
उरुक्रमस्य सः हि बन्धुः-इत्था विष्णोः पदे परमे मध्व उत्सः॥

मैं उस अभिलाषित लोक को प्राप्त करूँ जहाँ भक्त रहते और आनंदित होते हैं। सभी के कल्याणकारी विष्णु के उस परम धाम में आनंद की धारा निकलती है।

यह तथा अगला मन्त्र ऋषि की भगवान से प्रार्थना है जिसके द्वारा वे उस श्रेष्ठ लोक को पाने की अपनी कामना को व्यक्त करते हैं, जिसे परम पद, परम धाम, ब्रह्म लोक आदि कहा गया है।

तत् अस्य प्रियम् अभि पाथः अश्याम् मैं भगवान के उस धाम को प्राप्त करूँ जो कि अभिलाषित है, *नरः यत्र देवयवः* जिस उच्चतम लोक की कामना उनके भक्त करते हैं जहाँ से फिर कोई वापसी नहीं। *पाथः* शब्द का अनेक प्रकार से अनुवाद हुआ है परंतु यहाँ उसका अर्थ है श्रेष्ठ लोक या परम धाम। वहाँ भक्त *मदन्ति* उस आनंद का भोग करते हैं जो भौतिक तथा आध्यात्मिक दोनों है, ठीक उसी प्रकार जैसे किसी भी स्वर्ग में आशा की जाती है, चाहे वह कितना भी सूक्ष्म क्यों न हो।

उरुक्रमस्य जिनके पग लंबे हैं, *सः हि बन्धुः* तथा जो सभी के मित्र तथा कल्याणकारी हैं, *विष्णोः पदे* भगवान का (वह धाम) *परमे मध्वः उत्सः* उन सबके लिए आनंद का स्रोत है जो इस अवस्था को प्राप्त कर लेते हैं। *इत्था* शब्द वेद में प्रायः किसी व्यक्त विचार के महत्व पर जोर डालने के लिए प्रयोग में आया है। भगवान के भक्त जो उच्चतम की

कामना करते हैं, उनकी उपासना विभिन्न तरीकों से करते हैं, तथा इस तरह स्वयं को शुद्ध करते हैं ताकि उस अनंत आनंद के धाम को प्राप्त कर सकें। उस लोक में भूख, प्यास, बुढ़ापे, मृत्यु आदि का कोई भय भी नहीं।

साधारण मनुष्य मुक्ति नहीं चाहता, जिसका अर्थ सभी कामनाओं की समाप्ति होता है, वरन वह दोनों लोकों में भोग की चाहत रखता है। इस स्तुति तथा अन्य अनेक में, वेद भक्तों की ऐसी कामना की पूर्ति की बात करते हैं। आगे के मन्त्र में भी यही बात की गई है।

ता वां वास्तून्युश्मसि गमध्यै यत्र गावो भूरिशृङ्गा अयासः।
अत्राह तदुरुगायस्य वृष्णः परमं पदमव भाति भूरि॥ 6

तां वां वास्तूनि-उश्मसि गमध्यै यत्र गावः भूरि-शृङ्गाः अयासः।
अत्राह तत्-उरुगायस्य वृष्णः परमं पदम्–अव भाति भूरि॥

(हे यजमान) आप उस अभिलाषित लोक को पाएँ जहाँ चारों ओर दिव्य ज्योति है, क्योंकि भगवान का वह लोक कृपापूर्ण और भव्यता से प्रकाशमान होता है।

यज्ञ या तो स्वयं के लिए या फिर किसी यजमान के लिए संपन्न किया जाता है। जब यज्ञ यजमान के लिए होता है तब इस प्रार्थना की तरह ही अन्य प्रार्थनाएँ उनके कल्याण के लिए की जाती हैं तथा उनका पाठ यज्ञ के समय किया जाता है। इस मन्त्र से ऋषि या पुरोहित द्वारा यजमान को आशीर्वाद दिया जा रहा है कि ये दंपत्ति उच्चतम लोक को प्राप्त करें। पहले और आज भी लगभग हर यज्ञ पति-पत्नी की उपस्थिति में संपन्न किया जाता है। एक प्रचलित कथा के अनुसार जब श्री राम अश्वमेध यज्ञ संपन्न करा रहे थे तो उनकी पत्नी सीता वनवास में थीं। इसीलिये पुरोहितों ने सुझाव दिया कि या तो वे पुनः विवाह कर लें या फिर यज्ञ के लिए सीता की एक स्वर्ण प्रतिमा बनवा लें। श्री राम ने पुनः विवाह से मना कर दिया। तब यज्ञ के लिए सीता माता की स्वर्ण प्रतिमा बनवाई गई।

यह स्तुति *वाम्* शब्द से समाप्त होती है अर्थात् तुम दोनों (पति और पत्नी), *गमध्यै ता वास्तूनि* उस आनंद धाम में जाओ जिसकी तुम्हें *उष्मसि* चाह है। पृथ्वी पर पूर्ण आनंद और उपलब्धियों का जीवनयापन करने के पश्चात मनुष्य चाहता है कि यह सब

मृत्यु के बाद भी प्राप्त होता रहे। किस प्रकार के स्वर्ग में? *यत्र गावः भूरिश्रृंङ्गः अयासः* जहाँ भव्यता का हर ओर विस्तार देदीप्यमान प्रकाश के रूप में हो।

इस मन्त्र का भी अनुवादकों के हाथों बड़ा बुरा हाल हुआ। यहाँ भगवान के धाम की महिमा कही जा रही है, परंतु कुछ अनुवादक इन शब्दों का अर्थ लगा बैठे कि भगवान एक विशाल वृषभ हैं तथा उनका स्वर्ग 'बड़ी सींगों वाली गायों से भरा है'! इस सबमें समस्या यह है कि अनुवादकों ने शाब्दिक अनुवाद किया है तथा उन अर्थों की उपेक्षा की है जो सही हैं। जब संदर्भ तथा परंपरा की ओर ध्यान नहीं दिया जाता हो तो इस प्रकार की भारी भूल स्वाभाविक है।

भूरिश्रृंङ्गः गावः शब्दों का अर्थ कुछ अनुवादकों ने 'बड़े सींगों वाली गाय' लगाया। जिसका अर्थ हुआ कि दंपत्ति ऐसे स्वर्ग में जाएँ जहाँ भगवान एक विशाल वृषभ के समान हैं और जहाँ बड़ी सींगोंवाली गायों की भरमार है। कितनी अनर्थक बात है! वे भूलते हैं कि भगवान विष्णु को कभी गायों से संबंधित नहीं दर्शाया गया। भारतीय परंपराएँ सदा उच्च स्वर्ग को ज्योति से जोड़कर देखती हैं, तथा यही कहती हैं कि उन लोकों के जीवों के शरीर प्रकाश तत्व से बने हैं। उसको प्राप्त करने के लिए व्यक्ति को आध्यात्मिक तप या कोई विशेष यज्ञ करना होता है। यह प्रार्थना इसी बारे में है।

ऐसे स्वर्ग की कामना क्यों की जाए? *अत्र आह तत् उरुगायस्य वृष्णः परमम् पदम्* यह उन भगवान का धाम है जो कृपालु हैं और जिनकी महिमा पूर्व में अनेक ऋषियों द्वारा गाई गई है तथा जो *अव भाति भूरि* भव्यता से भरपूर हैं।

3.
सरस्वती सूक्त
ऋग्वेद VI.61

ज्ञान की देवी माँ सरस्वती की उपासना सभी हिन्दू करते हैं तथा हर शिशु का विद्यारम्भ सरस्वती की पूजा से ही किया जाता है। व्युत्पत्ति के अनुसार 'सरस्वती' शब्द का अर्थ जल है और वाणी भी। इसी कारण वेद में यह शब्द नदी के लिए भी प्रयुक्त हुआ है और वाग्देवी के लिए भी। कभी यह शब्द नदी के संदर्भ में प्रयोग में आता हैऔर कभी यह माता, नदी या देवी के लिए प्रयोग किया जाता है जो व्यक्ति का सब मैल दूर कर शुद्ध बनाती हैं।

नदी सूक्त (ऋग्वेद X.75) में सरस्वती नदी को गंगा तथा यमुना के समकक्ष रखा गया है, जबकि ऋग्वेद (X.64.9) में तीन महान नदियों – सिंधु, सरस्वती तथा सरयू – का सहायता हेतु आह्वान किया है। एक अन्य स्थान पर ऋषि प्रार्थना करते हैं -

बृहदु गायिषे वचोऽसुर्या नदीनाम्। सरस्वतीमिन्महया सुवृक्तिभिः स्तोमैर्वसिष्ठ रोदसी॥ (ऋग्वेद VII.96.1)

– वसिष्ठ! उनके लिए एक श्रेष्ठ स्तुति करो जो नदियों में महान है। सरस्वती की विशेष भाव से उपासना करो जो स्वर्ग और पृथ्वी दोनों स्थान पर हैं।

समय के साथ सरस्वती को 'जल जो शुद्ध करता है', 'जो पावन करता है', 'वाक (वाणी) जो शुद्ध करती है', 'ज्ञान जो शुद्ध करता है' के रूपों में देखा गया, और फिर उस देवी के रूप में जो ज्ञान, कला, संगीत, लय, भाषा, क्रियात्मक कार्यों तथा उन सब की अधिष्ठात्री देवी के रूप में देखा जाने लगा जो व्यक्ति की बुद्धि को शुद्ध करती हैं। इस आखिरी रूप में ही देवी की उपासना वर्तमान काल में की जाती है।

महो अर्णः सरस्वती प्र चेतयति केतुना। धियो विश्वा वि राजति॥ (ऋग्वेद I.3.12)

– सरस्वती जो शक्तिशाली सिंधु के समान हैं अपनी ज्योति से आलोकित करती हैं। वे सभी बुद्धियों को प्रखर बनाती हैं।

एक मन्त्र में सरस्वती का वर्णन माँ के रूप में किया गया है जो अपने ज्ञान से पोषण करती हैं। यह मन्त्र इतना महत्वपूर्ण है कि इसे अन्य वेदों में भी पाया जाता है।

यस्ते स्तनः शशयो यो मयोभूर्येन विश्वा पुष्यसि वार्याणि।
यो रत्नधा वसुविद्यः सुदत्रः सरस्वति तमिह धातवे कः॥ (ऋग्वेद 1.164.49, अथर्व वेद 7.10.1, यजुर्वेद YV 38.5)

– सरस्वती आपके उन्नत स्तन, जो कल्याण का स्रोत हैं, जिनसे आप संसार का पोषण करती हैं तथा जो धन और सौभाग्य का भंडार हैं, उसे हमारे हमारे लिए प्रकट करें।

किसी भी प्राणी की माँ के पास सीमित संसाधन होते हैं। उसके विपरीत माँ सरस्वती अपनी असीम क्षमता से पूरे ब्रह्माण्ड का पोषण कर सकती हैं। यह शक्ति *शशयो स्तनः* उन्नत स्तनों से स्पष्ट है। परंतु यहाँ सांसारिक भोजन नहीं, ज्ञान की बात की जा रही है। जो ज्ञान के लिए प्रयास करते हैं और उसे पा लेते हैं वे *वसुविद्यः सुदत्रः* धन तथा सौभाग्य प्राप्त करते हैं। ज्ञान का अर्थ है शक्ति, धन तथा यश अर्थात् सब कुछ। ये किसी दैवी संयोग से नहीं, बल्कि स्वयं के प्रयास से प्राप्त होते हैं, जिसमें ईश्वर की कृपा सहायक होती है। इसीलिये उपासक माता सरस्वती से प्रार्थना करता है कि उसे ऐसा आशीर्वाद मिले जिससे वह सब कुछ प्राप्त कर सके जिसकी वह कामना करता है और इसीलिए माता को *धातवे कः* अपने ज्ञानरूपी स्तनों से पान कराना होगा।

***

देवी – सरस्वती; ऋषि – बृहस्पति के पुत्र भारद्वाज

इस स्तुति (ऋग्वेद VI.61) में ज्ञान की देवी सरस्वती को एक नदी तथा एक देवी के रूप में भी दर्शाया गया है। इस कारण स्तुति में प्रयोग किए गए शब्द कभी देवी सरस्वती के एक रूप तो कभी दूसरे रूप की बात करते प्रतीत होते हैं, परंतु वास्तव में यह प्रार्थना देवी को ही समर्पित है।

यह स्तुति भारत के एक महान ऋषि, भारद्वाज द्वारा है। रामायण में बतलाया गया है कि वे गंगा, यमुना तथा अदृश्य सरस्वती के संगम (प्रयागराज के निकट) पर रहते थे, और जो अपनी आध्यात्मिक शक्ति और सादी जीवनशैली के लिए विख्यात थे। वहाँ वर्णन किया गया है कि श्री राम के भाई भरत की सेना के लिए कैसे उन्होंने वेद मन्त्रों का पाठ कर स्वर्ग जैसी सुख-सुविधाएँ रच डाली थीं।

इयमददाद्रभसमृणच्युतं दिवोदासं वध्र्यश्वाय दाशुषे।
या शश्वन्तमाचखादावसं पणिं ता ते दात्राणि तविषा सरस्वति ॥ 1

इयम्-अददात्-रभसम्-ऋण-च्युतं दिवः-दासं वध्रि-अश्वाय दाशुषे।
या शश्वन्तम्-आचखाद-अवसं पणिं ता ते दात्राणि तविषा सरस्वति ॥

उन्होंने अपने उपासक वध्र्यश्व को दिवोदास नामक शक्तिशाली पुत्र प्रदान किया जिसने उन्हें ऋण से मुक्त किया; उसने धन लूटने वाले स्वार्थी पणियों का नाश किया। सरस्वती, तुम्हारे दिए गए दान महान हैं।

यह मन्त्र एक प्राचीन कथा पर आधारित है जिसके अनुसार एक ऋषि, जिनका नाम वध्र्यश्व था, ऋण के जाल में जा फँसे। आगे चलकर उन्हें उनके पुत्र दिवोदास ने, जो एक महान राजा हुए, ऋण मुक्त किया। तत्पश्चात दिवोदास एक प्रसिद्ध व्यक्ति बने जिनकी अनेक कथाएँ प्रचलित हैं। रामायण के अनुसार वे श्री राम के पिता राजा दशरथ के साले थे। यह मन्त्र पूर्व में दिवोदास की सफलता के संदर्भ में देवी सरस्वती की महिमा का गुणगान करता है।

पणि का शाब्दिक अर्थ है स्वार्थी। वेद की कुछ पौराणिक कथाओं मे उन्हें दस्यु या अशुभ शक्ति बतलाया गया है जो लोगों की गायों को चुराते थे। एकबार उन्होंने ऋषि अंगिरस की गाय को भी चुराया था जिसे वापस पाने के लिए उन्होंने यज्ञ संपन्न किया, और फिर इन्द्र की सहायता से उन डाकुओं से गायों को मुक्त कराया गया।

बुराई पर अच्छाई की विजय की यह कथा किसी भी ऐसी ही अन्य कथा के समान लगती है, परंतु क्या वेद ऐसी साधारण कथाओं या किसी योद्धा की महिमा के ग्रन्थ हैं, जैसा कि यूरोप की कथा-कहानियों में पाया जाता है? असंभव। भारतीय परंपरा में धर्म तथा अधर्म की कथाओं की भरमार है। इसी कारण भारतीय संत तथा दार्शनिक इस कथा को इसके सतही अर्थ में नहीं लेते, अपितु कहते हैं कि यह एक आध्यात्मिक वास्तविकता है जिसके अनुसार जब अपने मन के अंधकारमय आवरण के कारण कोई व्यक्ति अपनी आंतरिक ज्योति ('गो' का एक अर्थ ज्योति है) खो देता है, तब वह आंतरिक यज्ञ करके अपनी आध्यात्मिक शक्ति को पुनः प्राप्त कर लेता है।

यह वास्तव में युक्तिसंगत है। यह मन्त्र वर्णन करता है कि दिवोदास का शक्तिशाली होना तथा पणियों का नाश होना भक्तों पर सरस्वती देवी की कृपा से ही हुआ। प्रस्तुत स्तुति उनकी कृपा की कामना करती है।

यह मन्त्र सरस्वती नदी को संबोधित है।

इयं शुष्मेभिर्बिसखा इवारुजत्सानु गिरीणां तविषेभिरूर्मिभिः।
पारावतघ्नीमवसे सुवृक्तिभिः सरस्वतीमा विवासेम धीतिभिः॥ 2

इयं शुष्मेभिः-बिसखाः इव-अरुजत्-सानु गिरीणां तविषेभिः-उर्मिभिः ।
पारावत्-अघ्नीम्-अवसे सुवृक्तिभिः सरस्वतीम्-आ मा विवासेम धीतिभिः ॥

अपनी शक्तिशाली लहरों से वे पर्वत के शिखरों को तोड़ देती हैं जैसे कि कमल चुनने वाला दलदल से उन्हें तोड़ता है। हम सरस्वती की प्रार्थनाओं और अनुष्ठानों द्वारा रक्षा हेतु स्तुति करते हैं जो अपने दोनों तटों को तोड़ते हुए आगे बढ़ती हैं।

देवी सरस्वती उस बलशाली नदी का सर्वश्रेष्ठ प्रतीक हैं जिसका नाम उन पर रखा गया है। वह नदी पर्वतों को काटते हुए, शिखरों को लाँघते हुए तथा तटों को अपने वेग से तोड़ते हुए आगे बढ़ती है। यह प्रार्थना नदी के उस बल को समर्पित है। सतही तौर पर यह मन्त्र कटाव की प्रक्रिया को दर्शाता है, पर इस वर्णन की तुलना भी वर्तमान के साहित्य में कहीं नहीं मिलती। वास्तव में वेद अध्यात्म ही नहीं, काव्य में भी श्रेष्ठ हैं।

इस मन्त्र का वास्तविक अर्थ है कि हम देवी से प्रार्थना करते हैं ताकि उनके भक्तों तक ज्ञान का प्रवाह निर्बाध रहे। जैसे दलदल में कमल ककड़ी चुनने वाला दलदल को पाटकर उन्हें चुनता है, उसी तरह सरस्वती की कृपा से एक मूढ़ व्यक्ति भी अपनी मूढ़ता पर जीत पा सकता है।

सरस्वति देवनिदो नि बर्हय प्रजां विश्वस्य बृसयस्य मायिनः ।
उत क्षितिभ्योऽवनीरविन्दो विषमेभ्यो अस्रवो वाजिनीवति ॥ 3

सरस्वति देवनिदः नि बर्हय प्रजां विश्वस्य बृसयस्य मायिनः ।
उत क्षितिभ्यः-अवनीः-अरविन्दः विषम्-एभ्यः अस्रवः वाजिनीवति ॥

सरस्वती! आप देवताओं को बुरा-भला कहने वालों का नाश करें जो भ्रम उत्पन्न करने वाले बृसय के वंशज हैं। पोषण प्रदान करने वालीं, आपने मनुष्यों के लिए भू-भाग वापस प्राप्त कराए हैं तथा उन पर जल की वर्षा की हैं।

इस मन्त्र का संदर्भ एक प्राचीन कथा से है जिसके अनुसार त्वष्टा ने, जिसका एक अन्य नाम बृसय है, अपने पुत्र विश्वरूप को इन्द्र से युद्ध में खो दिया था। प्रतिशोध लेने के लिए त्वष्टा ने एक यज्ञ किया ताकि उसका अन्य बेटा इन्द्र को मार सके। परंतु यज्ञ के समय सरस्वती देवी ने पुरोहित से मन्त्र का अशुद्ध उच्चारण करा दिया था जिसका

अर्थ था, 'वह जन्म ले जिसका वध इन्द्र करे।' अतएव वृत्र के जन्म लेने से पहले ही इन्द्र के हाथों उसकी मृत्यु निश्चित हो गई। इस कथा का उद्धरण वेद के मन्त्रों का सही उच्चारण करने के लिया दिया जाता है, जैसा कि पहले अध्याय में बताया गया था।

असुर देवताओं के शत्रु हैं तथा वे सदा विजयी होना चाहते हैं। जब भी असुर कुल में कोई शक्तिशाली असुर जन्म लेता है तो देवता बहुत भयभीत हो जाते हैं। फिर जो कुछ भी उन्होंने खोया होता है, उसे वापस पाने के लिए वे परमात्मा या देवी से सहायता माँगते हैं।

विषमेभ्यो अस्रवो वाजिनीवति – यहाँ सरस्वती का वर्णन देवी के रूप में किया जा रहा है जिन्होंने असुर के विरुद्ध इन्द्र की विजय को संभव कर दिखाया। उन्होंने मनुष्यों के लिए यह भी संभव किया कि वे उनके नाम वाली नदी के तटों पर निवास कर सकें। इसका यह भी अर्थ हो सकता है कि वे जिनपर कृपा वर्षित करती हैं वे ज्ञानवान बन जाते हैं। इस स्तुति में रूपकों का प्रचुरता से प्रयोग हुआ है।

प्र णो देवी सरस्वती वाजेभिर्वाजिनीवती। धीनामवित्र्यवतु ॥ 4

प्र नः देवी सरस्वती वाजेभिः-वाजिनीवती। धीनाम्-अवित्री-अवतु ॥

शक्तिमती देवी सरस्वती हमें बल प्रदान करें तथा हमारी बुद्धि को प्रखर बनाकर हमारी रक्षा करें।

यह मन्त्र गायत्री की याद दिलाता है जिसका अर्थ लगभग वही है। सरस्वती *वाजिनीवती* शक्ति से भरी हैं। *वाज* शब्द के कई अर्थ हैं जैसे अन्न, बल, शक्ति आदि। परंतु दूसरी पंक्ति पर विचार करें तो *वाज* तथा उससे बने अन्य शब्दों का अर्थ यहाँ बल और शक्ति है।

धीनाम् अवित्री अवतु – बुद्धि की भी देवी सरस्वती हैं, इसीलिये ऋषि प्रार्थना करते हैं कि उनकी बुद्धि की रक्षा हो तथा वह प्रखर बने। अतएव इस मन्त्र को तीक्ष्ण बुद्धि प्राप्त करने के लिए प्रर्थानारूप में किया जाता है।

यस्त्वा देवि सरस्वत्युपब्रूते धने हिते। इन्द्रं न वृत्रतूर्ये ॥ 5

यः-त्वा देवि सरस्वति-उपब्रूते धने हिते। इन्द्रं न वृत्र-तूर्ये ॥

हे देवी सरस्वती ! जो आपसे प्रार्थना करते हैं, आप उनके प्रति कृपापूर्ण हों, ठीक वैसे ही जैसे आपने इन्द्र की युद्ध में सहायता की थी।

यह वृत्र का इन्द्र से युद्ध की ओर संकेत करता है, या फिर पुण्य के पाप से युद्ध को इंगित करता है। *वृत्र-तूर्ये* शब्द का अर्थ है 'शत्रुओं पर विजय' जो शायद समय के साथ राजा वृत्र के पात्र में बदल गया। कुछ भी हो, यह माँ सरस्वती के प्रति प्रार्थना है जिन्होंने इन्द्र की शक्ति की वृद्धि करके उनकी युद्ध में सहायता की। यह प्रार्थना है कि माता उनकी उपासना करने वालों के प्रति कृपापूर्ण हों, जैसे वे इन्द्र के प्रति हुई थीं।

त्वं देवि सरस्वत्यवा वाजेषु वाजिनि। रदा पूषेव नः सनिम्॥ 6

त्वं देवि सरस्वति-अव वाजेषु वाजिनि। रदा पूषा- इव नः सनिम्॥

देवी सरस्वती, आप धन तथा शक्ति से पूर्ण हो, हमें पूषन की ही भाँति आशीर्वाद प्रदान करें।

पूषन वेद काल के देवता हैं जो ब्रह्माण्ड को पोषित करते हैं। यहाँ ऋषि देवी सरस्वती से प्रार्थना करते हैं कि वे पूषन के समान कृपालु हों।

जैसी कि इस स्तुति में पहले व्याख्या की गई, *वाज* का अर्थ सांसारिक लाभ, और साथ ही शक्ति अर्जन है। अतएव, अपनी मानसिकता के आधार पर इन मन्त्रों का अर्थ लगाया जा सकता है।

उत स्या नः सरस्वती घोरा हिरण्यवर्तनिः। वृत्रघ्नी वष्टि सुष्टुतिम्॥ 7

उत स्या नः सरस्वती घोरा हिरण्य-वर्तनिः। वृत्रघ्नी वष्टि सु-स्तुतिम्॥

स्वर्ण रथ में सवार शत्रुओं का नाश करने वाली शक्तिमती सरस्वती हमारी प्रार्थनाओं से प्रसन्न हों।

ऋषि की कामना है कि उनकी प्रार्थनाएँ विशेष तौर पर सरस्वती द्वारा स्वीकार हों जो*घोरा* शक्तिमती हैं, तथा*वृत्रघ्नी* उन शत्रुओं का नाश करती हैं जो हमारे मन में

इच्छाओं तथा भावनाओं के रूप में विद्यमान हैं। मन का सबसे बड़ा शत्रु भावनाएँ हैं, जो न तो सकारात्मक होती हैं, और न नकारात्मक – बस मनोविकार ही होते हैं। उनको नियंत्रित रखने के लिए मन का शक्तिशाली होना आवश्यक है। इसीलिए माता से यह प्रार्थना की गई है।

सरस्वती को *हिरण्य-वर्तनिः* स्वर्ण रथ पर सवार बतलाया गया है। यह विशेषण वेद के अन्य देवताओं के लिए भी प्रयोग किया गया है।

यस्या अनन्तो अह्रुतस्त्वेषश्चरिष्णुरर्णवः। अमश्चरति रोरुवत्॥ 8
सा नो विश्वा अति द्विषः स्वसॄरन्या ऋतावरी। अतन्नहेव सूर्यः॥ 9

यस्याः अनन्तः अह्रुतः-त्वेषः-चरिष्णुः-अर्णवः। अमः-चरति रोरुवत्॥
सा नः विश्वा अति द्विषः स्वसॄः-अन्या ऋतावरी। अतन्-अहा-इव सूर्यः॥

जिनका अबाध जल तीव्र गति से चलता हुआ प्रचंड दहाड़ के साथ आगे बढ़ता है, वे देवी हमारे शत्रुओं को वश में करें तथा हम तक अपनी लबालब भरी हुई बहनों (गंगा तथा अन्य नदियों) को लाएँ जैसे सदा गतिमान सूर्य दिन को अपने वश में करते हैं।

इस मन्त्र में की गई प्रार्थना सरस्वती नदी के लिए है जो तेज बहती हैं ताकि हमें गंगा जैसी अन्य नदियों तक पहुँचा सकें (जो उनके साथ ही उत्पन्न होती हैं) तथा हमें हमारे शत्रुओं की पहुँच से दूर ले जाएँ।

इस तरह पार ले जाने की तुलना सूर्य से की गई है जो अबाध गति से दिन को पार कर जाते हैं। कई लोग सोच सकते हैं कि नदी के लिए यह प्रार्थना की जा रही है ताकि वह हमें पार ले जाकर उन अन्य नदियों के पास ले जाएँ जो सरस्वती के उत्तर में बहती हैं। परंतु जब प्रार्थनाओं को भारतीय परंपराओं के प्रकाश में देखा जाता है तो अर्थ निकलता है कि वे संसार की मलिनता के पार ले जाकर आत्मा की पवित्रता तक सरलता से हमें पहुँचाएँ।

जैसा कि पहले वर्णन किया गया, सरस्वती ज्ञान की देवी के साथ-साथ एक नदी भी हैं। इसीलिये यह प्रार्थना दोनों में से किसी के लिए भी हो सकती है। परंतु कुछ भी हो, इसमें स्वयं की पवित्रता पर ध्यान केंद्रित किया गया है।

उत नः प्रिया प्रियासु सप्तस्वसा सुजुष्टा। सरस्वती स्तोम्या भूत्॥ 10

उत नः प्रिया प्रियासु सप्त-स्वसा सुजुष्टा। सरस्वती स्तोम्या भूत्॥

सरस्वती, जिनकी सात बहनें हैं, जो प्रियजनों में सबसे प्रिय हैं, तथा जिन्हें अत्यधिक प्रेम किया गया है, सदा आराध्या बनी रहें।

सप्त-स्वसा सात स्वरूपों वाली का अर्थ सात नदियाँ हो सकता है, जिन्हें बहनें कहकर संबोधित किया गया है। ये हैं – गंगा, यमुना, गोदावरी, सरस्वती, नर्मदा, सिंधु तथा कावेरी। इसका दूसरा अर्थ वेद के सात छंद भी हो सकते हैं – *गायत्री, उष्णिक, बृहती, पंक्ति, त्रिष्टुप तथा जगति।* इन छंदों का सरस्वती की सात बहनें होने का अर्थ है कि ज्ञान तथा उसकी अभिव्यक्ति के माध्यम साथ-साथ उत्पन्न होते हैं। पूर्व काल के ऋषि सरस्वती की आराधना करते थे, इसीलिए ऋषि प्रार्थना करते हैं कि वे उनकी आराध्या बनी रहें अर्थात् वे ज्ञान की देवी की प्रार्थना में तत्पर बने रहें।

आपप्रुषी पार्थिवान्युरु रजो अन्तरिक्षम्। सरस्वती निदस्पातु॥ 11

आपप्रुषी पार्थिवानि-उरु रजः अन्तरिक्षम्। सरस्वती निदः-पातु॥

सरस्वती जो पृथ्वी तथा स्वर्ग के विस्तार को आभा से भरती हैं, हमें उपहास करने वालों से बचाएँ।

यह एक सरल प्रार्थना है। ऋषि अपने आलोचकों के उपहास का सामना नहीं करना चाहते। केवल ज्ञान की देवी ऐसी बुद्धि प्रदान कर सकती हैं जिससे सभी उपहास करने वालों का मुँह बंद किया जा सके।

त्रिषधस्था सप्तधातुः पञ्च जाता वर्धयन्ती। वाजेवाजे हव्या भूत्॥ 12

त्रि-षधस्था सप्त-धातुः पञ्च जाता वर्धयन्ती। वाजे-वाजे हव्या भूत्॥

तीन लोकों में रहने वाले, सात तत्वों से बने, पाँच प्रकार के जीवों को पोषित करने वाली, वे बल प्राप्ति हेतु की गई हमारी प्रार्थना के योग्य हैं।

देवी की भौतिक प्रकृति का यहाँ वर्णन हो रहा है। *त्रिसधस्था* तीन लोक – स्थूल, सूक्ष्म, कारण जगत; *सप्तधातु* – सात तत्व जिनसे शरीर बनता है – रस, रक्त, मांस, मेदा, अस्थि, मज्जा, तथा शुक्र; *पंच जाता* – पाँच प्रकार के जीव जो हिन्दू धर्म में मान्य हैं – देव, गंधर्व, नाग, पितृ तथा मनुष्य। इनको पाँच जन भी कहा जाता है। ये पाँच विभिन्न लोकों से संबंधित हैं।

देवी सरस्वती पाँच तत्वों से इन पाँच प्रकार के जीवों का पोषण तीन लोकों में करती हैं। यहाँ उनसे यह प्रार्थना बल प्राप्ति के लिए हैं। और चूँकि वे सभी का पोषण करती हैं, इसीलिये वे वास्तव में उपासना के योग्य हैं।

प्र या महिम्ना महिनासु चेकिते द्युम्नेभिरन्या अपसामपस्तमा।
रथ इव बृहती विभ्वने कृतोपस्तुत्या चिकितुषा सरस्वती ॥ 13

प्र या महिम्ना महिनासु चेकिते द्युम्नेभिः-अन्याः-आ अपसाम्-अपः-तमा।
रथः-इव बृहती वि-भ्वने कृता–उप-स्तुत्या चिकितुषा सरस्वती ॥

जो महिमावानों में विशिष्ट हैं, जो तीव्र गति वालों में सबसे तेज हैं, जिनकी सृष्टि कहीं भी जाने के लिए एक रथ के समान हुई है, उन सरस्वती की ज्ञानीजन महिमा गाएँ।

जो शब्द इस मन्त्र में प्रयोग किए गए हैं उनसे नदी तथा देवी दोनों को संबोधित किया जा सकता है। यहाँ अर्थ है कि सबसे अधिक महिमामयी तथा सर्वव्यापी होने के उनके गुणों को भली-भाँति जानते हुए भक्तजन सरस्वती की उपासना करते हैं। उनकी गति सबसे तीव्र है क्योंकि वे सर्वव्यापी हैं। *कृता* का प्रयोग दर्शाता है कि सरस्वती की उत्पत्ति ब्रह्मा या प्रजापति से हुई है।

सरस्वत्यभि नो नेषि वस्यो माप स्फरीः पयसा मा न आ धक्।
जुषस्व नः सख्या वेश्या च मा त्वत्क्षेत्राण्यरणानि गन्म ॥ 14

सरस्वति-अभि नः नेषि वस्यः मा-अप स्फरीः पयसा मा नः आ धक्।
जुषस्व नः सख्या वेश्या च मा त्वत्-क्षेत्राणि-अरणानि गन्म ॥

सरस्वती हमें यश की ओर अग्रसर करें, हमें अपनी कृपा से वंचित न करें, बाढ़ से हमें पीड़ित न करें, हमारी प्रार्थनाओं को स्वीकार करें, हमारे निवास में विद्यमान रहें, तथा हमें अपने से दूर न जाने दें।

चूँकि सरस्वती को नदी के रूप में भी देखा गया है, इसीलिये जो शब्द यहाँ पर प्रयोग हुए हैं वे रूपक हैं। सतही तौर पर यह प्रार्थना कामना करती है कि नदी की बाढ़ से क्षति न पहुँचे तथा किसी को अपने निवास स्थान को त्यागना न पड़े। पर वास्तविक अर्थ में देवी से प्रार्थना की जा रही है कि ज्ञान के रूप में उनकी कृपा सदा बनी रहे तथा आसपास के पापपूर्ण विचारों और कर्म का बवंडर भक्त को उसके द्वारा चुने गए अध्यात्म के मार्ग से विचलित न कर सके।

***

4.
इन्द्र सूक्त
ऋग्वेद VII.31

इन्द्र वेद के सबसे प्रसिद्ध देवता हैं जिनके प्रति 250 सूक्त, अर्थात् ऋग्वेद का एक चौथाई भाग, समर्पित है। इन स्तुतियों से उनका जो स्वरूप हमें प्राप्त होता है, उससे लगता है कि वे शारीरिक दृष्टि से मानवरूपी हैं, साथ ही जिनमें देवरूप भी है। वे ईश्वर के ही प्रतीक हैं तथा वर्षा के देवता हैं जिन्होंने असुर वृत्र को पराजित किया जिसने जल को रोक रखा था। यह युद्ध एक धर्म-कथा है, अर्थात् वास्तव में कोई युद्ध शायद ही हुआ हो, पर आध्यात्मिक भाव समझाने के लिए यह महत्त्वपूर्ण है। बाद के साहित्य में इसे केंद्र कर अनेक रोचक कथाएँ बन गईं।

इन्द्र का वर्णन एक ऐसे रूप में हुआ है जिसने जन्म लिया। इस तथ्य के प्रति दो सूक्त हैं एवं इसके अन्य संदर्भ भी हैं। सोमरस उनका प्रिय पेय है जिसके कारण वे कभी-कभी आत्म-नियंत्रण खो बैठते थे। वे स्वर्णिम रथ पर सवार रहते हैं जिसके घोड़े हरि हैं, जो उनका नाम हो सकता है या उनके पीले-भूरे रंग के कारण उनको ऐसा

बुलाया जाता है। वे वज्र धारण किए रहते हैं जिसे त्वष्टा ने बनाया था जिससे वे अपने शत्रुओं का संहार करते हैं।

उनके द्वारा बड़े-बड़े कार्य सम्पादित होते हैं, जैसे कि भूकंप से डोलते पर्वतों तथा मैदानों को स्थिर करने का श्रेय उन्हें दिया जाता है; वे स्वर्ग तथा पृथ्वी को एक खाल की तरह खींचकर अलग रखते हैं; जैसे एक धुरी दो पहियों को दूर-दूर रखती है, इसी तरह वे स्वर्ग तथा पृथ्वी को संभालकर रखते हैं; जो अस्तित्व में नहीं है उसे वे एक क्षण में अस्तित्व में ले आते हैं।

इन्द्र के लिए ऐसे नामों और विशेषणों का प्रयोग हुआ है जिससे पश्चिम के विद्वानों को लगा कि वे आर्यों के लिए युद्ध में एक विजेता थे। ऐसे विद्वान इस तथ्य को भूल जाते हैं कि वेद आसपास के तत्वों का प्रयोग तो करते हैं, परंतु ये किसी लूटपाट करने वाले विजेता (अर्थात् इन्द्र) के लिए मात्र प्रशंसा के शब्द नहीं बल्कि उस काल के लोगों के परमात्मा से संपर्क के प्रेरक कथन हैं।

समय के साथ इन्द्र की शक्ति और लोकप्रियता कम हो गई, शायद इसीलिये कि ऋषियों को उनमें कुछ अधिक ही मानवीय गुण दिखते थे। वर्तमान में वे किसी औपचारिक पूजा में किए जाने वाले अनुष्ठानों तक सीमित होकर रह गए हैं, जिससे समझ में आता है कि हिन्दू अनंत के मुखौटों में भी, अर्थात् देवताओं में भी, मानवीय लक्षण देखने को तैयार नहीं; वे ईश्वर को ईश्वर अर्थात् केवल चैतन्य के रूप में ही देखना पसंद करते हैं।

यह स्तुति ऋग्वेद के सातवें खंड से है, जो ऋषि वसिष्ठ के परिवार से संबंधित है। वैदिक काल ही नहीं, रामायण तथा महाभारत के समय में भी इस परिवार का विशेष प्रभाव था तथा इन ऋषि का नाम एवं इनके जीवन के प्रसंग, दोनों ही महाकाव्यों में आए हैं। ऋषि विश्वामित्र से, जिन्होंने संसार को गायत्री मन्त्र प्रदान किया, प्रतिद्वंद्वता के कारण भी वे विख्यात हैं।

***

देवता – इन्द्र; ऋषि – वसिष्ठ

प्रस्तुत स्तुति में (ऋग्वेद VII.31) ऋषि वसिष्ठ इन्द्र की महिमा का गुणगान करते हुए उनसे प्रार्थना कर उनकी कृपा की कामना करते हैं। यह स्तुति यज्ञस्थली के दृश्य का

वर्णन करती है जहाँ ऋषि पुरोहितों से कहते हैं कि वे इन्द्र के व्यक्तित्व तथा उनकी उपलब्धियों का वर्णन करते हुए स्तुति करें।

याद दिला दें कि प्रार्थना तथा यज्ञ का लक्ष्य ईश्वर को समर्पित कृत्यों द्वारा मन को पवित्र करना होता है। इस पवित्रीकरण से व्यक्ति आत्मज्ञान तथा ईश्वर प्राप्ति की ओर अग्रसर होता है जैसा कि गीता आदि ग्रन्थों में वर्णन है। गौण रूप से यह कर्म भौतिक जीवन में धन प्राप्ति का तथा मरणोपरांत स्वर्ग में जाने का भी मार्ग बनता है।

प्र व इन्द्राय मादनं हर्यश्वाय गायत। सखायः सोमपाव्ने॥ 1

प्र वः इन्द्राय मादनं हरि-अश्वाय गायत। सखायः सोम-पाव्ने॥

हे बंधुओ, हरि घोड़ों के स्वामी और सोम के पानकर्ता इन्द्र के लिए (उनकी प्रसन्नता हेतु) आनन्दपूर्ण स्तुति करो।

यहाँ पुरोहितों को *सखायः* कहकर संबोधित किया गया है जिसका अर्थ मित्र या इन्द्र देवता के मित्र हो सकता है। चूँकि पुरोहित नियमित रूप से ईश्वर की स्तुति करने आते हैं इसीलिए वे मित्र की तरह निरंतर इन्द्र के संपर्क में हैं। कितना प्रिय संबंध है यह!

ऋषि कहते हैं *सखायः* हे मित्रो, *वः* आप इंद्राय *प्र गायत* इन्द्र की प्रशंसा का गान करें जिन्हें *सोमपाव्ने* सोमरस पीना प्रिय है, तथा जो *हरि-अश्वाय* जिनके घोड़ों का नाम हरि है। हरि का अर्थ स्वर्णिम घोड़े भी हो सकता है। इन्द्र को प्रायः *हरि-अश्वाय* कहकर संबोधित किया जाता है।

ऋषि आगे कहते हैं कि यह *गायन मादनं* इन्द्र के लिए आनंदपूर्ण होना चाहिए। किसी को प्रसन्न करने के लिए हमें ऐसे शब्दों का चयन करना चाहिए जो सुनने वाले को प्रिय लगें।

शंसेदुक्थं सुदानव उत द्युक्षं यथा नरः। चकृमा सत्यराधसे॥ 2

शंस-इत्-उक्थम् सुदानवे उत द्युक्षं यथा नरः। चकृमा सत्य-राधसे॥

उस दानी के लिए उत्तम प्रशंसा की स्तुतियाँ गाएँ जैसे कि अन्य लोग सच्चे दान देने वालों के लिए गाते हैं।

यह अनुरोध पुरोहितों से है कि वे इन्द्र की प्रशंसा में गान करें। *शंस इत उक्थ* इन्द्र के लिए स्तुति करें जो *सुदानवे* अपने भक्तों को दान देने में उदार हैं तथा जो *सत्यराधस्* सच्चे दान या आशीर्वाद प्रदान करते हैं। इस प्रकार इन्द्र उदार हैं तथा दान देने में सच्चे हैं।

यह प्रार्थना कैसी होनी चाहिए? व्याख्या की गई है *यथा नरः उत द्युक्षं* जैसे अन्य पुरोहित उत्तम प्रार्थनाओं का गायन करते हैं, इसी तरह हमें भी *चकृमा* प्रार्थनाएँ अर्पित करनी चाहिए। इसमें प्रतियोगितापूर्ण प्रोत्साहन का भाव है जो उन पुरोहित से अपेक्षित है।

त्वं न इन्द्र वाजयुस्त्वं गव्युः शतक्रतो। त्वं हिरण्ययुर्वसो॥ 3

त्वं नः इन्द्र वाजयुः-त्वं गव्युः शतक्रतो। त्वं हिरण्य-युः-वसो॥

इन्द्र, आप हमें अन्न देने वाले हों, हे शतक्रतु, हमें पशु दें; हे वसु, हमें स्वर्ण दें।

यह प्रार्थना इस संसार में अपने कल्याण हेतु है जिसके लक्षण हैं अन्न, पशु तथा स्वर्ण की प्राप्ति। जब लोग इस प्रकार की सांसारिक इच्छाओं के पार चले जाते हैं, तभी वे मुक्ति की कामना करते हैं।

ऋषि प्रार्थना करते हैं, *त्वं नः इन्द्र वाजयुः* हे इन्द्र! हमें अन्न प्रदान करें, *त्वं गव्युः शतक्रतो* हमें पशु प्रदान करें, हे शतक्रतु। शतक्रतु इन्द्र के लिए प्रयोग हुआ है क्योंकि जब वे पृथ्वी पर मानव रूप में थे तो उन्होंने सौ यज्ञ संपन्न किए थे। इस प्रकार इन्द्र को एक अवस्था के रूप में देखा जाने लगा जिसे कोई भी सौ यज्ञ संपन्न करके प्राप्त कर सकता है। इससे इन्द्र एक उच्च मानवीय रूप वाले देवता बने जिनमें ईर्ष्या तथा जीवन की सुखद वस्तुओं के लिए अनुराग भी है, साथ ही जिन्हें परमात्मा का रूप भी कहा जाता है।

वेद के देवताओं और ग्रीक-रोमन देवताओं के मानवीय रूप के स्तर पर एक समानता देखी जा सकती है। परंतु यह समानता यहीं समाप्त भी हो जाती है, चूँकि वेद इस भौतिक स्तर से बहुत ऊपर जाकर एक उच्चतम, अज्ञेय, अवर्णनीय ब्रह्म की बात करते हैं जिनमें, तथा जिनके कारण, पूरी सृष्टि स्थिर है।

वसु हे सबको आश्रय देने वाले! *त्वम् हिरण्ययुः* आप हमें हमें धन दें।

वयमिन्द्र त्वायवोऽभि प्र णोनुमो वृषन्। विद्धि त्वस्य नो वसो ॥ 4

वयम्-इन्द्र त्वायवः-अभि प्र नोनुमः वृषन्। विद्धि तु-अस्य नः वसो ॥

आपके प्रति समर्पित होकर, हे (वरदान) देने वाले, हम आपकी महिमा गाते हैं, हे प्रभु इन्द्र! हमारे द्वारा की गई इस प्रार्थना को जानें।

पुरोहितों की कामना है कि इन्द्र उनकी प्रार्थनाओं से अवगत हों तथा उनकी पूर्ति करें, इसीलिये वे आगे कहते हैं *वयम् इन्द्र त्वायवः* हम आपके प्रति समर्पित हैं, हे इन्द्र! तथा *अभि प्र णोनुमः* हम आपसे प्रार्थना करते हैं, *वृषन्* दान की वर्षा करने वाले, *विद्धि तु अस्य नः वसो* कृपा करके हमारी प्रार्थनाओं को सुनें, हे वसु।

यह प्रार्थना बाल-सुलभ प्रतीत हो सकती है, परंतु वास्तव में ऐसा है नहीं। भक्ति साहित्य में भी हम ऐसी प्रार्थनाएँ देखते हैं जिनमें कोई संत ईश्वर से प्रार्थना करते हैं कि वे उसकी प्रार्थना को सुनें और उसे विस्मृत न करें।

मा नो निदे च वक्तवेऽर्यो रन्धीरराव्णे। त्वे अपि क्रतुर्मम ॥ 5

मा नः निदे च वक्तवे-अर्यः रन्धीः-अराव्णे। त्वे अपि क्रतुः–मम ॥

प्रभु, हमें बुरा-भला कहने वालों, अशिष्ट वचन बोलने वाले तथा कृपण के अधीन न करें; ये प्रार्थनाएँ आप तक पहुँचें।

लगता है कि पुरोहितों की माँगे समाप्त नहीं होने वाली हैं! यह प्रार्थना अब कहती है *अर्यः* हे स्वामी, *मा नः च वक्तवे* हमें बुरा-भला कहने वालों तथा अशिष्ट वचन बोलने वालों के अधीन न करें, तथा *रन्धीः अराव्णे* कंजूसों के अधीन भी न करें।

वैदिक काल से लेकर आजतक ब्राह्मणों को बुरा-भला कहा जाता रहा है – प्रायः उनके ज्ञान (ईर्ष्यावश) तथा उनकी निर्धनता के लिए (उपहास)। इस मन्त्र में पुरोहित अपने आत्म-सम्मान तथा आत्म-रक्षा के लिए चिंतित हैं, अतएव वे प्रार्थना करते हैं कि उनका सामना बुरा-भला कहने वालों, गाली देने वालों तथा कंजूस यजमानों से न हो। वर्तमान समय में भी यह कोई असामान्य बात नहीं है कि यजमान पुरोहित का उपहास करता है तथा उसे उदारतापूर्वक दक्षिणा नहीं देता। इन समस्याओं के

समाधान हेतु कई मंदिरों ने आजकल अनुष्ठानों के संपन्न करने के लिए निर्धारित शुल्क तय कर दिया है।

पुरोहित और भी कहते हैं *त्वे अपि क्रतुः मम* हमारी प्रार्थनाएँ आप तक पहुँचे। *क्रतु* शब्द की पहले व्याख्या की गई है जिसका अर्थ होता है श्रेष्ठ कर्म, विशेषतः यज्ञ से संबंधित।

त्वं वर्मासि सप्रथः पुरोयोधश्च वृत्रहन्। त्वया प्रति ब्रुवे युजा॥ 6

त्वं वर्म-असि सप्रथः पुरः-योधः-च वृत्रहन्। त्वया प्रति ब्रुवे युजा॥

हे युद्ध में विजेता, वृत्र के संहारक इन्द्र, आप हमारे कवच हैं। आप सहायक हों तो मैं सभी आलोचकों का सामना कर सकता हूँ।

जो हम पाना चाहते हैं उस हेतु हम पूजा करते हैं और इसीलिए हम ज्ञान, सुरक्षा, धन आदि के लिए ईश्वर की पूजा करते हैं। चूँकि इन्द्र दानी, तेजस्वी तथा वीर हैं, इसीलिये ऋषि उनसे रक्षा और धन के लिए प्रार्थना करते हैं।

इस मन्त्र में ऋषि कहते हैं कि आलोचक कैसे प्रायः उन पर धावा बोल देते हैं, परंतु वे उन सब पर हावी हो पाते हैं क्योंकि वे इन्द्र की उपासना करते हैं। हे इन्द्र! *त्वं वर्म असि* आप शत्रुओं तथा आलोचकों से रक्षा के लिए कवच हैं। आप *सप्रथाः* सब ओर से महान हैं, तथा आप *पुरः योधः च* ऐसे वीर योद्धा हैं जो हर ओर से शत्रुओं का सामना करते हैं। इसी प्रकार इन्द्र *वृत्रहन्* वृत्र के संहारक बने जिसको सूखे का राक्षस कहा गया है। उसको मारकर इन्द्र ने पृथ्वी पर जल छोड़ा था।

ऋषि कहते हैं कि आपमें ये गुण हैं इसीलिये आपके उपासक होने के नाते, *प्रति ब्रुवे* मैं लोगों का विवादों में सामना कर पाता हूँ, *त्वया युजा* क्योंकि मेरी संगति आपसे हैं। संस्कृत भाषा में चर्चा के लिए कई शब्द प्रयोग किए जाते हैं जैसे कि *वाद, विवाद, जल्प, प्रतिवाद* आदि। *प्रति ब्रुवे* भी इसी श्रेणी का एक शब्द है जिसमें एक प्रतिपक्षी का तर्क के आधार पर सामना किया जाता है जिसमें ज्ञान तथा बुद्धि दोनों की आवश्यकता पड़ती है। इन दो गुणों के होने के लिए प्रज्ञा की आवश्यकता होती है जो ईश्वर प्रदत्त है।

महाँ उतासि यस्य तेऽनु स्वधावरी सहः। मम्नाते इन्द्र रोदसी ॥ 7

महान् उत-असि यस्य ते-अनु स्वधावरी सहः। मम्नाते इन्द्र रोदसी ॥

आप वास्तव में महान हैं। खाद्य से भरे स्वर्ग तथा पृथ्वी, हे इन्द्र, आपके बल का सम्मान करते हैं।

इन्द्र की स्तुति आगे चलती है और ऋषि कहते हैं कि *महान उत असि* आप महान हैं हे इन्द्र, *स्वधावरी रोदसी* स्वर्ग तथा पृथ्वी ऐसे भोजन से भरे हैं जो जीवों का पोषण करता है, तथा इसीलिए *यस्य सहः* आपके बल की *ते अनु मम्नाते* वे प्रशंसा करते हैं।

इस प्रकार इन्द्र के बल की प्रशंसा स्वर्ग तथा पृथ्वी में गाई जाती है। *रोदसी* एक रोचक शब्द है। इसका अर्थ रोना होता है, पर वेद इसका प्रयोग द्यावा-पृथिवी अर्थ में करते हैं – स्वर्ग तथा पृथ्वी – जो एक युगल देवता हैं, अर्थात् इनका नाम तथा इनका संबोधन सदा साथ होता है।

तं त्वा मरुत्वती परि भुवद्वाणी सयावरी। नक्षमाणा सह द्युभिः ॥ 8

तं त्वा मरुत्वती परि भुवत्-वाणी स-यावरी। नक्षमाणा सह द्युभिः ॥

आपके उपासकों की कान्तिमान स्तुति पूर्णतया फैलकर, आपके साथ चलते हुए, आप तक पहुँचे।

प्रार्थनाओं के रूप में स्तुति, जिसका गायन ऋषि तथा पुरोहित करते हैं, वह कांति के साथ दमके तथा चारों और फैलकर इन्द्र तक पहुँचे, चाहे वे जहाँ भी जाएँ। भाव यह है कि जहाँ भी इन्द्र हों, ये प्रार्थनाएँ उन तक पहुँचे।

तं त्वा सह सयावरी हे इन्द्र! आपको संबोधित स्तुति (जैसा कि पिछले मन्त्रों में कहा गया) आपके साथ-साथ जाएँ। ये पुरोहितों द्वारा उच्चरित *द्युभिः मरुत्वती* कांतिवान प्रार्थनाएँ जो इन्द्र को संबोधित हैं, *परि भुवत* सब दिशाओं से *नक्षमाणा* उन तक पहुँचे।

मरुतः शब्द का अर्थ है स्तुति गाने वाला तथा *मरुत्वती* का अर्थ है 'जो इन्द्र का है'। बाद की कथाओं में 49 मरुत हैं जो इन्द्र के सहचर हैं।

ऊर्ध्वासस्त्वान्विन्दवो भुवन्दस्ममुप द्यवि। सं ते नमन्त कृष्टयः॥ 9

ऊर्ध्वासः-त्वा-अनु-इन्दवः भुवन्-दस्मम्- उप द्यवि। सं ते नमन्त कृष्टयः॥

स्वर्ग में रहने वाले तथा ईश्वरीय भाव संपन्न हे इन्द्र! आप मनुष्यों के प्रणम्य हैं, इसीलिए आहुतियाँ आप तक पहुँचती हैं।

इन्द्र की महिमा गाई जा रही है कि *ऊर्ध्वासः त्वा अनु इन्दवः भुवन* सोम आप तक उठता है जब हम, पुरोहित, यज्ञ के समय उसे आपको अर्पित करते हैं। *दस्मम् उप द्यवि* आप उच्च स्वर्ग में दृश्यमान हैं, अर्थात् आपका ईश्वरीय स्वरूप है।

आपके लिए ही सोम पृथ्वी पर तैयार किया जाता है तथा *सम ते नमन्त कृष्टयः* मनुष्य आपके सामने आदर से झुककर प्रणाम करते हैं।

द्यवि दस्मम् कथन बहुत रोचक है। कई प्रकार के स्वर्ग हैं जिनको विभिन्न तरीकों से श्रेणीबद्ध किया गया है। एक के अनुसार चार मुख्य लोक हैं – *सूर्यलोक, चंद्रलोक, द्युलोक* तथा *ब्रह्मलोक।* ये सूक्ष्म से सूक्ष्मतर होते जाते हैं जहाँ शुभ कर्मों तथा पवित्र मन द्वारा पहुँचा जा सकता है। इन्द्र को *द्युलोक* अर्थात् ब्रह्मलोक के समीप देखा जाता है, पर ईश्वर का लोक उससे सूक्ष्मतर है। *दस्मम्* शब्द का अर्थ है दृश्यमान तथा जिनकी अनेक उपलब्धियाँ हैं। इस कथन का अर्थ है कि इन्द्र *द्युलोक* में रहते हुए सब के स्वामी हैं।

कृष्टि भी एक रोचक शब्द है जिसका अर्थ है मनुष्य। इस शब्द के अर्थ का बहुत परिवर्तन हुआ है। मूलतः इसका अर्थ था कृषि की भूमि, फिर इसका अर्थ हुआ बसी हुई भूमि, आगे इसका अर्थ बना निवासी तथा अंत में अर्थ हुआ मनुष्यों की कोई प्रजाति। अंग्रेजी शब्द कल्चर (संस्कृति) *कृष्टि* से ही उत्पन्न हुआ है जिसका अर्थ होता है 'वे विशेष गुण जो प्रयास द्वारा पाए गए हैं', ठीक वैसे ही जैसे कोई किसी खेत में कृषि कार्य करता है।

प्र वो महे महिवृधे भरध्वं प्रचेतसे प्र सुमतिं कृणुध्वम्।
विशः पूर्वीः प्र चरा चर्षणिप्राः॥ 10

प्र वो महे महि-वृधे भरध्वं प्र-चेतसे प्र सु-मतिं कृणुध्वम्।
विशः पूर्वीः प्र चरा चर्षणि-प्राः॥

उस महान (इन्द्र) को आहुतियाँ दो जो प्रचुर धन देने वाले हैं, ज्ञानवान इन्द्र को प्रार्थनाएँ अर्पित करो जो मनुष्यों की कामनाओं को पूर्ण करने वाले हैं। (हे इन्द्र) उन लोगों तक आएँ (जो) आहुतियाँ (दे रहे हैं)।

इस मन्त्र की पहली पंक्ति उपासक के लिए है तथा दूसरी पंक्ति उपास्य के लिए। *प्र सुमतिं कृणुध्वम्* सुंदर प्रार्थनाएँ अर्पण करो, *प्र वः महे महि-वृधे भरध्वं* उन महान प्रभु इन्द्र को जो भक्तों के धन को बढ़ाने वाले हैं, तथा जो *प्र-चेतसे* उज्ज्वल प्रज्ञा वाले हैं।

इस प्रार्थना में इन्द्र का संबोधन *चर्षणि-प्राः* मनुष्यों की कामनाओं की पूर्ति करने वाले के रूप में हुआ है। वे (कामनाओं की पूर्ति) *प्र चरा विशः पूर्वीः* उन लोगों तक जाएँ जो आहुतियाँ दे रहे हैं। इस प्रकार पुरोहित और यजमान आशा कर सकते हैं कि उनका यज्ञ निष्फल नहीं होगा।

उरुव्यचसे महिने सुवृक्तिमिन्द्राय ब्रह्म जनयन्त विप्राः।
तस्य व्रतानि न मिनन्ति धीराः ॥ 11

उरु-व्यचसे महिने सु-वृक्तिम्-इन्द्राय ब्रह्म जनयन्त विप्राः।
तस्य व्रतानि न मिनन्ति धीराः ॥

जो ऋषि सर्वव्यापी तथा शक्तिशाली इन्द्र को प्रार्थनाएँ तथा अन्न (यज्ञ में आहुतियों के रूप में) अर्पित करते हैं, ऐसे लोगों की सुरक्षा का भंजन देवता भी नहीं कर सकते।

इन्द्र की महिमा तथा महानता की प्रशंसा यह कहकर की जा रही है कि *ब्रह्म जनयन्त सु-वृक्तिं विप्राः* जो ज्ञानीजन अन्न तथा प्रार्थनाएँ अर्पित करते हैं, *उरु-व्यचसे महिने इंद्राय* इन्द्र को जो सर्वव्यापी तथा शक्तिशाली हैं, *तस्य व्रतानि न मिनन्ति धीराः* उनकी सुरक्षा का उल्लंघन देवता भी नहीं कर सकते।

ब्रह्म जनयन्त कथन की व्याख्या अन्न उत्पन्न करने वालों के रूप की गई है, अर्थात् जो यज्ञ में आहुति देते हैं। लगभग सभी यज्ञों में पुरोडाश जैसी आहुतियों की आवश्यकता होती है जो अन्न से बनती हैं। *सुवृक्तिं* का अर्थ है जो मोड़े। चूँकि प्रार्थनाओं से देवता भक्त के लिए अनुकूल हो जाते हैं इसीलिये इस शब्द का प्रयोग हुआ है।

इस प्रकार इस मन्त्र का अर्थ है कि इन्द्र इतने शक्तिशाली हैं कि अगर वे अनुकूल हो जाएँ तो फिर कोई भी उपासक को क्षति नहीं पहुँचा सकता। इस प्रकार का विचार अगर ईश्वर पर लागू किया जाए तो उच्चतम मनों को यह स्वीकार न होगा क्योंकि ईश्वर किसी का पक्ष नहीं लेते। पर, लोग ईश्वर से वरदान माँगने की भूल कर बैठते हैं जबकि यह माँग मौलिक रूप से देवताओं को संबोधित होनी चाहिए जो अनंत ईश्वर की तुलना में मनुष्यों की ही भाँति सीमित हैं।

इन्द्रं वाणीरनुत्तमन्युमेव सत्रा राजानं दधिरे सहध्यै।
हर्यश्वाय बर्हया समापीन्॥ 12

इन्द्रं वाणीः-अनुत्त-मन्युम्–एव सत्रा राजानं दधिरे सहध्यै।
हरि-अश्वाय बर्हया सम्-आपीन्॥

ब्रह्माण्ड के स्वामी इन्द्र जिनका क्रोध न रोका जाने वाला है, उनको प्रार्थनाएँ अर्पित हैं ताकि भक्त आलोचकों पर हावी हो सके। अपने मित्रों को प्रोत्साहित करो कि वे हरि घोड़ों के स्वामी इन्द्र की उपासना करें।

इन्द्र ब्रह्माण्ड के स्वामी हैं। उनको अर्पित प्रार्थनाएँ व्यक्ति को सक्षम बनाती हैं कि वह अपने शत्रुओं पर विजय प्राप्त कर सके। इसीलिये अपने मित्रों एवं स्वजनों को भी प्रोत्साहित करना चाहिए कि वे इन्द्र से प्रार्थना करें। यह भाव देकर ऋषि पुरोहितों से कहते हैं कि इन्द्र *अनुत्त-मन्युम* उनके क्रोध का सामना कोई नहीं कर सकता। इस कारण वे श्रेष्ठतम हैं। आगे कहा कि वे *सत्रा राजानं* ब्रह्माण्ड के स्वामी हैं। इसीलिये *इन्द्रं वाणीः* इन्द्र को समर्पित प्रार्थनाएँ, *एव दधिरे सहध्यै* व्यक्ति के लिए संभव करती हैं कि वह (अपने आलोचकों) पर हावी हो सके।

पुरोहितों के निंदक होते थे (और आज भी होते हैं) तथा ऋषियों के भी आलोचक होते थे। व्यक्ति जब परमात्मा से एक होने की अनुभूति करता है तभी वह ऐसी समस्याओं पर ध्यान नहीं देता। पूछा जा सकता है कि अगर आत्मज्ञान ऐसी समस्याओं के पार ले जा सकता है, तो फिर ऐसी प्रार्थनाओं का क्या प्रयोजन? उत्तर है कि आत्मज्ञान की बातें अधिकतर लोगों के लिए शब्द मात्र हैं। शायद ही कोई ऐसा सच्चा साधक होता

है जो वास्तव में आत्मज्ञान पाना चाहता है। अधिकतर लोग केवल एक सुरक्षित तथा अच्छा जीवन ही चाहते हैं जिस कारण ये प्रार्थनाएँ हैं।

आगे ऋषि कहते हैं *सम् आपीन् बर्हय* अपने स्वजनों को प्रोत्साहित करो कि वे भी प्रार्थना करें *हरि-अश्वाय* इन्द्र से जिनके घोड़े हरि हैं या जिनके घोड़ों का रंग स्वर्णिम है।

इस तरह इन्द्र को समर्पित यह स्तुति समाप्त होती है। वेद में इन्द्र को समर्पित अधिकतर स्तुतियों का लगभग एक ही सुर है, बस कुछ विशेषण तथा माँगे बदल जाती हैं।

कोई पूछ सकता है कि इन सब यज्ञों और प्रार्थनाओं का क्या महत्व? क्या यह मात्र अंधविश्वास नहीं है? क्या आधुनिक विज्ञान ने सिद्ध नहीं कर दिखाया कि परिश्रम का सीधा परिणाम समृद्धि है? फिर इन स्तुतियों और प्रार्थनाओं का क्या लाभ जो सच्चे श्रम की तुलना में अंधविश्वास पर आधारित देवताओं की स्तुति करती हैं ?

उत्तर है कि यह कहीं भी नहीं कहा गया कि यज्ञ कर्म के विकल्प हैं। बल्कि वेद तो इसके विपरीत बात करते हैं कि आप दिव्य हैं, इसीलिए आप जो भी करें उसमें दिव्यता का आह्वान करें।

विचार के विकास के विभिन्न स्तरों पर ईश्वर को इन्द्र, विष्णु, शक्ति या इन सबके रूप में देखा जा सकता है। आप अपनी व्यक्तिगत प्रकृति के आधार पर किसी को भी चुन सकते हैं। पवित्र ग्रन्थ गीता मानव दिव्यता के जीवंत स्वरूप की परिणति है जो कर्म को ईश्वर के प्रति समर्पण करना सिखाती है, ठीक उसी तरह जैसे वह पवित्र यज्ञ हो।

क्या इस प्रकार के कर्म वास्तव में फल देते हैं? हाँ! वेदों ने मानव प्रयासों के सभी क्षेत्रों में अद्भुत सफलता को निश्चित किया है। प्राचीन भारत का इतिहास इस बात का साक्षी है।

***

5.
देवी सूक्त
ऋग्वेद X.125

भारत के लोकप्रिय ग्रन्थों में से एक देवी माहात्म्य है जिसे दुर्गा सप्तशती या चंडी भी कहा जाता है। इसमें सात सौ श्लोक हैं जिसका पाठ देवी के हर मंदिर में लाखों श्रद्धालु

हिन्दुओं द्वारा किया जाता है। यह माना जाता है कि इस ग्रन्थ का पाठ उन्हें जीवन की हर बाधा को पार करने के लिए आंतरिक शक्ति प्रदान करता है तथा मुक्ति के मार्ग पर भी अग्रसर करता है।

इस तथ्य की पुष्टि इस ग्रन्थ में एक राजा तथा एक वैश्य की कथा के माध्यम से अति रोचक ढंग से हुई है। दोनों जीवन से हताश हो चुके थे, इसीलिए वे भटकते हुए एक आश्रम में पहुँचे जहाँ मेधा मुनि ने उन्हें जगन्माता की महिमा सुनाई जिन्हें शक्ति, देवी, महामाया आदि कहा जाता है जो शिष्टों की रक्षा पापियों से करने के लिए दुर्गा, काली, तथा अन्य देवियों के रूप में प्रकट होती हैं। देवी की महिमा सुना देने के पश्चात ऋषि ने उन्हें देवी सूक्त का पाठ करने के लिए कहा, जो उन्होंने किया, जिस कारण उन्हें वह सब प्राप्त हुआ जो वे चाहते थे – वैश्य को मुक्ति मिल गई और राजा आगे चलकर मन्वन्तर में मनु बन गए। इस प्रकार देवी सूक्त की महिमा जो हजारों वर्षों की परंपरा से चली आ रही थी, सार्वभौमिक तौर पर जानी तथा सराही गई, नहीं तो यह केवल उन ब्राह्मणों की धरोहर बनकर रह जाता जो वेद का अध्ययन और पाठ करते हैं।

भारत में जितने भी देवी-देवताओं की उपासना होती है, उनमें से तीन अधिक प्रचलित हैं – शिव, शक्ति तथा विष्णु (उनके अवतारों समेत) – तथा वेद की विभिन्न सूक्तों में उनका वर्णन है। शक्ति को समर्पित यह सूक्त बाद में शक्ति की सभी प्रकार की उपासना का स्रोत बना।

यह सूक्त दो कारणों से विशेष है – पहला, इसकी रचना एक ऋषिका, वागाम्भृणी (ऋषि अम्भृण की पुत्री वाक) ने की है। भारत की संस्कृति इतनी उच्च स्तर की थी कि स्त्रियाँ अन्यान्य क्षेत्रों के साथ वेद मन्त्रों की सृष्टि में भी पुरुषों के साथ कंधे से कंधा मिलाकर चलती थीं। इसीलिये यह देखकर पीड़ा होती है जब नासमझ धर्मोपदेशक स्त्रियों को वेद के अध्ययन से दूर रखने का प्रयास करते हैं।

दूसरा कारण है कि यह स्तुति किसी देवता के लिए नहीं, अपितु वागाम्भृणी के लिए ही है। महान भाष्यकारों ने निष्कर्ष निकाला कि यह स्तुति परमात्मा को समर्पित है और कहा कि ऋषिका ने गहन ध्यान की अवस्था में जाकर, जहाँ मन के सारे क्रियाकलाप थम जाते हैं, स्वयं के आत्मा से एक होने की अनुभूति की। यह सत्य उपनिषद के इस सनातन कथन में निहित है – *अहम् ब्रह्म अस्मि।*

उसके बाद जो हुआ वह इस स्तुति में बतलाया गया है। ऋषिका उद्घोषणा करती हैं कि वे स्वयं वह शक्ति हैं जो ब्रह्माण्ड सहित देवताओं आदि को चलायमान करती

हैं, जैसा आगे वर्णन किया गया है। ऐसी अनुभूति से उत्पन्न आनंद तथा हर्ष इस संसार में अद्वितीय है जहाँ धन और भोग का ही हर ओर बोलबाला है। यह इस बात को भी दर्शाती है कि वेद किस प्रकार भारतीय आध्यात्मिक ज्ञान के भंडार हैं तथा कोई इस ज्ञान को किस प्रकार प्राप्त कर सकता है।

इस स्तुति का विषय काव्यात्मक दृष्टि से उत्कृष्ट, दार्शनिक तौर पर विश्वसनीय, आध्यात्मिक तौर पर गहन, तथा सार्वभौमिक तौर पर उपयुक्त है।

देवता – वागाम्भृणी/परमात्मा; ऋषि – वागाम्भृणी, अम्भृण ऋषि की पुत्री वाक

अहं रुद्रेभिर्वसुभिश्चराम्यहमादित्यैरुत विश्वदेवैः।
अहं मित्रावरुणोभा बिभर्म्यहमिन्द्राग्नी अहमश्विनोभा॥ 1

अहं रुद्रेभिः-वसुभिः-चरामि-अहम्-आदित्यैः-उत विश्वदेवैः।
अहं मित्रा-वरुणा-उभा बिभर्मि-अहम् इन्द्राग्नी अहम्-अश्विना-उभा॥

मैं ही रुद्रों, वसुओं, आदित्यों तथा विश्वदेवों को चलायमान करती हूँ, मैं ही मित्र-वरुण, इन्द्र-अग्नि तथा उभय अश्विनों को स्थिर किए हुए हूँ।

ऋषि अम्भृण की पुत्री ऋषिका वाक अपने गभीर अध्ययन, मनन और ध्यान कर परमात्मा से एक होने की अनुभूति पाती हैं जिससे वह आनंद से भर उठी। वे अब जान गईं कि वही विशुद्ध चैतन्य के रूप में एकमात्र सत्ता हैं, तथा देवतागण जो प्रकृति की शक्तियाँ हैं और जिन्हें वे अब तक अपना नियन्ता समझती थीं, वे सब उनके आत्मा के सामने कण समान हैं। यही नहीं, इन सब देवताओं का अस्तित्व भी उन पर ही निर्भर करता है।

यही सत्य हर साधक अपनी सिद्ध अवस्था में अनुभव करते हैं। आत्मज्ञान की अवस्था में वे ब्रह्म से एकाकार हो जाते हैं जो सबका आलंबन तथा आधार हैं एवं जो तीनों लोकों में विद्यमान हैं।

रुद्र, वसु, आदित्य, विश्वेदेव, मित्र, वरुण, इन्द्र, अग्नि, अश्विन वेद के कुछ महत्वपूर्ण देवता हैं। इनमें रुद्र ग्यारह हैं, वसु आठ, आदित्य बारह, विश्वेदेव सभी देवताओं का समूह तथा आश्विन दो हैं। मित्र-वरुण तथा इन्द्र-अग्नि को आपस में मित्र माना गया

है जो वेद में प्रायः युगल देवताओं के रूप में पूजे जाते हैं। प्रत्येक देवता के कार्य भिन्न हैं, परंतु वे सब संसार के लिए कल्याणकारी कार्य करने तथा सांसारिक व्यवस्था को बनाए रखने में लगे रहते हैं। जब दुष्ट शक्तियाँ सीमाओं का उल्लंधन करती हैं तो वे उनका दमन भी करते हैं।

वाक कहती हैं,*अहम् चरामि* मैं ही वह सब देवता बनी हूँ जिनके नाम पिछले अनुच्छेद में दिए गए हैं। *चरामि* शब्द का अर्थ क्रियाशील करना भी हो सकता है, जिसका अर्थ होगा कि वाक स्वयं को उन शक्ति अर्थात् जगन्माता से एकरूप मानती हैं जो इस संसार में सबको चलायमान करती हैं। ब्रह्म तथा उनकी शक्ति अभेद हैं, इसीलिये इस मन्त्र को दोनों रूपों में देखना उपयुक्त है। दोनों में से कोई भी अर्थ लगाया जाए, वाक का अर्थ संसार की शासिका हैं। इस कारण देवता चाहे कितने भी शक्तिशाली हों, उनके कार्य वाक के ही कारण संभव हो पाते हैं।

पुराण तथा तन्त्र दोनों में शक्ति की उपासना की परंपरा का मूल इस सूक्त के पहले मन्त्र में ही है। ऋषिका आगे कहती हैं (*अहम्*) *बिभर्मि* मैं उन देवताओं को सँभालती या स्थिर करती हूँ, अर्थात् वे ही सभी देवताओं के आधार हैं, चूँकि वे ब्रह्म से अभिन्न हैं।

अहं सोममाहनसं बिभर्म्यहं त्वष्टारमुत पूषणं भगम्।
अहं दधामि द्रविणं हविष्मते सुप्राव्ये यजमानाय सुन्वते ॥ 2

अहं सोमम्-आहनसं बिभर्मि-अहम् त्वष्टारम्–उत पूषणं भगम्।
अहं दधामि द्रविणं हविष्मते सुप्राव्ये यजमानाय सुन्वते ॥

जिस सोम की सबको चाह है उसको मैं आधार देती हूँ, मैं ही त्वष्टा, पूषन तथा भग को आधार देती हूँ। यज्ञ, जिसमें आहुतियाँ डाली जाएँ तथा जिसे देवता पसंद करते हैं, उसे संपन्न करने वालों को मैं धन प्रदान करती हूँ।

वैदिक संस्कृति में सोम को एक विशेष स्थान प्राप्त था। वह किसी तरह की बूटी थी जिसके बारे में वर्तमान समय में कुछ ज्ञान नहीं। जब उसे पीसा जाता था तो उस बूटी से जो रस निकलता था वह आंशिक रूप से मादक तथा आंशिक रूप से औषधीय होता था। इन गुणों के कारण सोम रस प्रिय पेय था, जिस कारण वह यज्ञ के समय देवताओं को अर्पित किया जाता था। जब देवता अपने भाग का सोमपान

कर लेते थे तो वे अपराजित हो जाते थे। इस कारण उनकी विजय का श्रेय प्रायः सोम को जाता था।

सोम चन्द्रमा के देवता भी हैं, और कभी-कभी उनका पर्याय भी। परंतु इस मन्त्र तथा अन्य में सोम का अर्थ रस के रूप में ही है।

ऋषिका वाक कहती हैं *अहम् सोमम् आहनसं बिभर्मि* मैं ही सोम को आधार प्रदान करती हूँ जिसकी चाह सबको है। *आहनसम्* शब्द का अर्थ है जिसे दबाया जाए, जैसे अंगूर को दबाकर उनका रस निकाला जाता है। इसका अर्थ शत्रुओं का संहारक भी हो सकता है, चूँकि सोमपान करने के पश्चात देवता सरलता से अपने शत्रुओं का अंत कर देते हैं।

त्वष्टारम् उत पूषणम् भगम् वे ही त्वष्टा, पूषन तथा भग जैसे देवताओं का आधार भी हैं। इनमें त्वष्टा निर्माण के देवता हैं जिसमें यन्त्र तथा अस्त्र-शस्त्र शामिल हैं। पूषन को सूर्य के समान माना गया है जो संसार का पोषण करते हैं, तथा *भग* धन तथा सौभाग्य के देवता हैं। इन सभी देवताओं के आधार ब्रह्म हैं, और वे अपने कार्य शक्ति के माध्यम से करते हैं। वाक चूँकि ब्रह्म से अभिन्न हैं, इसीलिये वे कहती हैं कि वे ही ये सब देवता बनी हैं तथा उनके द्वारा कार्य करती हैं।

इसके अतिरिक्त ब्राह्मण तथा भक्त, जो श्रद्धा से यज्ञ संपन्न करके सौभाग्य तथा धन प्राप्त करते हैं, वे भी अपने सौभाग्य के लिए वाक के ही आभारी हैं। इस प्रकार वाक विधाता भी हैं जो कर्मों का फल प्रदान करती हैं। यह सब इस कथन से अभिव्यक्त हुआ है – *अहम् द्रविणम् दधामि* मैं ही (उन्हें) धन प्रदान करती हूँ, *हविष्मते* पावन आहुतियों से यज्ञाग्नि में *यजमानाय* जो यज्ञ संपन्न करते हैं, *सुप्राव्ये* जो देवताओं को पसंद हैं और *सुनवते* जो सोमरस से बनी होती है।

श्रद्धालुओं की मान्यता है कि जीवन में जो कुछ भी श्रेष्ठ प्राप्त होता है वह यथोचित यज्ञ करने से ही होता है। वाक कहती हैं कि श्रद्धालुओं को जो सौभाग्य प्राप्त होता है, वह उनके ही कारण होता है, चूँकि वे परमात्मा से अभिन्न हैं।

अहं राष्ट्री सङ्गमनी वसूनां चिकितुषी प्रथमा यज्ञियानाम्।
तां मा देवा व्यदधुः पुरुत्रा भूरिस्थात्रां भूर्यावेशयन्तीम्॥ 3

अहं राष्ट्री सङ्गमनी वसूनां चिकितुषी प्रथमा यज्ञियानाम्।
तां मा देवाः वि-अदधुः पुरुत्रा भूरिस्थात्रां भूरि-आवेशयन्तीम्॥

मैं विश्व-ब्रह्माण्ड की साम्राज्ञी हूँ, धन प्रदान करने वाली हूँ, (ब्रह्म को) जानने वाली हूँ, जो उपासना योग्य हैं उनमें सर्वोपरि हूँ। इसी कारण देवताओं ने मुझे अनेक स्थानों पर, अनेक भावों तथा अनेक रूपों में स्थापित किया है।

ब्रह्मज्ञान में प्रतिष्ठित वाक जानती हैं कि जिनकी उपासना होती है उनमें वे सर्वोपरि हैं, वे धन प्रदान करने वाली हैं, तथा वे ब्रह्माण्ड की सब वस्तुओं में हैं जिससे अस्तित्व संभव हो सके। यहाँ वाक हमें इस दष्टिकोण के परे ले जाती हैं कि देवतागण सब कार्य करते हैं। हर साधक जो ऐसी अनुभूति करता है, वह इस सच को जानता है।

वे कहती हैं*अहम् राष्ट्री* मैं (ब्रह्माण्ड की) महारानी हूँ, अर्थात् मैं ही वह जगन्माता हूँ जो सृष्टि, स्थिति तथा संहार करती है। वे *सङ्गमनी* सबको एक करने वाली हैं, *वसूनां* योग्य लोगों को धन प्रदान करने वाली हैं, *चिकितुषी* ब्रह्म को जानने वाली हैं। इसी कारण वे *प्रथमा यज्ञियानाम्* जिनकी यज्ञ में उपासना होती है उनमें सर्वोपरि हैं। वेद में यह पद इन्द्र को प्राप्त है चूँकि वे देवताओं के नायक हैं, परंतु वाक स्वयं को ब्रह्म से अभिन्न जानती हैं, इसीलिए पूजे जाने वाले देवताओं में वे प्रथम पूज्या हैं।

वाक ब्रह्माण्ड से एक हैं, इसीलिये वे कहती हैं *भूरि आवेशयन्तीम्* मैं ही सभी जीवों में आत्मा के रूप में प्रवेश किए हुए हूँ। *ताम्* ऐसा होने के कारण *देवाः वि अदधुः पुरुत्रा* देवताओं ने मुझे स्थापित किया हुआ है, *मा भूरिस्थात्रां* अनेक प्रकार से विभिन्न स्थानों में, जिसका अर्थ हुआ कि देवतागण जो भी काम करते हैं, वास्तव में वे सब उनकी उपासना ही है।

जाने अनजाने में किए गए मनुष्यों तथा देवताओं के कर्म, जगन्माता वाक की ही उपासना तथा स्तुति है।

मया सो अन्नमत्ति यो विपश्यति यः प्राणिति य ईं शृणोत्युक्तम्।
अमन्तवो मां त उप क्षियन्ति श्रुधि श्रुत श्रद्धिवं ते वदामि ॥ 4

मया सः अन्नम्-अत्ति यः विपश्यति यः प्राणिति यः ईं श्रृणोति उक्तम्।
अमन्तवः मां ते उप क्षियन्ति श्रुधि श्रुत श्रद्धिवं ते वदामि ॥

वह जो भोजन करता है, देखता है, साँस लेता है तथा कहा गया सुनता है, मेरे माध्यम से ही सब करता है। जो मेरे बारे में अज्ञानी हैं उनका नाश हो जाता है। जिनके कान हैं वे सुनें, मैं वह बताती हूँ जो श्रद्धापूर्वक सुनने योग्य है।

वाक बतलाती हैं कि वे किस प्रकार इस ब्रह्माण्ड में सभी कुछ के लिए दायी हैं, *मया सः अन्नम् अत्ति* वे सब जो भोजन करते हैं, अर्थात् सभी जीव मेरे माध्यम से ही ऐसा करते हैं। *यः विपश्यति यः प्राणिति यः ईं श्रृणोति उक्तम्* जो देखते हैं, साँस लेते हैं तथा सुनते हैं, वे भी मेरे माध्यम से ही सब करते हैं, अर्थात् जीव का हर कर्म जगन्माता की शक्ति से होता है जो जीव के हर अंग की शक्ति बन कर अवस्थित हैं, तथा जीव के प्राण के रूप में भी विद्यमान हैं। शरीर को जीवित रखने के लिए जो शक्ति उसमें कार्य करती है उसे प्राण कहते है। ये प्राण पाँच हैं – प्राण, अपान, व्यान, उदान, सामान। साथ में वाक आत्मा भी हैं।

आध्यात्मिक सत्य को न जानने वालों के लिए आगे चेतावनी है। वे कहती हैं *अमन्तवः माम् ते उप क्षियन्ति* जो मेरे बारे में अज्ञानी हैं, उनका नाश हो जाता है। जो नास्तिक हैं उनका भी जीवन चलता है, परंतु वे सच में सौभाग्यशाली हैं जो आध्यात्मिक सत्य तथा जगन्माता के ज्ञान को प्राप्त कर चुके हैं। *उप क्षियन्ति* का अर्थ है आध्यात्मिक अवस्था से नीचे गिरना, जो हिन्दू धर्म के अनुसार हमेशा के लिए नहीं होता। एक व्यक्ति, चाहे वह कितना भी भ्रष्ट हो, किसी भी समय अपने जीवन में आध्यात्मिकता के राजमार्ग पर अग्रसर होना शुरू कर सकता है। परंतु, जो इस मार्ग पर पहले से अवस्थित हैं वे निश्चित ही सौभाग्यशाली हैं।

इसीलिये वाक कहती हैं, *श्रुत* हे यशस्वी जनो, *ते वदामि श्रुधि* जो मैं बताती हूँ उसे सुनो! *श्रद्धिवम्* जो श्रद्धा से प्राप्त करने योग्य है। श्रद्धा शब्द हिन्दू परंपरा में बहुत आम है। इसका अर्थ है गुरु, बड़े तथा ग्रन्थों के शब्दों को आत्मसात करने पर प्राप्त हुई शक्ति से किसी आदर्श का पालन करना। श्रद्धा ही वह शक्ति है जो व्यक्ति को अच्छाई तथा महानता की ओर अग्रसर करती है। कठोपनिषद में नचिकेता की कथा आती है जो अपनी श्रद्धा के बल पर सहर्ष यमलोक चला जाता है। जो भी वाक कहती हैं वह पूरी श्रद्धा से सुनने योग्य है, क्योंकि उस ज्ञान को पाकर कोई कुछ भी प्राप्त कर सकता है।

अहमेव स्वयमिदं वदामि जुष्टं देवेभिरुत मानुषेभिः।
यं कामये तन्तमुग्रं कृणोमि तं ब्रह्माणं तमृषिं तं सुमेधाम्॥ 5

अहम्-एव स्वयम्–इदं वदामि जुष्टं देवेभिः-उत मानुषेभिः।
यं कामये तम्-तम्-उग्रं कृणोमि तं ब्रह्माणं तम्-ऋषिं तम् सुमेधाम्॥

मैं स्वयं यह सत्य कहती हूँ, तथा मेरे शब्द देवताओं तथा मनुष्यों को प्रसन्न करते हैं। जिनको भी मैं चाहती हूँ शक्तिशाली बना देती हूँ, ब्राह्मण बना देती हूँ, या ऋषि या ज्ञानी बना देती हूँ।

वाक का प्रभाव सर्वव्यापी है। वे कहती हैं,*अहम् एव स्वयम् इदम् वदामि* सच में मैं ही यह कहती हूँ। इन शब्दों में जो दृढ़ता का भाव है वह मात्र आत्मविश्वास नहीं बल्कि अकाट्य सत्य है। आगे वे कहती हैं *जुष्टम् देवेभिः उत मानुषेभिः* मेरे शब्द देवताओं तथा मनुष्यों को प्रसन्न करते हैं चूँकि वे सभी सत्य के पथ पर चलकर स्वयं को सौभाग्यशाली बनाते हैं।

सत्य क्या है? *यम् कामये तम् तम् उग्रम् कृणोमि* जिनको भी मैं चाहती हूँ, उनको मैं शक्तिशाली या सर्वोपरि बना देती हूँ। आगे वे कहती हैं, *तम् ब्रह्माणम् तम् ऋषिम् तम् सुमेधाम्* उनको मैं ब्राह्मण, ऋषि, या प्रज्ञावान बना देती हूँ। इस प्रकार इस संसार में प्रत्येक सफल व्यक्ति अपनी सफलता का श्रेय जगन्माता को देता है, जो कोई और नहीं, वाक हैं।

अहं रुद्राय धनुरा तनोमि ब्रह्मद्विषे शरवे हन्तवा उ।
अहं जनाय समदं कृणोम्यहं द्यावापृथिवी आविवेश ॥ 6

अहं रुद्राय धनुः-आ तनोमि ब्रह्मद्विषे शरवे हन्तवै उ।
अहम् जनाय समदं कृणोमि-अहम् द्यावा-पृथिवी आविवेश ॥

मैं भले जनों के आसुरी शत्रुओं को मारने हेतु रुद्र के धनुष को खींचती हूँ; मैं अपने भक्तों के शत्रुओं से युद्ध करती हूँ, मैं ही स्वर्ग तथा पृथ्वी में व्याप्त हूँ।

माँ दुर्गा बहुत ही प्रसिद्ध तथा पूजनीया देवी हैं जिन्होंने उन असुरों का संहार किया जो अपनी मर्यादा सीमा का अतिक्रमण कर भले लोगों पर आक्रमण करते थे। निराकार रूप में उनकी उपासना शक्ति के रूप में होती है तथा उन्हीं के कारण ईश्वर के अवतार हो पाते हैं। वे ही इस सृष्टि के शत्रुओं का संहार करने में ईश्वर की सहायता करती हैं।

यहाँ वाक कह रही हैं कि *अहम् रुद्राय धनुः आ तनोमि* मैं ही वह शक्ति हूँ जिसने रुद्र के धनुष की प्रत्यंचा चढ़ाई जब उन्होंने त्रिपुर नगर में तारकासुर के प्रसिद्ध असुर

पुत्रों से युद्ध किया। उस असुर राजा के तीन नगर थे जो लोहे, चाँदी तथा सोने से बने थे और स्वर्ग तक फैले थे। एक वरदान के अनुसार वह तभी मारा जा सकता था जब कोई एक ही तीर से तीनों नगरों को नष्ट कर देता। भगवान शिव से इस कार्य को करने के लिए विनती की गई और उन्होंने अपने धनुष से यह कर दिखाया। उस समय पृथ्वी उनका रथ बनी, सूर्य और चन्द्रमा उस रथ के पहिये, ब्रह्मा रथवान बने, मेरु पर्वत धनुष बना, तथा सर्पों का राजा वासुकि प्रत्यंचा। विष्णु तीर बने तथा अग्नि तीर की नोक बने आदि। यह कोई साधारण युद्ध नहीं था बल्कि *ब्रह्मद्विषे शरवे हन्तवै उ* उन आसुरी शक्तियों को समाप्त करने के लिए लड़ाई थी जो भले जनों के विरुद्ध थे। *ब्रह्मद्विष* शब्द का अर्थ है वे जो ब्राह्मणों के विरोध में होते हैं, परंतु इसका सही अर्थ है जो भले जनों (उच्च ज्ञान तथा चरित्र वालों) के विरोधी होते हैं।

भले लोग प्रकृति से सौम्य होते हैं। इस कारण वे क्रूर लोगों से लड़ नहीं सकते, इसीलिए प्रायः जगन्माता को प्रकट होकर पापियों का शमन करना पड़ता है।

अहम् जनाय समदम् कृणोमि मैं अपने भक्तों की रक्षा के लिए युद्ध करती हूँ। *जनाय* का अर्थ है लोग, परंतु यहाँ इसका अर्थ है भक्त। ब्रह्म से एकाकार होने के कारण *अहम् द्यावापृथिवी आ विवेश* मैं पूरे आकाश तथा पृथ्वी में व्याप्त हूँ। *द्यावापृथिवी* एक यौगिक शब्द है – द्यु जिसका अर्थ है आकाश, तथा पृथ्वी। इन दोनों को युगल देवता भी कहा जाता है, चूँकि वेद में इन दोनों को संयुक्त तौर पर संबोधित किया जाता है।

अहं सुवे पितरमस्य मूर्धन्मम योनिरप्स्वन्तः समुद्रे।
ततो वि तिष्ठे भुवनानु विश्वोतामूं द्यां वर्ष्मणोप स्पृशामि ॥ 7

अहं सुवे पितरम्-अस्य मूर्धन्-मम योनिः-अप्सु-अन्तः समुद्रे।
ततः वि तिष्ठे भुवना-अनु विश्वा-उत-अमूम् द्याम् वर्ष्मणा-उप स्पृशामि ॥

मैंने उनके (परमात्मा के) शीर्ष के रूप में पिता समान आकाश की उत्पत्ति की; मेरी उत्पत्ति का स्थान जल के मध्य में है जहाँ से मैं सभी जीवों में विस्तारित हुई तथा अपने शरीर से स्वर्ग का स्पर्श किया।

वाक सर्वव्यापी हैं – वे समुद्र से आकाश तक व्याप्त हैं, उन्होंने ही आकाश को बनाया जिसे पिता समान माना गया है, क्योंकि सब कुछ आकाशतत्त्व से ही उत्पन्न

हुआ है। वे कहती हैं *अहम् सुवे पितरम् अस्य मूर्धन्* मैंने ही आकाश को जन्म देकर उसको ईश्वर के सिर के रूप में स्थापित किया। पुरुष सूक्त के अध्याय में बतलाया गया कि कैसे ईश्वर को हजारों सिरों के साथ देखा जाता है। यहाँ सिर शब्द इसी संदर्भ में प्रयोग हुआ है। सृष्टि की प्रक्रिया में सर्वप्रथम उत्पन्न होने वाला आकाश है जिसके दो अर्थ हो सकते हैं – आसमान तथा अंतरिक्ष के सूक्षतम कण।

वाक कहाँ उत्पन्न हुईं? वे उत्तर देती हैं *मम योनिः* मेरी उत्पत्ति*अप्सु अन्तः समुद्रे* समुद्र के जल के मध्य हुई।*समुद्र* ईश्वर के लिए एक लोकप्रिय शब्द है क्योंकि दोनों में समानता है। एक समानता यह भी है कि वे दोनों विशाल हैं। वाक ईश्वर से उत्पन्न हुई हैं, ईश्वर की शक्ति हैं तथा जहाँ भी सृष्टि होती है वहीं वो हैं। हिन्दू धर्म में शक्ति का यह भाव कि वह ईश्वर से अभिन्न है तथा सृष्टि के हर दृष्टांत में प्रकट होती हैं, सार्वभौमिक तौर पर मान्य है।

इस प्रकार वाक एक ऋषिका तथा जगन्माता दोनों हैं। इसका परिणाम क्या हुआ? *ततः वि तिष्ठे भुवना अनु विश्वा* इस प्रकार मैंने ब्रह्माण्ड के सभी जीवों में प्रवेश किया। चूँकि वे सभी की अन्तर्निहित शक्ति हैं, इसीलिये उन्होंने सबमें प्रवेश किया है। उत *अमूं* तथा इस प्रकार *द्यां वर्ष्मणा उप स्पृशामि* मैं अपने शरीर से उच्चतम स्वर्ग को स्पर्श करती हूँ। जहाँ भी लोक है, वहाँ जीव भी हैं तथा वे सब वाक का ही शरीर हैं। इस तरह आलंकारिक रूप से वे अपने शरीर से स्वर्ग को स्पर्श करती हैं। सार यह है कि वाक संसार की चेतना होने के कारण सभी के मन में प्रवेश करती हैं तथा जीव का शरीर बनती हैं जिससे ब्रह्माण्ड बना है। इस सृष्टि में उनके बाहर कुछ भी नहीं।

याद दिलाएँ कि ऐसी अनुभूति किसी को भी हो सकती है जो साधना द्वारा माया और ब्रह्म के अंतर को जानकार भ्रम के पार ब्रह्म से एक हो जाते हैं।

अहमेव वात इव प्र वाम्यारभमाणा भुवनानि विश्वा।
परो दिवा पर एना पृथिव्यैतावती महिना सं बभूव॥ 8

अहम्-एव वातः इव प्र वामि-आराभमाणा भुवनानि विश्वा।
परः दिवा परः एना पृथिव्या-एतावती महिना सम् बभूव॥

बहने वाली हवा की तरह मैं सभी रची गई वस्तुओं को चलायमान करती हूँ, मैं ही आकाश तथा पृथ्वी के पार हूँ, मैं ही अपनी भव्यता में सब बनी हूँ।

जगन्माता वाक ही सब कुछ को संभव करने का कारण हैं, तथा वे स्वयं ही उनका कार्य भी बनती हैं। वेद में यह विचार बहुत ही आम है कि ईश्वर ब्रह्माण्ड की सृष्टि करते हैं फिर उसमें प्रवेश कर जाते हैं, अर्थात् वे कार्य, कारण, तथा इन सबके परे भी हैं।

वाक कहती हैं,*अहम् एव वातः इव* जैसे हवा अपने आप चलती है, *प्र वामि आरभमाणा* मैं चलायमान करती हूँ, *भुवनानि विश्वा* ब्रह्माण्ड के सभी जीवों को। उन्होंने ऐसा क्यों किया? यह उनकी इच्छा है। ईश्वर की इच्छा के बारे में कोई प्रश्न नहीं हो सकता, न ही उसके लिए कोई युक्ति-तर्क किया जा सकता, क्योंकि ईश्वर मन से परे हैं इसीलिए यह प्रश्न अपने आप में निरर्थक हो जाता है। जिस ईश्वर की व्याख्या की जा सके वह ईश्वर है ही नहीं। ज्ञानविहीन लोग ही ईश्वर और उनके कार्य के बारे में प्रश्न उठाते हैं, या व्याख्या करते हैं।

वाक आगे कहती हैं *परः दिवा परः एना पृथिव्या* मैं आकाश तथा पृथ्वी से भी परे हूँ – मैं न तो पदार्थ हूँ, न मन। मैं इन सबसे परे हूँ। फिर भी *एतावती महिना* अपनी शक्ति/भव्यता से ही वे *सम् बभूव* सब कुछ बनी हैं।

संक्षेप में कहें तो ऋषिका ने ब्रह्म से एक होने की अपनी अनुभूति के पश्चात कहा कि वे ब्रह्माण्ड में सब कुछ का कार्य तथा कारण हैं, वे ही सबका सार हैं, फिर भी वे इन सबसे परे हैं। इस प्रकार वेद एक नारी की महिमा गाते हैं जो स्वयं को ईश्वर के समरूप देखती हैं। इस प्रकार सबसे प्राचीन सभ्यता भारत में स्त्री तत्व महिमामंडित हुआ।

***

6.
हिरण्यगर्भ सूक्त
ऋग्वेद X.121

परंपरागत तौर पर हर समाज में पिता आदर के पात्र होते हैं, क्योंकि वे अपने परिवार के लिए पालनकर्ता, मार्गदर्शक तथा रक्षक की भूमिका निभाते हैं। तो यह स्वाभाविक ही है कि ईश्वर, जिनमें पूरी मानवता के संदर्भ में ये गुण हैं, उनसे प्रेम का विशेष रिश्ता

हो। इससे यह नहीं समझना चाहिए कि वेद पितृसत्ता को प्रोत्साहित करते हैं, चूँकि जगन्माता को समर्पित हम कई बड़ी ही उदात्त स्तुतियाँ वेद में पाते हैं, जिनमें से कुछ को इस पुस्तक के लिए चुना गया है।

इन सबमें हम यही देखते हैं कि ऋषि ईश्वर को सर्वोपरि दिव्य रूप में देखते थे, तथा उनकी ऐसी कोई चाह नहीं थी कि ईश्वर को पुरुष या स्त्री रूप में देखें। वेद में कई स्तुतियाँ हैं जिनमें इन्द्र तथा अन्य देवताओं की उपासना पिता रूप में होती है। इनमें से प्रजापति, अर्थात् जीवों के प्रजनक, की बाद के ग्रन्थों में भी अन्य कई नाम, जैसे ब्रह्मा के रूप में उपासना होती रही। प्रस्तुत सूक्त प्रजापति के प्रति है जिनको हिरण्यगर्भ भी कहा जाता है।

हिरण्यगर्भ कौन और क्या हैं? जब निराकार परमात्मा ने सृष्टि करने की इच्छा की, तो उनकी इच्छा एक सर्जनात्मक शक्ति बन गई जिसे विभिन्न नामों से पुकारा गया जैसे अविद्या, माया, शक्ति आदि। फिर परमात्मा सभी के स्वामी के रूप में प्रकट हुए जिन्हें साकार ईश्वर कहा जाता है। प्रार्थनाएँ तथा उपासना ईश्वर के प्रति होती हैं, चूँकि निराकार परमात्मा अनंत हैं और सर्वव्यापी हैं, तो भला किसके प्रति और कहाँ प्रार्थना हो सकती है?

जब सृष्टि की प्रक्रिया आरंभ हो गई तो स्रष्टा ईश्वर अपने गर्भ में ब्रह्माण्डीय स्वर्णिम अंड लेकर प्रकट हुए जो हिरण्यगर्भ कहलाए। हिरण्य का अर्थ स्वर्ण है। इस गर्भ में उस सृष्टि के चक्र में जो भी सृष्टि होनी थी, उसके बीज थे। तब हिरण्यगर्भ परमात्मा से एकाकार थे, चूँकि तब तक कोई सृष्टि नहीं थी, परंतु परमात्मा के स्रष्टा रूप से भेद करने के लिए उन्हें अलग से संबोधित किया जाता है।

जैसे ही हिरण्यगर्भ प्रकट हुए, वे हर ओर विस्तारित हो गए तथा उन्होंने अपनी शक्ति से विभिन्न लोकों की रचना की और उनका संरक्षण किया। उसके बाद ही भौतिक पदार्थों तथा जीवों की सृष्टि हुई। उपनिषदों में उन्हें सूत्रात्मा कहा गया है अर्थात् ब्रह्माण्ड के आत्मा। मनुस्मृति (1.9) में हिरण्यगर्भ का वर्णन ब्रह्मा के रूप में हुआ है जो हिरण्यगर्भ से प्रकट हुए।

इस सूक्त में हिरण्यगर्भ को कः नाम से संबोधित किया गया है जिसका अर्थ है प्रजापति, जैसा कि सायणाचार्य ने व्याख्या की है। उनके अनुसार कः का अर्थ है 'अज्ञात; जो इच्छा करता है; सुख; आनंद' आदि – जिन सबका आशय प्रजापति है। दुर्भाग्यवश कुछ विद्वानों ने कः का अनुवाद 'जिनको' के रूप में किया, जो केवल

शाब्दिक अनुवाद है। इससे स्तुति का अर्थ ही बदल जाता है और फिर यह सूक्त केवल एक कविता सी प्रतीत होता है।

इस स्तुति के ऋषि हिरण्यगर्भ हैं, जो प्रजापति के पुत्र थे। वेद में कई ऐसी स्तुतियाँ हैं, जिसके कारण विस्मय होता है कि ईश्वर तथा ऋषि का नाम एक कैसे है।

देवता – कः या प्रजापति; ऋषि – हिरण्यगर्भ प्रजापत्य

हिरण्यगर्भः समवर्तताग्रे भूतस्य जातः पतिरेक आसीत्।
स दाधार पृथिवीं द्यामुतेमां कस्मै देवाय हविषा विधेम॥ 1

हिरण्यगर्भः सम्-अवर्तत-अग्रे भूतस्य जातः पतिः-एक आसीत्।
स दाधार पृथिवीं द्याम्-उत-इमां कस्मै देवाय हविषा विधेम॥

आरंभ में हिरण्यगर्भ थे। जब उनकी उत्पत्ति हुई तो वे सभी जीवों के स्वामी बने। उन्होंने पृथ्वी तथा स्वर्ग को संभाला। हम उस देवता क को आहुतियाँ अर्पित करते हैं।

ऋषि *क* (हिरण्यगर्भ) को आहुतियाँ अर्पित करना चाहते हैं जो इस सापेक्ष संसार में परमात्मा का पहला प्रकटीकरण हैं। इसकी व्याख्या*अग्रे हिरण्यगर्भः सम् अवर्तत* आरंभ में हिरण्यगर्भ थे, कहकर की जा रही है, *जातः भूतस्य पतिः एकः* जो जन्म लेने पर सभी जीवों के स्वामी हुए।

ईश्वर की भूमिका आगे बढ़ी। *सः दाधार पृथिवीम् द्याम् उत इमाम्* उन्होंने पृथ्वी तथा स्वर्ग को अपनी शक्ति से संभाला। प्रकृति की शक्तियों के पीछे उनकी ही शक्ति है जो सभी वस्तुओं को यथारूप बनाए रखती है। इसीलिये *कस्मै देवाय हविषा विधेम* हम क (प्रजापति) को आहुतियाँ अर्पित करें।

अगले मन्त्रों में उनकी उपासना करने के अन्य कारण बतलाए गए हैं।

य आत्मदा बलदा यस्य विश्व उपासते प्रशिषं यस्य देवाः।
यस्य छायामृतं यस्य मृत्युः कस्मै देवाय हविषा विधेम॥ 2

यः आत्मदाः बलदाः यस्य विश्वे उपासते प्रशिषं यस्य देवाः।
यस्य छाया-अमृतं यस्य मृत्युः कस्मै देवाय हविषा विधेम॥

वे जो आत्मा देने वाले हैं, बल देने वाले हैं, जिनकी आज्ञा का देवता सहित सभी जीव पालन करते हैं, जिनकी छाया अमरत्व है और जिनकी (छाया) मृत्यु है, हम उन दिव्य क को आहुति अर्पित करें।

हर दर्शन को संसार, जीव तथा ईश्वर की व्याख्या करनी पड़ती है। विज्ञान, भौतिकवाद, यथार्थवाद, आदर्शवाद, द्वैतवाद, अद्वैतवाद – सभी को इन तीनों की व्याख्या करनी पड़ती है, तथा उस व्याख्या को सुसंगत भी होना पड़ता है। इस प्रकार दर्शन-शास्त्र मात्र वह विवरण है कि कैसे विद्वानों ने सत, आंशिक सत तथा अस्तित्वहीन के रूप में इन तीनों – संसार, जीव तथा ईश्वर की व्याख्या की।

वेद में ईश्वर सत हैं, तथा संसार और उसके जीव भी सत्य हैं। ईश्वर संसार की सृष्टि कर उसमें प्रवेश करते हैं – *तत् सृष्ट्वा तदेवानुप्राविशत्* सृष्टि के बाद उन्होंने उसमें प्रवेश किया (तैत्तिरीय उपनिषद *2.6.2*)। जीवित प्राणी में वे जीव के रूप में प्रवेश करते हैं, जो वास्तव में ब्रह्म ही हैं। परंतु वे शरीर, मन तथा अहंकार के भाव से एकात्म प्रतीत होते हैं। ये ब्रह्म ही ब्रह्माण्ड में सभी कुछ के स्वामी एवं प्रभु हैं जिनके समक्ष जीवन तथा मृत्यु छाया मात्र हैं।

यहाँ ईश्वर का वर्णन *यः आत्मदाः* जो आत्मा प्रदान करते हैं के रूप में हो रहा है। जीव उसी तरह ईश्वर से उत्पन्न होते हैं जैसे आग से चिंगारियाँ प्रकट होती हैं। ये चिंगारियाँ भौतिक नहीं, वरन शुद्ध चैतन्य हैं और इसीलिए ये ब्रह्म से एक हैं। वे *बलदाः* बल प्रदान करने वाले हैं जो जीवन के प्रकोपों के विरुद्ध इसका संरक्षण करता है। इन दो शब्दों का अर्थ यह भी हो सकता है कि ईश्वर आत्मा को पवित्र करते हैं तथा आंतरिक बल प्रदान करते हैं ताकि लोग संसार से विमुख होकर ईश्वर की ओर बढ़ सकें।

वे इतने शक्तिशाली हैं कि *यस्य विश्वे उपासते* सभी जीव, जाने अनजाने उनकी ही उपासना करते हैं, उनकी आज्ञा का पालन करते हैं, तथा *यस्य देवाः प्रशिषं* देवता भी उनकी आज्ञा का पालन करते हैं। देवता भी प्रकृति के स्वामी हैं, परंतु वे ईश्वर के सामने गौण पड़ जाते हैं, ठीक उसी तरह जैसे कोई छोटा राजा एक सम्राट के सामने गौण पड़ जाता है।

जीवों के संसार में जो जन्म और मृत्यु हैं, उनका क्या? ऋषि कहते हैं *यस्य छाया अमृतं* उनकी छाया अमरता है। *अमृतं* शब्द का अर्थ जीवन या स्वर्ग में सापेक्ष अमरता हो सकता है। इसके अतिरिक्त *यस्य मृत्युः* अर्थात् मृत्यु भी उनकी छाया है।

मृत्यु के देवता तथा काल के रूप में जीवन के नियंत्रक यम देवता भी ईश्वर के आगे तुच्छ हैं। इसका यह भी अर्थ हो सकता है कि निर्वाण तथा संसार (मुक्ति एवं बंधन) भी उनकी इच्छा से होते हैं। इस प्रकार ईश्वर ही किसी को संसार में बनाए रखते हैं, तथा वे ही व्यक्ति को संसार से मुक्त करते हैं। इसीलिये *कस्मै देवाय हविषा विधेम* हम क को आहुतियाँ अर्पित करें।

यः प्राणतो निमिषतो महित्वैक इद्राजा जगतो बभूव।
य ईशे अस्य द्विपदश्चतुष्पदः कस्मै देवाय हविषा विधेम॥ 3

यः प्राणतः निमिषतः महित्वा-एकः इत्-राजा जगतः बभूव।
यः ईशे अस्य द्विपदः-चतुष्पदः कस्मै देवाय हविषा विधेम॥

वे जो अपनी ही महिमा से सभी चलने, साँस लेने और आँखें झपकाने वाले जीवों के शासक बने, जो दो पैर तथा चार पैर वाले जीवों के अस्तित्व पर शासन करते हैं, उन क को हम आहुतियाँ अर्पित करें।

यहाँ हिरण्यगर्भ की स्तुति हो रही है जो अपनी शक्ति से सब पर शासन करते हैं, *यः एकः राजा जगतः बभूव* वे जो ब्रह्माण्ड के सार्वभौम शासक *महित्वा* अपनी ही महिमा से बने, *प्राणतः निमिषतः* उनके जो साँस लेते हैं और पलकें झपकाते हैं। *यः ईषे अस्य द्विपदः चतुष्पदः* जो दो पैर वालों तथा चार पैर वालों पर भी शासन करते हैं, *कस्मै देवाय हविषा विधेम* उन क को हम आहुतियाँ अर्पित करें।

अर्पण ध्यान द्वारा भी हो सकता है जैसे भगवान कृष्ण, अर्जुन को गीता में समझाते हैं कि किस प्रकार एक व्यक्ति ब्रह्म से एकाकार होने के लिए अपना मन और अपने आत्मा को ईश्वर को अर्पित करता है। परंतु वेद जानते हैं कि लोग आत्म-विकास के विभिन्न स्तर पर होते हैं। अधिकतर लोगों के लिए जीवित रहने के लिए आवश्यकताओं की पूर्ति महत्वपूर्ण होती है, इसीलिए वे ईश्वर से इसके अतिरिक्त कुछ और नहीं चाहते। इस कारण वेद में अनेक ऐसी स्तुतियाँ हैं जो परमात्मा से सांसारिक समृद्धि की प्रार्थना करती हैं। परंतु जैसे-जैसे लोग जीवन में विकास करते हैं उनका दृष्टिकोण तथा उनकी समझ गहरी और व्यापक होती चली जाती है जिससे वे आध्यात्मिक सत्ता का बोध करने लग जाते हैं जो भौतिक जीवन के उतार-चढ़ाव से अनछुआ रहता है। इस

प्रकार, वेद अलग-अलग मानसिकता को समझते हैं और इसीलिए हिरण्यगर्भ सूक्त के माध्यम से एक साधक को ईश्वर के प्रति जाग्रत होने के लिए प्रोत्साहित करते हैं।

यस्येमे हिमवन्तो महित्वा यस्य समुद्रं रसया सहाहुः।
यस्येमाः प्रदिशो यस्य बाहू कस्मै देवाय हविषा विधेम॥ 4

यस्य-इमे हिमवन्तः महित्वा यस्य समुद्रं रसया सह-आहुः।
यस्य-इमाः प्रदिषः यस्य बाहू कस्मै देवाय हविषा विधेम॥

जिनकी महानता के प्रतीक ये हिम आच्छादित पर्वत हैं, मनुष्य जिनकी महिमा को नदियों समेत सागर कहते हैं, जिनकी दो बाहुएँ आकाश की दिशाएँ हैं, उन दिव्य क को हम आहुतियाँ अर्पित करें।

साधारण भाषा में ईश्वर की महिमा का वर्णन नहीं किया जा सकता, इसीलिये उनकी भव्यता को दर्शाने के लिए विभिन्न उदाहरणों तथा रूपों का प्रयोग किया जाता है। उदाहरण के लिए गीता कहती हैं कि ब्रह्माण्ड ईश्वर के स्वरूप में एक कण के समान है। इस विचार को और स्पष्ट करने के लिए गीता के दसवें अध्याय में बतलाया गया है कि ईश्वर किसी भी प्रजाति या जीवों के समूह में सर्वश्रेष्ठ हैं।

वेद में ऐसे ही उदाहरणों का प्रयोग हुआ जैसा कि हम पुरुष सूक्त में पाते हैं जहाँ ब्रह्माण्ड को आलंकारिक रूप में परमात्मा का एक चौथाई भाग बतलाया गया है। वेद संसार की विशेष वस्तुओं का उदाहरण देकर भी दर्शाते हैं कि ये वस्तुएँ कैसे ईश्वर की महिमा के प्रमाण हैं।

यस्य इमे हिमवन्तः महित्वा जिनकी महानता ये पर्वत कहे गए हैं, तथा *यस्य समुद्रम् रसया सह आहुः* जिनकी महानता नदियों समेत सागर कहा गया है। दोनों संकेत ईश्वर की ओर हैं। हिमालय का एक नाम हिमवन्तः है। जब लोग आश्चर्य से हिमालय को देखते हैं तो वे उस ईश्वर की महिमा से विस्मित हुए बिना नहीं रह पाते जिन्होंने उन्हें रचा है और उनको स्थापित किया है।

इसी प्रकार विशाल सागर तथा शक्तिशाली नदियाँ भी ईश्वर की महानता के प्रतीक हैं। *रस* शब्द का प्रयोग तरलता के रूप में हुआ है, और सार एवं आनंद के रूप में भी। यह शब्द नदियों को संकेतित करता है चूँकि वे *रस* अर्थात् जल से भरी हैं।

इसके अतिरिक्त *यस्य इमाः प्रदिशः यस्य बाहू* चार दिशाएँ ईश्वर के दो बाहु समान हैं। भाष्यकार इन दिशाओं में पूर्व तथा दक्षिण को ही लेते हैं, चूँकि ये दिशाएँ शुभ मानी जाती हैं। मन्त्र के अंत में कहा गया है *कस्मै देवाय हविषा विधेम* उन क देवता को हम आहुतियाँ अर्पित करें।

येन द्यौरुग्रा पृथिवी च दृळ्हा येन स्व स्तभितं येन नाकः।
यो अन्तरिक्षे रजसो विमानः कस्मै देवाय हविषा विधेम॥ 5

येन द्यौः-उग्रा पृथिवी च दृळ्हा येन स्व स्तभितं येन नाकः।
यः अन्तरिक्षे रजसः विमानः कस्मै देवाय हविषा विधेम॥

जिसके द्वारा आकाश को विशाल बनाया गया तथा पृथ्वी को दृढ़, जिसके द्वारा स्वर्ग को स्थिर किया गया, जिसके द्वारा तारे स्थिर हुए; जिसने अंतरिक्ष में कण बनाए, उन क देवता को हम आहुतियाँ अर्पित करें।

ईश्वर की महिमा का गुणगान आगे चलता है, येन *द्यौः उग्रा* जिनके द्वारा विशाल आकाश बनाया गया, *पृथिवी च दृळ्हा* तथा पृथ्वी को दृढ़ किया गया। भारत में यह विचार सार्वभौमिक है कि पृथ्वी को ईश्वर की शक्ति से दृढ़ किया गया, चूँकि गुरुत्वाकर्षण समेत सभी शक्तियाँ ईश्वर की ही हैं।

येन स्वः स्तभितम् येन नाकः जिसके द्वारा स्वर्ग तथा तारे स्थिर हुए, *यो अन्तरिक्षे रजसः विमानः* जिसके द्वारा अंतरिक्ष में कण बनाए गए, *कस्मै देवाया हविषा विधेम* उन क देवता को हम आहुतियाँ अर्पित करें।

इस मन्त्र में तीन शब्द *द्यु, स्वः* तथा*अंतरिक्ष* सूक्ष्मता की विभिन्न अवस्थाओं को संकेत करते हैं। सायणाचार्य ने *द्यु* तथा *अंतरिक्ष* को आकाश बतलाया है, जबकि *स्वः* को उच्चतम स्वर्ग या ब्रह्मलोक बतलाया है। रज शब्द का अर्थ, जिसका प्रयोग प्रायः सृष्टि के संदर्भ में होता है, कण है। *विमानः* का अर्थ है सृष्टि करना।

इस मन्त्र के संदर्भ में सायणाचार्य का एक रोचक कथन है। जब वे व्याख्या करते हैं कि तारों को ईश्वर द्वारा स्थिर किया गया है तो वे कहते हैं कि सूर्य आकाश में स्थिर है। इस तरह वे सूर्य को एक तारा तथा स्थिर मानते हैं, जिसका अर्थ हुआ कि पृथ्वी सूर्य के चारों ओर घूमती है। इस प्रकार वे उन प्राचीन ऋषियों में से हैं

जिन्होंने सात शताब्दी पहले ही इस बात का खंडन कर दिया था कि पृथ्वी सौरमंडल का केंद्र है।

यं क्रन्दसी अवसा तस्तभाने अभ्यैक्षेतां मनसा रेजमाने।
यत्राधि सूर उदितो विभाति कस्मै देवाय हविषा विधेम॥ 6

यं क्रन्दसी अवसा तस्तभाने अभि-ऐक्षेतां मनसा रेजमाने।
यत्र-अधि सूरः उदितः विभाति कस्मै देवाय हविषा विधेम॥

जिनको स्वर्ग तथा पृथ्वी ने, जो उनकी सुरक्षा से स्थापित थे तथा देदीप्यमान थे, अपने मन के द्वारा देखा; जिनमें उगता हुआ सूर्य चमकता है उन दिव्य क को हम आहुति अर्पित करें।

स्वर्ग तथा पृथ्वी हमारे अस्तित्व की देदीप्यमान शोभा हैं जो हमें रचते हैं और हमारा पालन करते हैं। इन दोनों ने भी अपने ध्यान की मौन अवस्था में अनुभव किया कि स्रष्टा, पालक तथा रक्षक ईश्वर हैं। ऋषि आगे कहते हैं कि सूर्य जो उगता है और आकाश में चमकता है, वह ईश्वर के कारण ही ऐसा कर पाता है, *यं क्रन्दसी* जिनको पृथ्वी तथा स्वर्ग *रेजमाने* जो तेज चमकते हैं, *अभि ऐक्षेतां मनसा* उनहोंने अपने मन से (ध्यान द्वारा) अनुभव किया कि *अवसा तस्तभाने* वे ईश्वर के द्वारा सुरक्षित हैं।

क्रन्दसी का वास्तविक अर्थ होता है रोना या दहाड़ना, परंतु यहाँ इसका अर्थ है पृथ्वी तथा स्वर्ग के युगल इष्ट जिन्होंने अनुभव किया कि इनको ईश्वर का संरक्षण प्राप्त है। यह विचार बाद में पुराणों में भी लिया गया तथा सुंदर ढंग से प्रस्तुत किया गया कि पापपूर्ण शक्तियों से रक्षा हेतु पृथ्वी ब्रह्मा (प्रजापति) के पास जाती है। *अभि ऐक्षेतां मनसा* का अर्थ है युगल देवताओं (पृथ्वी तथा स्वर्ग) ने उनको देखा तथा अनुभव किया कि उनकी सारी शक्ति तथा महिमा ईश्वर के कारण है। भाव यह है कि सब रचे गए जीव आभार व्यक्त करते हुए, आदर से मानते हैं कि वे स्रष्टा के अधीन हैं।

यही नहीं *यत्र अणि सूरः उदितः विभाति* जहाँ सूर्य उगता है तथा तेज चमकता है, *कस्मै देवाय हविषा विधेम* उन दिव्य क को हम आहुतियाँ अर्पित करें।

आपो ह यद्बृहतीर्विश्वमायन्गर्भं दधाना जनयन्तीरग्निम्।
ततो देवानां समवर्ततासुरेकः कस्मै देवाय हविषा विधेम॥ 7

आपो ह यत्-बृहतीः-विश्वम्-आयन्-गर्भं दधानाः जनयन्तीः-अग्निम्।
ततः देवानां सम-अवर्तत-असुः-एकः कस्मै देवाय हविषा विधेम॥

जब अथाह जल ब्रह्माण्ड में विस्तारित हुआ, जिसमें बीज था तथा जिसने अग्नि को जन्म दिया, तब देवताओं की एक साँस उत्पन्न हुई (उनका जन्म हुआ), उन दिव्य क को हम आहुतियाँ अर्पित करें।

पहले मन्त्र में कहा, 'प्रजापति पहले उत्पन्न हुए।' परंतु किससे उत्पन्न हुए या उठे? यह मन्त्र इस प्रश्न का उत्तर देते हुए कहता है, 'जल से या बीज (गर्भ) से।' सायणाचार्य दोनों ही संभावनाओं को स्वीकार करते हैं। पहली अवस्था में अर्थ होगा, उस जल ने प्रजापति को अंड (गर्भ) के रूप में जन्म दिया तथा उन प्रजापति से वायु का अर्थात् देवताओं तथा अन्य जीवों की प्राण-वायु का जन्म हुआ।

वेदान्त के अनुसार, जो कि वेदों का मर्म है, सृष्टि ईश्वर की उस शक्ति से होती है जिसे माया या प्रकृति कहा जाता है। प्रजापति इससे प्रकट होते हैं तथा इसीलिए ईश्वर की शक्ति को जल या बीज या गर्भ भी कहा जाता है।

इसे *आपः ह यत् बृहतीः विश्वम् आयन् गर्भम् दधानाः जनयन्तीः अग्निम्* कहा गया है, अर्थात् जब कारण-सलिल जो ब्रह्माण्डीय जल है, जिसमें बीज था तथा जिसने अग्नि को जन्म दिया, का विस्तार हुआ, *ततः देवानाम् सम् अवर्तत असुः एकः* तब एक साँस उत्पन्न हुई जो देवताओं की प्राण-वायु थी।

जब सृष्टि का समय हुआ तो ईश्वर की शक्ति, जिसे कारण-सलिल कहते हैं, उसका सब ओर विस्तार हुआ। इस जल में अग्नि तत्व समेत सभी तत्वों के बीज थे, जिसका संकेत अग्नि से किया गया है तथा जिनको वेद में देवता कहा गया है। सृष्टि के ये सभी तत्व मानो गर्भ में या बीज रूप में संभाव्य के रूप में थे जिनको प्रजापति कहा गया। इन्हीं ईश्वर को आहुति अर्पित की जाती है, *कस्मै देवाय हविषा विधेम*।

यश्चिदापो महिना पर्यपश्यद्दक्षं दधाना जनयन्तीर्यज्ञम्।
यो देवेष्वधि देव एक आसीत्कस्मै देवाय हविषा विधेम॥ 8

यः-चित्-आपः महिना परि-अपश्यत्-दक्षं दधाना जनयन्तीः-यज्ञम्।
यः देवेषु-अधि देव एक आसीत्-कस्मै देवाय हविषा विधेम॥

वे जिन्होंने अपनी शक्ति से जल को, जिसमें सृष्टि की शक्ति थी, हर ओर देखा था; तथा जिसने यज्ञ को जन्म दिया, वे जो देवताओं में परमेश्वर थे, उन क को हम आहुति अर्पित करें।

यह मन्त्र सृष्टि के प्रारंभ का वर्णन करता है जब केवल सब जगह आद्य जल था जिससे सब उत्पन्न हुआ। प्रजापति जो स्रष्टा हैं, उन्होंने उस जल को देखा था जिसमें वे स्वयं थे। उस जल में स्रष्टा का साकार रूप था अर्थात् ब्रह्मा, तथा यज्ञ था जिससे सृष्टि की प्रक्रिया आगे बढ़नी थी। वेद में दो स्रष्टा की अवधारणा बड़ी आम है, एक निराकार तथा दूसरा साकार जो सृष्टि में प्रवेश कर उसका संरक्षण करते हैं, जैसा कि पुरुष सूक्त में वर्णन किया गया है।

यः चित आपः महिना परि-अपश्यत उन (प्रजापति) ने कारण-सलिल को देखा, *दक्षम् दधानाः जनयन्तीः यज्ञम्* जिसमें प्रजापति थे तथा ब्रह्माण्ड के वे अनेक तत्व थे जिनसे यज्ञ आरंभ होना था। यज्ञ शब्द का यहाँ अर्थ है हर प्रकार की सृष्टि जो आगे चलकर हुई। *यः देवेषु अधि देवः एकः आसीत्* चूँकि वे (क) सापेक्ष संसार में सर्वप्रथम आए, इस कारण वे सभी देवताओं में सर्वोपरि थे। *कस्मै देवाय हविषा विधेम* उन क देवता को हम आहुति अर्पित करें।

मा नो हिंसीज्जनिता यः पृथिव्या यो वा दिवं सत्यधर्मा जजान।
यश्चापश्चन्द्रा बृहतीर्जजान कस्मै देवाय हविषा विधेम ॥ 9

मा नः हिंसीत्-जनिता यः पृथिव्याः यः वा दिवं सत्यधर्मा जजान।
यः-च-अपः–चन्द्राः बृहतीः–जजान कस्मै देवाय हविषा विधेम ॥

वे, जिन्होंने अपने सत् के धर्म से पृथ्वी को जन्म दिया तथा स्वर्ग को थामा तथा उत्पन्न किया, हमें हानि न पहुँचाएँ; जिन्होंने अथाह देदीप्यमान जल को जन्म दिया, उन क को हम आहुतियाँ अर्पित करें।

यह स्तुति समाप्त होने को है, इसीलिये फल पाने के लिए प्रार्थनाएँ आरंभ होती हैं। जैसा कि पहले कहा गया, वेद में इस लोक तथा स्वर्गलोक में स्वयं के कल्याण हेतु प्रार्थनाएँ हैं। इन इच्छाओं की तुलना में मुक्ति का उच्च दर्शन केवल उपनिषदों में ही देखने को मिलता है।

यहाँ ऋषि ईश्वर से रक्षा की प्रार्थना कर रहे हैं *मा नः हिंसीत्* वे हमें हानि न पहुँचाएँ, अर्थात् वे हमारे विकास को बाधित न करें, क्योंकि किसी भी प्रकार के विकास के लिए ईश्वर की कृपा आवश्यक है। यह प्रार्थना उनके प्रति है *यः पृथिव्याः जनिता* जिन्होंने पृथ्वी को जन्म दिया तथा *यः सत्यधर्मा वा दिवम् जजान* उनके लिए जो इस ब्रह्माण्ड को थामे हैं, अपने सत्य धर्म से अर्थात् जो सत में प्रतिष्ठित हैं तथा जिन्होंने आकाश तथा स्वर्गों को उत्पन्न किया है।

सत्यधर्म शब्द वेद में आम है। इसका अर्थ है वह व्यक्ति जिसकी मूल प्रकृति सत (जो सत्य है) में स्थित रहना है। इस शब्द का अर्थ अटल सहारा भी हो सकता है। सत्य का अर्थ व्यक्तिगत आचार में सत्य-परायणता होता है, तथा धर्म का अर्थ है सार्वभौमिक नैतिक मूल्य। वेद व उनके सम्बन्धित साहित्य में इन दोनों के लिए ऋतम् शब्द का प्रयोग होता है। इस शब्द का अर्थ यह भी हो सकता है कि वह व्यक्ति जो सत तथा धर्म में अवस्थित हो। सत्यधर्म सर्वोपरि एवं ईश्वर के समकक्ष है, इसीलिए जो भी व्यक्ति इस गुण में प्रतिष्ठित हो जाता है उसे ईश्वरीय माना जाता है।

यः च अपः चन्द्राः बृहतीः जजान उन्होंने सुंदर कारण-सलिल को उत्पन्न किया जो सृष्टि के मूल में है। चंद्र का अर्थ होता है चाँद, परंतु यहाँ इसका अर्थ सुंदर है। इन्हीं ईश्वर को आहुतियाँ दी जाती हैं, *कस्मै देवाय हविषा विधेम।*

प्रजापते न त्वदेतान्यन्यो विश्वा जातानि परि ता बभूव।
यत्कामास्ते जुहुमस्तन्नो अस्तु वयं स्याम पतयो रयीणाम्॥ 10

प्रजापते न-त्वत्-एतानि-अन्यः विश्वा जातानि परि ता बभूव।
यत्-कामाः-ते जुहुमः–तत्–नः अस्तु वयं स्याम पतयो रयीणाम्॥

हे प्रजापति! आपके सिवा किसी ने इन जीवों को उत्पन्न नहीं किया। हमारी इच्छा की वस्तु, जिसके लिए हम आपको आहुतियाँ देते हैं, हमें प्राप्त हो और हम धन के स्वामी बनें।

रक्षा के बाद अब प्रार्थना धन के लिए है। *प्रजापते न त्वत् एतानि अन्यः* प्रजापति आपके सिवा किसी ने नहीं, *विश्वा जातानि परि ता बभूव* इन जीवों को जन्म दिया। जैसा पिछले मन्त्र में व्याख्या की गई है, ईश्वर ने ही प्रजापति के रूप में ब्रह्माण्ड के जीवों को जन्म दिया है। *यत्कामः ते जुहुमः* जिसकी चाह के लिए हम आपको आहुतियाँ देते

हैं, *तत नः अस्तु* वह हमारा हो, तथा इस प्रकार *वयं स्याम तयः रयीणाम्* हम भी निर्धन होने की अपेक्षा, जैसे कि हम अभी हैं, धन के स्वामी होंगे।

7.
रात्री सूक्त
ऋग्वेद X.127

वेद में रात्री को रात की देवी के रूप में संबोधित किया गया है। वे *दिवि* अर्थात् आकाश, की पुत्री हैं, तथा प्रातः काल की देवी उषा की बहन हैं जिनकी वेद में बहुत बार स्तुति हुई है। रात्री का अर्थ है रात, परंतु वह देवी अंधकारमयी नहीं, वरन चमकते तारों से भरी रात हैं जो पूर्ण आभा से सजी, अंधकार को दूर करती हैं। उनके आने पर मनुष्य, पशु तथा पक्षी विश्राम करने चल देते हैं। उषा के साथ एक युगल इष्ट के रूप में उन्हें प्रायः *उषा-नक्त* नाम से संबोधित किया जाता है। प्रभातरूपी देवी उषा को लाने का श्रेय रात्री को दिया जाता है।

रात्री सूक्त का शक्ति उपासना में विशेष महत्व है जिसमें उन्हें एक ऐसी देवी के रूप में पूजा जाता है जो जीवन की सारी विषमताओं को दूर भगा देती हैं। कहा गया है, '*वे अपने उपासकों की भेड़ियों तथा चोरों से रक्षा करते हुए उनका मार्गदर्शन सुरक्षित स्थान की ओर करती हैं।*' शाब्दिक तौर पर यह स्तुति किसी सामान्य प्रार्थना की तरह प्रतीत होती है जिसमें भय से रक्षा की कामना हो। परंतु वास्तव में यह वेद की एक गूढ़ प्रार्थना है जिसमें रात्री को माँ काली के रूप में देखा गया है, जिनकी उपासना पूरे भारत में जगन्माता के रूप में होती है, और जो पापपूर्ण शक्तियों से सभी की रक्षा करती हैं।

इस स्तुति का नियमित पाठ जीवन की समस्याओं को दूर भगाने के लिए किया जाता है, साथ ही रात के बुरे सपनों से डरे हुए लोग प्रातः काल इसका पाठ करते हैं।

देवता – रात्रीस्तवः; ऋषि – कुषिक सौभर (ऋषि सोभरि की पोती); या रात्री भारद्वाजी (भारद्वाज ऋषि की पुत्री)

रात्री व्यख्यदायती पुरुत्रा देव्यक्षभिः। विश्वा अधि श्रियोऽधित॥ 1

रात्री वि-अख्यत्-आयती पुरुत्रा देवी-अक्षभिः। विश्वाः अधि श्रियः-अधित॥

देवी रात्री ने आते हुए अपने नेत्रों से सब देखा; (वे) हर सुंदरता से सजी हैं।

जगन्माता मूला अंधकार हैं जिसमें से सृष्टि प्रकट होती है। वे सभी का उद्गम एवं गंतव्य हैं। वे देदीप्यमान, सर्वज्ञ एवं सर्वव्यापी हैं। वे ही बंधन उत्पन्न करती हैं तथा वे ही योग्य लोगों को मुक्ति प्रदान करती हैं क्योंकि वे सबका आध्यात्मिक सार हैं तथा प्रत्येक के हृदय में वास करती हैं। वे ही सब समस्याएँ उत्पन्न करती हैं और उनसे रक्षा भी करती हैं, तथा हमें निर्णय लेने के लिए बाध्य करती हैं। जब ये निर्णय हमारी इच्छाओं से रंगे होते हैं तो ये हमें माया के संसार की और भी गहराई में ले जाते हैं, परंतु जब हम मुक्ति की ओर अग्रसर होते हैं तो हमारा मन अध्यात्म के प्रकाश से उज्ज्वल होकर हमें शुभ विचारों तथा कर्मों की ओर अग्रसर करता है। माँ वह चैतन्य शक्ति हैं जो मन को प्रकाशवान करती हैं।

ऋषि रात्री देवी से प्रार्थना करते हैं कि उनका मार्गदर्शन शुभ की ओर करें तथा कामनारूपी भेड़िया से रक्षा करें। *रात्री वि अख्यत् आयती* रात्री नाम की देवी आती हैं, जिसका अर्थ है कि जिस व्यक्ति का हृदय अभी तक पूर्ण अंधकार से आच्छादित था, उसमें अध्यात्म का प्रकांश उदय होने लगा है।

यहाँ ध्यान देने योग्य बात यह है कि जहाँ दिन सूर्य की किरणों के कारण अनंत गुना प्रकाशवान होता है, वहीं अध्यात्म का प्रकाश तारों से भरी रात की तरह सौम्य होता है जिसका संबंध आंतरिक जागृति से होता है। दिन के चौंधियाने वाले प्रकाश की सहज प्रवृत्ति होती है कि वह रात्री के सौम्य प्रकाश को फीका कर दे, जिस कारण अधिकतर लोग धर्मभाव से दूर रहकर सांसारिकता में आनन्द पाते हैं।

वे *पुरुत्रा देवी* कई स्थानों की देवी हैं, जिसका अर्थ है कि वे सभी की देवी तथा स्वामिनी हैं। जब वे आती हैं तो*अक्षभिः विश्वाः* अपनी आँखों से सभी वस्तुओं को देखती हैं। ऐसा इसीलिये क्योंकि रात में चन्द्रमा तथा तारे ऐसा प्रकाश विस्तारित करते हैं जिससे वे सभी को विशेष ढंग से देख पाती हैं तथा इस कारण वे सब की सच्ची प्रकृति को देख लेती हैं। वे कैसा परिधान धारण किए होती हैं?*अधि श्रियः अधित* उन्होंने उज्ज्वल परिधान धारण किया होता है। और क्यों नहीं! क्या तारों की रात का आसमान ही उनके वस्त्र नहीं?

ओर्वप्रा अमर्त्या निवतो देव्युद्वतः। ज्योतिषा बाधते तमः ॥ 2

आ-उरु-अप्राः अमर्त्या निवतः देवी-उद्वतः। ज्योतिषा बाधते तमः ॥

अमृतमयी देवी, नीचे तथा ऊँचे, सभी स्थानों में व्याप्त हैं, तथा वे अपने प्रकाश से अंधकार को दूर करती हैं।

जगन्माता को *अमर्त्या* कहा गया है अर्थात् वे जीवन तथा मृत्यु से परे हैं, चूँकि वे सदा से हैं तथा रहेंगी क्योंकि वे ईश्वर की शक्ति हैं। जब वे आती हैं, चाहे रात के रूप में या किसी व्यक्ति में आध्यात्मिक शक्ति की जागृति के रूप में, *आ उरु अप्राः* प्रतीत होता है कि वे सभी स्थानों में व्याप्त हैं, *निवतः* नीचे, जैसे कि बेल, तथा *उतवतः* या ऊपर, जैसे पेड़। वे इन सबको अपनी उस शक्ति से आच्छादित करती हैं जो रात के अंधकार के समान प्रतीत होती है।

अंधकार का आरोपण ईश्वर पर कैसे हो सकता है? यह प्रश्न द्वैतवादी लोगों को संशय में डाल देता है क्योंकि वे ईश्वर को केवल शुभ या अच्छाई में देखते हैं। परंतु भारत में ईश्वर एवं अध्यात्म के प्रति ऐसा सीमित दृष्टिकोण नहीं है। ईश्वर की उपस्थिति हर जगह देखी जाती है – अच्छे में, बुरे में, जीवन में, मृत्यु में, प्रकाश में, तथा अंधकार में भी।

फिर वे *बाधते तमः ज्योतिष* तारों तथा चन्द्रमा के प्रकाश से अंधकार को दूर करती हैं।

यह प्रार्थना वास्तव में जगन्माता के प्रति है कि वे अपनी दिव्य ज्योति अर्थात् अध्यात्म के प्रकाश से सब अज्ञान को दूर करें।

निरु स्वसारमस्कृतोषसं देव्यायती। अपेदु हासते तमः ॥ 3

निः-उ स्वसारम्-अकृतः-उषसम् देवी-आयती। अप-इत्-उ हासते तमः ॥

आगमन करती हुई देवी ने अपनी बहन उषा के लिए मार्ग प्रशस्त किया है; तब (उनके आने पर) अंधकार मिटता है।

आध्यात्मिक परंपराओं में रात्री को चित-शक्ति के रूप में देखा जाता है, अर्थात् वह शक्ति जो विश्व-ब्रह्माण्ड में चेतना के रूप में प्रकट होती है, जबकि उषा को ब्रह्म विद्यामयी, सार्वभौमिक चैतन्य के रूप में देखा जाता है। जब कोई आध्यात्मिक व्यक्ति अपनी चित-शक्ति को जागृत करता है, तो वह धीरे-धीरे ब्रह्म से एकात्म होने के ज्ञान की ओर अग्रसर होना आरंभ कर देता है। यही इस मन्त्र का आशय है।

आयती देवी जब रात्री आती हैं, तो वे *निः उ अकृत* ज्योति से मार्ग प्रशस्त करती हैं, *स्वसारम् उषसम्* अपनी बहन उषा के लिए जो परम ज्ञान का प्रतिनिधित्व करती हैं। तब *तमः अपेत् उ हासते* अंधकार पूर्णरूप से नष्ट होता है।

एक भौतिक घटना के रूप में देखें तो रात्री की देवी ही प्रभात की देवी का मार्ग प्रशस्त करती हैं। परंतु जैसा कि सभी समझ सकते हैं, ऋषि मात्र इस साधारण घटना की व्याख्या नहीं कर रहे। न ही ब्राह्मणों ने केवल ऐसी सामान्य बातें बतलाने के लिए स्वयं को दस हजार वर्षों या अधिक तक अपने आपको धर्म के प्रति समर्पित किया। सच यह है कि इन शब्दों में आध्यात्मिक सत्य की तहें छिपी हैं, और इसीलिए इस स्तुति का उपासना के समय पाठ किया जाता है, तथा ध्यान के समय इसका मनन किया जाता है।

सा नो अद्य यस्या वयं नि ते यामन्नविक्ष्महि। वृक्षे न वसतिं वयः॥ 4

सा नः अद्य यस्याः वयं नि ते यामन् अविक्ष्महि। वृक्षे न वसतिं वयः॥

वे अब हमारे प्रति अनुकूल हों जिनके आने से हम (अपने निवासों में) प्रवेश करते हैं जैसे पक्षी पेड़ों पर बने अपने घोसलों में (प्रवेश करते हैं)।

जब रात्री देवी आती हैं तो पशुओं तथा पक्षियों के क्रियाकलाप थम जाते हैं। जब वे आध्यात्मिक तौर पर हमारे पास आती हैं तो हम संसार की भाग-दौड़ कम कर अपनी आंतरिक प्रकृति में विश्राम पाते हैं, तथा अपनी आध्यात्मिक यात्रा को आगे बढ़ाते हैं। इसकी तुलना पक्षियों का अपने घोसलों में प्रवेश करने से की गई है।

ऋषि प्रार्थना करते हैं *अद्य सा नः* देवी रात्री हमारे लिए अनुकूल हों, *यस्याः वयम् नि ते यामन्* जिनके आने से हम*अविक्ष्महि* अपने घरों में प्रवेश करके विश्राम पाते हैं। यह अनुभव कैसा होता है? *वृक्षे न वसतिं वयः* जैसे पक्षी रात के आने पर अपने घोसलों में प्रवेश करते हैं।

इसके सूक्ष्म अर्थ में भक्त चाहता है कि वह अपने स्व में अवस्थित होकर विश्राम पाए। जन्म-मृत्यु का चक्र बहुत ही दुखदायी होता है, विशेषतः जब एक बार इस चक्र के बारे में विश्वास हो जाए। इसके बाद ही मुक्ति की प्रबल इच्छा आत्मा को झकझोरना आरंभ कर देती है।

अगला मन्त्र साधारण सी दिखने वाली प्रार्थना का एक और उदाहरण है जिसमें विश्रामपूर्ण रात के लिए प्रार्थना की जा रही है, परंतु वास्तव में यह मन्त्र आध्यात्मिक रत्नों के छिपे भंडार को स्पष्ट करता है।

नि ग्रामासो अविक्षत नि पद्वन्तो नि पक्षिणः। नि श्येनासश्चिदर्थिनः ॥ 5

नि ग्रामासः अविक्षत नि पद्वन्तः नि पक्षिणः। नि शयेनासः-चित्-अर्थिनः ॥

मनुष्यों ने अपने (निवास में) प्रवेश कर लिया है तथा पशु, पक्षियों एवं तेज गति वाले बाज ने भी।

सभी भारतीय ग्रन्थों में से तंत्र बड़े ही गूढ़ होने के कारण प्रसिद्ध हैं जिनके शब्दों के अनेक अर्थ निकलते हैं। इसकी तुलना मोटे तौर पर काव्य में छायावाद या प्रतीकात्मकता से की जा सकती है, हालाँकि यह तुलना सटीक नहीं है। तन्त्र की ही तरह, वेद की कुछ स्तुतियों की अनेक तहें हैं। प्रत्यक्ष रूप से इनके सांसारिक अर्थ निकलते प्रतीत होते हैं, परंतु वास्तव में ये आध्यात्मिक लोगों के लिए गहन सत्य स्पष्ट करते हैं। यह मन्त्र भी इसी श्रेणी का है। सतही तौर पर यह रात में सभी जीवों की नित्य विश्राम अवस्था की व्याख्या करता प्रतीत होता है, परंतु जगन्माता जो रात्री के रूप में आती हैं, वास्तव में सभी जीवों, जानवरों तथा पक्षियों के लिए परम विश्राम का स्थान हैं। उनकी मुक्ति भी उन्हीं पर निर्भर करती है।

नि ग्रामासः अविक्षत गाँव वाले अपने घरों में प्रवेश कर चुके हैं। *ग्रामासः* शब्द का अर्थ है गाँव वाले, परंतु यहाँ आशय सभी मनुष्यों से है। नर और नारी ही नहीं, बल्कि *नि पदवंतः नि पक्षिनः* पैर वाले तथा परों वाले अर्थात् पशु, पक्षी भी अपने विश्राम स्थलों में प्रवेश कर चुके हैं, साथ ही *नि श्येनासः चित् अर्थिनः* तेज बाज भी।

अर्थिनः शब्द का अर्थ लालची हो सकता है, परंतु भाष्यकार का कहना है कि इसका अर्थ है तेज गति वाला। वैसे भी बाज समेत सभी जानवर तथा पक्षी केवल अपना पेट भरने के लिए बाहर जाते हैं, जबकि लालची और स्वार्थी होने का विशेषाधिकार केवल मनुष्यों को प्राप्त है!

यावया वृक्यं वृकं यवय स्तेनमूर्म्ये। अथा नः सुतरा भव ॥ 6

यावया (यवय) वृक्यं वृकं यवय स्तेनम्-उर्म्ये। अथ नः सुतरा भव ॥

हे उर्म्या, मादा भेड़िये तथा नर भेड़िये को दूर रखना, चोर को दूर रखना ताकि हमारे लिए निकल कर जाना आसान हो।

यहाँ वेद *यावया* शब्द का प्रयोग करते हैं, जबकि व्याख्या में यह *यवय* हो जाता है। वास्तव में दोनों शब्द एक ही हैं जिनका अर्थ है दूर रखना, जैसा कि मन्त्र में बाद में प्रयोग किया गया है।

ऊर्म्ये यवय वृक्यं वृकं यवय हे रात्री देवी! हमें मादा भेड़िये तथा नर भेड़िये से दूर रखें। *यावया* तथा *यवय* का अर्थ एक ही है। इसके अतिरिक्त *स्तेनं* चोर, डाकुओं से हमारी रक्षा करें, *अथा नः सुतरा भव* जिससे आप में से (माया या अन्धकार से) निकलना हमारे लिए आसान हो।

कुछ टीकाकारों के अनुसार मादा-भेड़िया संशय तथा वासना की प्रतिनिधि है, जबकि नर-भेड़िया अहंकार का प्रतिनिधि है। जीवन की आम समस्याएँ जैसे भूख,प्यास, दुख, बुढ़ापा, मृत्यु आदि ऐसे चोर हैं जो हमारी शांति को चुरा लेते हैं। जब हम इन विकर्षणों की पकड़ से निकल जाते हैं तभी हम द्वैत के जगत के पार जाकर अमरता के विशाल सागर में पहुँचने की कामना कर सकते हैं।

उप मा पेपिशत्तमः कृष्णं व्यक्तमस्थित। उष ऋणेव यातय॥ 7

उप मा पेपिशत्-तमः कृष्णं व्यक्तम्-अस्थित। उष ऋणेव यातय॥

आच्छादन करने वाला गहन अंधकार मुझ तक आ पहुँचा है; हे उषा! उसे एक ऋण की तरह हटाएँ।

भक्त अमरता की ज्योति के लिए प्रार्थना कर रहा है जो संसार के अंधकार के दुख से परे है। इसीलिये वह जगन्माता से प्रार्थना करता है कि उसे सांसारिक अंधकार से बचाएँ जो इंद्रिय सुख तथा क्षणिक आनंद के लक्षणों वाला है। इस मन्त्र में रात्री से प्रार्थना है कि वे उषा के लिए मार्ग प्रशस्त करें, जिसका अर्थ है कि आध्यात्मिक अभ्यास फलदायी हों और आध्यात्मिक जागृति का जन्म हो।

ऋषि चिंतित है कि *तमः कृष्णं* संसार का काला अंधकार *उप मा पेपिषत् व्यक्तं अस्थित* उन्हें अंधकार में बनाए रखने के लिए बढ़ा चला आ रहा है। इसका नष्ट होना

आवश्यक है, और इसीलिए देवी *उषा* से प्रार्थना है जो वे *ऋणेव यातय* इसे किसी ऋण के समान दूर करें।

ऋणी व्यक्ति अपना सुख-चैन तथा आत्मसम्मान खो देता है। संसार तथा उसके जंजाल की यहाँ एक बड़े ऋण से तुलना की गई है जो कोई स्वयं नहीं चुकता कर सकता। इससे यह भी स्पष्ट होता है कि संसार-चक्र से मुक्ति के लिए आध्यात्मिक जीवन में प्रार्थनाएँ कितनी महत्वपूर्ण होती हैं।

उप ते गा इवाकरं वृणीष्व दुहितर्दिवः। रात्रि स्तोमं न जिग्युषे॥ 8

उप ते गाः इव-अकरं वृणीष्व दुहितः-दिवः। रात्रि स्तोमं न जिग्युषे॥

हम आप तक आते हैं जैसे कोई दूध देने वाली गाय के पास आता है; हे सूर्य पुत्री! हमारी प्रार्थना को स्वीकार करें तथा हमें विजयी करें, हे रात्री।

ऋषि प्रसन्न हैं कि उन्होंने यज्ञ द्वारा अपनी कुप्रवृत्तियों, जैसे वासना आदि पर विजय प्राप्त कर ली है जिस कारण वे स्वयं को अपने इष्ट के प्रति प्रार्थनाएँ अर्पित करने के योग्य मानते हैं। उनकी इष्ट हैं जगन्माता रात्री देवी।

दुहितः दिवः हे सूर्य पुत्री! *उप ते गः इव अकरम्* मैं (अपनी प्रार्थनाओं के साथ) आपके सामने ठीक वैसे ही खड़ा हूँ जैसे कोई एक दुधारू गाय के सामने होता है, इसीलिये *वृणीष्व* मुझे एक सच्चे भक्त के समान स्वीकार करें। *दिवः* शब्द का अर्थ अधिकतर आकाश होता है, परंतु रात्री का वर्णन सूर्य या दिन की पुत्री के रूप में किया गया है, चूँकि वे तब आती हैं जब दिन समाप्त हो जाता है।

हे *रात्री!* मेरे पास आएँ, *स्तोमम् न* मेरी प्रार्थनाओं को स्वीकार करें, *जिग्रुसे* तथा मेरे आध्यात्मिक जीवन के शत्रुओं पर विजय प्राप्त करने में मेरी सहायता करें। यहाँ अर्थ है कि जैसे देवी ने पूर्व में उनकी आहुतियों को स्वीकार किया था, उसी तरह वे अब उनकी प्रार्थनाओं को स्वीकार करें।

यह मन्त्र यज्ञ-पूजा अदि अनुष्ठानों के महत्व को दर्शाता है जो आध्यात्मिकता में पहले कदम के समान होते हैं तथा फिर आध्यात्मिक जागृति में प्रार्थना के महत्व को स्पष्ट करता है।

***

8.
काल सूक्त
अथर्ववेद XIX.53.1-4

प्राचीन काल से लोग समय की प्रकृति के बारे में जानने को उत्सुक रहे हैं। समय क्या है, उसे कैसे मापा जा सकता है, वह जीवन को कैसे नियमित करता है, तथा वास्तव में यह है भी या नहीं – ये प्रश्न मन में उठते रहे हैं।

पश्चिमी सभ्यता काल को सीधी रेखा में चलने वाले के रूप में स्वीकार करती है। अरस्तु के अनुसार समय या काल 'पूर्व तथा भविष्य के संदर्भ में गति का गणन योग्य माप है'। आइंस्टाइन के समय तक समय को इसी प्रकार देखा जाता रहा। आइंस्टाइन ने काल का एक नया प्रतिमान प्रस्तुत किया। अपने सापेक्षता के सिद्धांत में उन्होंने दर्शाया कि पूरे ब्रह्माण्ड के लिए कोई एक 'प्रधान घड़ी' नहीं हो सकती जैसी कि न्यूटन ने कल्पना की थी। इसके विपरीत काल की माप हर देखने वाले की गति पर निर्भर करती है। अपने सिद्धांतों के आधार पर अंग्रेज वैज्ञानिक आर्थर एडिंग्टन ने काल के तीर की कल्पना की जो सदा आगे की ओर संकेत करता है।

भारत में काल एक भौतिक तत्व और साथ ही आध्यात्मिक तत्व रहे हैं। अपने भौतिक स्वरूप में उसको सैकड़ों इकाइयों में बाँटा जा सकता है, जिसमें सबसे छोटी इकाई निमेष (जितने समय में आँख झपकती) है, जो लगभग 100-400 मिली सेकेण्ड की होती है; तथा सबसे बड़ी इकाई ब्रह्मा का जीवनकाल है जो लगभग 311,040,000,000,000 वर्ष का है। निश्चय ही भारतीयों की काल के बारे में बहुत अच्छी और गहरी अवधारणा थी। भारत को छोड़, किसी भी प्राचीन सभ्यता को काल की इकाई से संबंधित बात तो दूर रही, ऐसी विशाल संख्याओं की कल्पना तक नहीं थी।

पश्चिमी सभ्यता की सीधी रेखा वाली समय की अवधारणा के विपरीत भारत में चक्रीय काल की अवधारणा है, अर्थात् समय तीर की तरह सीधी नहीं, वरन चक्र की तरह चलता है। आध्यात्मिक तौर पर काल परमेश्वर हैं। भौतिक समय तथा आध्यात्मिक समय में भेद करने के लिए हिन्दुओं के पास कई शब्द हैं जैसे काल, महाकाल, काली आदि।

दार्शनिक तौर पर काल-आकाश-क्रिया ही निराकार तथा साकार, अर्थात् ब्रह्म तथा मन के बीच की विभाजक रेखा है। अपनी निजी अवधारणा के आधार पर कोई

संसार को या तो मन की क्रीड़ा के रूप में देख सकता है, या काल-आकाश-क्रिया के चांचल्य के रूप में। विभिन्न दार्शनिकों, विचारकों तथा वैज्ञानिकों ने ब्रह्माण्ड तथा उसके पार जो है, उनकी व्याख्या करने के लिए मुख्य आलंब (मन, काल, आकाश, क्रिया) के प्रति स्वतंत्र विकल्प बनाए हैं।

यह सूक्त ईश्वर की व्याख्या काल के रूप में करता है जो ब्रह्माण्ड के रचयिता, पालनकर्ता तथा संहारक हैं। आगे काल की स्तुति इन सबके कारण के रूप में की गई है। हमेशा गतिमान होने के कारण उन्हें कभी एक अश्व पर सवार बताया गया है, तो कभी एक रथ पर।

देवता – काल; ऋषि – भृगु

कालो अश्वो वहति सप्तरश्मिः सहस्राक्षो अजरो भूरिरेताः।
तमा रोहन्ति कवयो विपश्चितस्तस्य चक्रा भुवनानि विश्वा ॥ 1

कालः अश्वः वहति सप्तरश्मिः सहस्राक्षः अजरः भूरिरेताः।
तम्-आ रोहन्ति कवयः विपश्चितः-तस्य चक्रा भुवनानि विश्वा ॥

काल ऐसे घोड़े पर हैं जिसकी सात लगाम हैं। उनकी हजार आँखें हैं, वे कभी वृद्ध नहीं होने वाले हैं, तथा वे प्रजनन शक्ति से युक्त हैं। उन पर ज्ञानी ऋषि सवार होते हैं तथा सब जीव उनके पहिये हैं।

काल की तुलना एक शक्तिशाली घोड़े से की है जिसकी सात लगाम हैं, जो सात ऋतुओं की प्रतीक हैं (छः सामान्य ऋतुएँ तथा एक ऋतु अधिमास अर्थात् दो अधिक मास जो चन्द्र पंचांग में आते हैं)। अन्य जीवों के विपरीत, काल बूढ़े नहीं होते। वे इस घोड़े पर सवार होकर अपनी इच्छानुसार कहीं भी पहुँच सकते हैं, क्योंकि जहाँ भी सृष्टि का विस्तार है वहाँ काल विद्यमान हैं।

ज्ञानी ऋषि जीवन तथा मृत्यु के चक्र से पार जाने के लिए इस घोड़े पर सवार होते हैं।

सप्त चक्रान्वहति काल एष सप्तास्य नाभीरमृतं न्वक्षः।
स इमा विश्वा भुवनान्यञ्जत्कालः स ईयते प्रथमो नु देवः ॥ 2

सप्त चक्रानि-वहति कालः एषः सप्त-अस्य नाभीः-अमृतं नु-अक्षः।
सः इमा विश्वा भुवनानि-अञ्जत्-कालः सः ईयते प्रथमः नु देवः॥

सात पहिये काल को लेकर चलते हैं, सात उनकी नाभि हैं; उसकी धुरी अमर है, काल यहाँ सारे लोकों को लाते हैं, जिस कारण प्रथम देवता के रूप में उनकी उपासना होती है।

यहाँ काल की स्तुति ब्रह्माण्ड के पहले देवता के रूप में की गई है। वस्तुओं की पूर्णता में निरपेक्ष तथा सापेक्ष के बीच की विभाजक रेखा होने के कारण काल को पहला देवता माना जाता है जो ब्रह्माण्ड और उसके समस्त जीवों को प्रकट करते हैं। काल (प्रतीकात्मक रूप से) एक रथ में चलते हैं जिसके सात पहिये हैं (ऋतुएँ), परंतु उसकी धुरी अमरता है। ईश्वर किसी भी परिवर्तन जैसे सृष्टि, संहार आदि के समय परिवर्तित नहीं होते। ज्ञानीजन यह जानते हैं, और इसीलिए वे परिवर्तनशील प्रकृति को पीछे छोड़, अमरता की ओर अग्रसर होने का प्रयत्न करते हैं।

पूर्णः कुम्भोऽधि काल आहितस्तं वै पश्यामो बहुधा नु सन्तः।
स इमा विश्वा भुवनानि प्रत्यङ्कालं तमाहुः परमे व्योमन्॥ 3

पूर्णः कुम्भः-अधि काले आहितः-तम् वै पश्यामः बहुधा नु सन्तः।
सः इमा विश्वा भुवनानि प्रत्यङ्-कालं तम्-आहुः परमे व्योमन्॥

ब्रह्माण्ड एक भरा हुआ कुंभ है जो काल पर रखा है, जिसे हम अनेक होते देखते हैं। जो ब्रह्माण्ड है, उसे वे काल कहते हैं जो स्वर्ग तक फैला है।

जिसे लोग ब्रह्माण्ड के रूप में जानते हैं, वह वास्तव में काल है। वह एक भरे हुए कुंभ के समान है, जो महीना, वर्ष आदि के रूप में फैलता है। ब्रह्माण्ड तथा काल आपस में संबंधित हैं – एक को दूसरे के बिना नहीं देख जा सकता। ध्यान दें कि आकाश तथा काल की आपस में जुड़ी प्रकृति की ये अनुभूतियाँ आइंस्टाइन के समय से कई हजार वर्ष पहले की गई हैं।

इसकी एक अन्य व्याख्या यह है कि साकार ईश्वर ब्रह्माण्ड के रूप में प्रकट होकर अविभाज्य चैतन्य पर एक भरे कुंभ की तरह विराजमान होते हैं।

स एव सं भुवनान्याभरत्स एव सं भुवनानि पर्यैत्।
पिता सन्नभवत्पुत्र एषां तस्माद्वै नान्यत्परमस्ति तेजः ॥ 4

सः एव सं भुवनानि-अभरत्-सः एव सं भुवनानि परि-ऐत्।
पिता सन्-अभवत्-पुत्रः एषां तस्मात्-वै न-अन्यत् परम्-अस्ति तेजः ॥

उन्होंने ही जीवों के लोकों को बनाया, उन्होंने ही जीवों के लोकों को साथ एकत्र किया, वे पिता ही फिर उनके पुत्र बने, उनसे उच्च कोई शक्ति अस्तित्व में नहीं।

काल ही जीवों को प्रकट करते हैं, उनका पालन करते हैं तथा उनको एकत्र करके विभिन्न लोकों की सृष्टि करते हैं। इससे भी महत्वपूर्ण बात यह है कि वे सब के पिता हैं, पर वे ही उनके पुत्र के रूप में जन्म लेते हैं, चूँकि काल के बाहर कुछ भी नहीं।

यह ईश्वर की निश्चित ही बड़ी रोचक व्याख्या है। बाकी के मन्त्र (5-10) वर्णन करते हैं कि काल ने ही सभी वस्तुओं, जैसे आकाश, पृथ्वी आदि की सृष्टि की तथा मन, प्राण, आदि भी काल में ही हैं। बाद के आध्यात्मिक ग्रन्थों ने इस विचार का पूर्ण विकसित दर्शनों तथा धार्मिक पद्धतियों में विकास किया।

***

9.
मायाभेद सूक्त
ऋग्वेद X.177

वेद की स्तुतियाँ विभिन्न देवी देवताओं के प्रति हैं जो यज्ञ के समय प्रार्थना आदि के लिए होता था। इससे यह न सोचा जाए कि वेद केवल अनुष्ठानों के बारे में हैं। इनमें ऐसे भी सूक्त हैं जो कभी संकेत द्वारा, और कभी स्पष्ट रूप से बताते हैं कि मन के पार क्या है।

भारतीय आध्यात्मिक दर्शन की सरलतम व्याख्या में यह जगत जिसमें जन्म-मृत्यु, मैं-तुम आदि का द्वैत भाव है, वह मन का साम्राज्य है, और वास्तव में मन ही है। इसके लिए वेदान्त में दो शब्द – मन तथा माया – का प्रयोग होता है। मन का अर्थ है संसार को

(मन द्वारा) सत्य देखा जा रहा है, तथा माया का अर्थ है कि संसार वास्तविक दृष्टि से सत्य नहीं, क्योंकि ईश्वर ही एकमात्र सत्य हैं। द्वैतवादियों तथा भौतिकतावादियों के लिए संसार तथा मन सत्य हैं, परंतु वेदान्त में ऐसा नहीं है। माया ईश्वर की वह शक्ति है जो संसार की सृष्टि करती है; और फिर मन उस संसार को (जो ईश्वर की तरह पूर्ण सत्य नहीं) सत्य मान बैठता है। इस प्रकार मन मायारूपी कारण का कार्य है, जो स्वयं एक कारण बन जाता है।

माया क्या है? सीधे तौर पर कहें तो यह ईश्वर की शक्ति है जो निरपेक्ष को सापेक्ष बनाती है जिस कारण सर्वव्यापी, अविभाज्य, अनंत ब्रह्म अनेक रूपों में प्रतीत होने लगता है। इसके प्रभाव में जो भी हैं, अर्थात् वे सब जिनके लिए मन ही अंतिम सत्य है, वे अनेकता देखते हैं; परंतु जो आत्मा की अनुभूति कर लेते हैं वे माया के परे अद्वैत को जानकर उससे एक हो जाते हैं।

इस प्रकार माया का अस्तित्व केवल उनके लिए है जो अपने को मन से जोड़ लेते हैं। परंतु जो सिद्ध पुरुष मन की सीमा के परे चले जाते हैं वे जान जाते हैं कि मन का वास्तव में कोई अस्तित्व नहीं। अगर माया सत्य हो तो मुक्त आत्मा फिर से बंधन में आ जाएगा। ऐसे में मुक्ति एक निरर्थक शब्द बनकर रह जाएगा, और फिर सभी ग्रन्थ ही बेकार हो जायेंगे।

यह सूक्त मायाभेद अर्थात् माया के आवरण को भेदने को समर्पित है जिसका प्रतिनिधित्व यहाँ सूर्य द्वारा हुआ है।

***

देवता – मायाभेद; ऋषि – पतंगः प्रजापति

पतंगमक्तमसुरस्य मायया हृदा पश्यन्ति मनसा विपश्चितः।
समुद्रे अन्तः कवयो वि चक्षते मरीचीनां पदमिच्छन्ति वेधसः॥ 1

पतंगम्-अक्तम्-असुरस्य मायया हृदा पश्यन्ति मनसा विपः-चितः।
समुद्रे अन्तः कवयः वि चक्षते मरीचीनां पदम्- इच्छन्ति वेधसः॥

ऋषि अपने हृदय में (अवस्थित होकर) माया से प्रकट हुए सूर्य को अपने मन से देखते हैं; ज्ञानीजन सौरमंडल में विधाता को देखते हैं, तथा ज्ञानीजन उन किरणों में निवास की कामना करते हैं।

यह सूक्त भी वेद की गूढ़ स्तुतियों की श्रेणी में आता है जहाँ शब्दों का अर्थ समझने के लिए हमें अंदर उतरना होगा। यह मन्त्र कहता है कि कैसे ऋषि सूर्य पर ध्यान करते हैं जो माया की शक्ति के द्वारा इस संसार में ईश्वर का ही रूप है।

पिछले भागों में वर्णन किया गया कि कैसे इस संसार में ईश्वर को जानने का कोई एक ही मार्ग नहीं है – 'जितने मत, उतने पथ', जैसा कि श्री रामकृष्णदेव कहते थे। इस मन्त्र में ईश्वर को सूर्य के रूप में देखा जा रहा है।

हृदा पश्यन्ति मनसा विपः चितः ऋषि अपने हृदय में अपने नियंत्रित मन से देखते हैं। ईश्वर के परम ज्ञान की प्राप्ति के लिए मन की वृत्तियों का पूर्ण शांत होना आवश्यक है। मन की वृत्तियाँ मानसिक क्रियाकलाप हैं जो इंद्रियगत अनुभवों, कल्पना, भ्रम, स्मृति तथा स्वप्न के कारण उत्पन्न होते हैं। जब ज्ञानीजन इन वृत्तियों को शांत करने में सफल हो जाते हैं तो वे आध्यात्मिक सत्य को देख पाते हैं। आध्यात्मिक अनुभूति हमारे बाहर नहीं, बल्कि हृदय में होती हैं जो ध्यान का केंद्र है। इसी कारण *हृदा पश्यन्ति मनसा विपः चितः* एक बहुत ही आम कथन है जिसको कभी-कभी वेद तथा उपनिषदों में भिन्न शब्दों में व्यक्त किया जाता है।

स्तुति करने वाले ऋषि ने क्या देखा? *पतङ्गम् अक्तम् असुरस्य मायया* माया द्वारा प्रकट सूर्य। *पतंग* शब्द का यहाँ अर्थ सूर्य है, क्योंकि जैसा कि इस शब्द से इंगित है, वह गतिमान है (या गतिमान प्रतीत होता है)। सायणाचार्य जैसे भाष्यकार की सहायता के बिना इस पंक्ति के सही अर्थ को समझना असंभव है। वे माया की तुलना असुर से करते हैं तथा इस शब्द की व्याख्या 'पूरी तरह निपुण होने वाले' के रूप में करते हैं।

ईश्वर विभिन्न तरीकों से इस संसार में अपनी माया के द्वारा प्रकट होते हैं। सूर्य उन्हीं में से एक रूप है। सौरमंडल में ऋषि सूर्य की किरणों के स्थान पर ईश्वर का मुख देखते हैं। यही तथ्य वेद में अन्य स्थानों पर भी व्यक्त हुआ है। *कवयः समुद्रे अन्तः विचक्षते* ऋषि जब मन को नियंत्रित करते हैं तब वे सौरमंडल में सत्य को देखते हैं *समुद्र* शब्द का सामान्य अर्थ सागर है, परंतु इसका प्रयोग वेद में प्रायः ईश्वर के लिए हुआ है।

ऋषि सूर्य पर ध्यान कर ईश्वर को देखना चाहते हैं, तथा *पदम् इच्छन्ति* उस अवस्था को प्राप्त करने की कामना करते हैं, *वेधसः* यह तथ्य जानकर कि सारी अनेकता *मरीचीनां* जिसका प्रतीक सूर्य की किरणें हैं, ज्योति के सागर में एक हो जाती हैं। यहाँ सूर्य की किरणें अनेकता का प्रतीक हैं, और ज्योति-सागर अद्वैत का।

इस मन्त्र का अर्थ है कि ज्ञानीजन मन को नियंत्रित कर सूर्य पर ध्यान करते हैं और इस प्रकार वे अपने हृदय में ईश्वर के प्रत्यक्ष दर्शन करते हैं, तथा तब वे उस ज्योतिपुंज से एक हो जाते हैं जिसे सूर्यलोक कहा जाता है। या फिर, इसका अर्थ यह भी हो सकता है कि ज्ञानीजन ब्रह्म से एक होने के लिए अपने मन को पूरी तरह नियंत्रित करते हैं और इस प्रकार वे साकार तथा निराकार के बीच के भेद को मिटा देते हैं। यह मिटा पाना तभी संभव होता है जब ब्रह्माण्ड की अनेकता ईश्वर की एकता में विलुप्त हो जाती है, जैसा कि सूर्य की किरणों के बारे में वर्णन किया गया। ऋषि जब सूर्य की किरणों अर्थात् अनेकता के पार चले जाते हैं, तब वे सूर्य में परमात्मा को देखते हैं। इसी की व्याख्या *ईशोपनिषद* (मन्त्र 15) में भी की गई है।

पतंगो वाचं मनसा बिभर्ति तां गन्धर्वोऽवदद्गर्भे अन्तः।
तां द्योतमानां स्वर्यं मनीषामृतस्य पदे कवयो नि पान्ति ॥ 2

पतङ्गः वाचम् मनसा बिभर्ति तां गन्धर्वः-अवदत्-गर्भे अन्तः।
ताम् द्योतमानाम् स्वर्यं मनीषाम् ऋतस्य पदे कवयः नि पान्ति ॥

सूर्य अपने मन में शब्द धारण करते हैं, प्राण उसे गर्भ में (रहते हुए) उच्चरित करते हैं, ऋषि उपासना स्थान में उसकी कामना करते हैं जो देदीप्यमान, नैसर्गिक तथा मन पर राज करने वाले हैं।

पिछले मन्त्र में बताया गया कि आत्मा (जीव) परमात्मा में निवास करता है, जिनकी तुलना सागर से की गई है। केवल मात्र इन *शब्द* अर्थात् वेद के चिंतन करने से ही यह सत्य जाना जा सकता है। इस मन्त्र में इस तथ्य को आगे ले जाया जाता है, जहाँ कहा जाता है कि *शब्द* अर्थात् समस्त ज्ञान हर जीव के पास होता है और इसीलिए ज्ञानीजन कभी इनकी उपेक्षा नहीं करते। *शब्द* (ज्ञान) की उपेक्षा करने से व्यक्ति और अधिक सांसारिक जाल में जा फँसता है एवं ईश्वर से दूर हो जाता है।

शब्द के महत्व की महिमा की जा रही है। *पतङ्गः वाचम् मनसा बिभर्ति* ईश्वर के (माया के संसार में सूर्य) मन में सृष्टि से पहले *शब्द* (ज्ञान) था। हिन्दू मानते हैं कि जब ईश्वर ने सृष्टि की इच्छा की तो वेद (सम्पूर्ण ज्ञान) उनके मन में था, जो सृष्टि

का आधार बना। वेद शब्द हैं। रोचक बात यह है कि ग्रीक सभ्यता में भी लोगोस (शब्द) से सृष्टि का विचार था, जिसे आगे चलकर ईसाई परंपरा में यह कहकर अपनाया गया, 'आरंभ में शब्द था, शब्द ईश्वर के पास था, तथा शब्द ईश्वर था।' (बाइबल:जॉन 1.1)

सृष्टि के अगले क्रम में *ताम् गन्धर्वः अवदत् गर्भे अन्तः* वह शब्द (वेद/ज्ञान) प्राण वायु द्वारा अग्रसर हुआ। *गंधर्व* शब्द का सामान्यतः अर्थ एक उप-देवता होता है, परंतु यहाँ इसका अर्थ है 'वह जो शब्दों को धारण करता है' (*गाः* का एक अर्थ होता है शब्द) जिसका संकेत प्राण वायु की ओर है। इसका यह अर्थ भी हो सकता है कि जब सृष्टि हुई तो ईश्वर के पहले प्रकटीकरण, हिरण्यगर्भ (*हिरण्यगर्भ सूक्त* देखें) ने इस शब्द अर्थात् वेद का उच्चारण किया। *भागवत* में इस तथ्य का बहुत ही सुंदर रूप से वर्णन किया गया है कि जब ब्रह्मा प्रकट हुए तो ईश्वर ने उन्हें ज्ञान दिया कि कैसे सृष्टि के कठिन कार्य में वे अग्रसर हों।

शब्द (वेद) के गुण की महिमा इस प्रकार की गई है, *द्योतमानाम् स्वर्यम् मनीषाम्* मन एवं दिव्य लोकों का शासक, तथा *ताम् कवयः नि पान्ति* उसका संरक्षण ऋषि करते हैं, *ऋतस्य पदे* सत्यलोक में अर्थात् ईश्वर में। ऋषियों द्वारा यह संरक्षण यज्ञ संपन्न करके या फिर उपासना के अन्य माध्यमों द्वारा किया जाता है।

यहाँ बताया जा रहा है कि वेद ईश्वर के मन में स्थित थे तथा फिर उन्होंने उनका उच्चारण किया, और अब ऋषि उनका यज्ञ-ध्यान आदि माध्यम से संरक्षण करते हैं। वेद के अध्ययन तथा उनके अर्थ का मनन करके कोई भी व्यक्ति ईश्वर तथा स्वयं के सत्य को जान सकता है। इस प्रकार वह अपनी सच्ची प्रकृति को जान पाता है।

अपश्यं गोपामनिपद्यमानमा च परा च पथिभिश्चरन्तम्।
स सध्रीचीः स विषूचीर्वसान आ वरीवर्ति भुवनेष्वन्तः ॥ 3

अपश्यम् गोपाम्-अनिपद्यमानम्-आ च परा च पथिभिः-चरन्तम।
स सध्रीचीः स विषूचीः-वसानः आ वरीवर्ति भुवनेषु-अन्तः ॥

मैंने सर्वव्यापी ईश्वर को देखा जो अपने मार्ग पर अनेक प्रकार से अग्रसर होते हैं। वह ब्रह्माण्ड को ज्योति से भरते हैं तथा लोकों के बीच निरंतर गतिमान रहते हैं।

यह मन्त्र ऋग्वेद I.164-31 यजुर्वेद 37.17 तथा अथर्ववेद IX.10.11 में भी आया है।

वेद का लक्ष्य साधक को ईश्वर तक पहुँचाना तथा ईश्वर के प्रत्यक्ष दर्शन करवाना है। जो भी ईश्वर या ग्रन्थों की बात करते हैं, उनमें यह कहने की क्षमता होनी चाहिए कि उन्होने ईश्वर के दर्शन किए हैं। इस मन्त्र में ऋषि निर्भीकता से कहते हैं *अपश्यम् गोपाम्* मैंने ईश्वर को देखा। ईश्वर को देखने का यह दावा धर्म की उच्चतम परीक्षा है। जब नरेन्द्रनाथ ने (स्वामी विवेकानन्द) श्री रामकृष्णदेव से पूछा कि क्या उन्होंने ईश्वर को देखा है, तो उन्होंने उसका उत्तर स्पष्ट 'हाँ' में दिया और साथ ही यह भी कहा कि वे उन्हें भी ईश्वर की प्राप्ति करा सकते हैं, जो बाद में जाकर सत्य सिद्ध हुआ।

ऋषि कहते हैं *अपश्यम् गोपाम्* मैंने रक्षक को देखा। *गोपाम्* शब्द का अर्थ है रक्षक जो ईश्वर, सूर्य या जीवात्मा हो सकते हैं। ये तीनों अपने-अपने क्षेत्र की लगन से रक्षा करते हैं। उस रक्षक की प्रकृति का वर्णन *अनिपद्यामानम्* कहकर किया गया है जिसका अर्थ है जो कभी विश्राम नहीं करता। ईश्वर ब्रह्माण्ड के स्वामी के रूप में, या सूर्य या आत्मा के रूप में सदा सक्रिय बने रहते हैं तथा हमेशा रक्षा किए जाने वाले पर निगरानी रखते हैं।

आगे कहा गया *पथिभिः चरन्तम्* वह उस मार्ग पर अग्रसर होता है, *आ च परा च* अनेक प्रकार से अर्थात् जीवात्मा एक योनि से दूसरी में विचरण करती है तथा सूर्य एवं तारे अंतरिक्ष में सबको प्रकाश देते हुए भिन्न-भिन्न तरीकों से गतिमान होते हैं। ईश्वर भी सदा सक्रिय रहते हैं जैसा कि गीता III.22. में कहा गया है, 'मैं (श्री कृष्ण) सदा कर्म में लगा रहता हूँ।'

ज्योति के रूप में *सः सध्रीचीः सः विषूचीः वसानः* वह (ईश्वर/सूर्य) रात्री के साथ जो उसकी सहचर यात्री है, *आ वरीवर्ति भुवनेषु अन्तः* अंतरिक्ष को ज्योति से भरते हैं। ईश्वर दिव्य ज्योति हैं जो हर समय सर्वव्यापी हैं। संसार में वे सूर्य, चन्द्रमा तथा तारों के प्रकाश के रूप में प्रकट होते हैं और इस प्रकार वे कभी विश्राम नहीं करते तथा कभी किसी को निराश नहीं करते।

इस प्रकार ईश्वर जो वेद के विषय हैं, हर वक्त, हर जगह विद्यमान हैं। जो भी स्वयं को शुद्ध तथा शांत कर लेते हैं, उनके प्रत्यक्ष दर्शन पाते हैं।

10.
संज्ञान सूक्त – ऋग्वेद की अंतिम स्तुति
ऋग्वेद X.191

यह ऋग्वेद की अंतिम स्तुति है जिसमें ऋषि पुरोहितों या शिष्यों के बीच एकता के लिए प्रार्थना करते हैं ताकि वे यज्ञ संपन्न करके इच्छित परिणाम प्राप्त कर सकें। इसके लिए उन्हें समभाव में रहते हुए बोलना, सोचना, तथा कार्य करना होगा। आपसी मतभेद की समस्या प्राचीन काल से ही भारत में चली आ रही है!

रोचक बात यह है कि प्रार्थना हेतु इस स्तुति के दो भिन्न देवता हैं, एक अग्नि तथा दूसरे संज्ञान अर्थात् किसी सभा में एकमतता।

देवता – अग्नि-1, संज्ञान (सभा में एकमतता) 2-4
ऋषि – संवनन

संसमिद्युवसे वृषन्नग्ने विश्वान्यर्य आ।
इळस्पदे समिध्यसे स नो वसून्या भर॥ 1

सम्-सम्-इत्-युवसे वृषन्-अग्ने विश्वानि-अर्यः आ।
इळः-पदे (इलः-पदे) समिध्यसे सः नः वसूनि आ भर॥

इच्छाओं की पूर्ति करने वाले आप स्वामी हैं, तथा आप ही सब से समभाव होते हैं। आपको ही पृथ्वी की वेदी पर प्रज्वलित किया जाता है ताकि हम जो चाहते हैं, वह हमें प्राप्त हो।

ईश्वर सभी जीवों में अस्तित्व, बुद्धि, जीवन, विकास, भूख, मृत्यु, संहार आदि के रूप में विद्यमान हैं। इस मन्त्र में की गई प्रार्थना उस एकता के सूत्र को दर्शाती है जो सभी जीवों में भूख की अग्नि के रूप में विद्यमान है, जो अग्नि का ही एक रूप है। ऋषि प्रार्थना करते हैं *वृषन् अग्ने* हे अग्नि! आप भक्तों पर कृपा वर्षण करके इच्छाओं की पूर्ति करने वाले हैं तथा अर्यः आप ब्रह्माण्ड के स्वामी हैं, चूँकि *युवसे विश्वानि आ* सभी जीवों को उनके अंदर जठराग्नि के रूप में रहकर *सम्-सम्* आप उनको एक करते हैं।

इसके अतिरिक्त इळः *पदे सम् इध्यसे* आपके सम्मान में पुरोहित आपको उपासना के स्थान पर प्रज्वलित करते हैं। अन्य देवता दिखाई नहीं पड़ते, परंतु जब भी अग्नि देवता को प्रज्वलित किया जाता है, वे सहजता से अपने देदीप्यमान तथा तप्त रूप में प्रकट हो जाते हैं। इस कारण भक्त अग्नि से प्रसन्न होता है तथा प्रार्थना करता है *सः नः वसूनि आ भर* जो हम चाहते हैं, आप हमें वह प्रदान करें।

वसु शब्द का अर्थ है जो कल्याणकारी हो। परंतु प्रायः इस शब्द का अनुवाद धन के रूप में होता है जिसकी इच्छा अधिकतर लोग करते हैं, परंतु जो वास्तव में कामना योग्य नहीं है। ऋषि, संत तथा साधुगण अति अल्प धन से अपना काम चला लेते हैं, इसीलिए अगर वसु का अर्थ केवल धन लगाया जाए तो यह प्रार्थना अपनी सार्वभौमिकता खो देती है।

सं गच्छध्वं सं वदध्वं सं वो मनांसि जानताम्।
देवा भागं यथा पूर्वे संजानाना उपासते ॥ 2

सं गच्छध्वं सं वदध्वं सं वो मनांसि जानताम्।
देवाः भागं यथा पूर्वे संजानानः उपासते ॥

(हे उपासको!) आप सब साथ हों तथा साथ बोलें, आप सबकी समझ एक हो जैसे कि देवता प्राचीन समय में समभाव से आहुतियों में अपना-अपना भाग स्वीकार करते थे।

ब्राह्मण/पुरोहित यज्ञ करने जा रहे हैं, इसीलिये मुख्य पुरोहित उन सब को याद दिलाते हैं कि वे ध्यान केंद्रित करें तथा हर समय एक मन के हों। उनके शब्द, कर्म, विचार तथा समझ एक हों – जो किसी भी कार्य की सफलता के लिए आवश्यक है। यह मन्त्र किसी भी कार्य के समय एकता के महत्व की सीख भी देता है।

हे उपासको! *सं गच्छध्वं* आप सब साथ हों, *सं वदध्वं* एक साथ बोलें, अर्थात् आप जो भी करें उसमें किसी प्रकार का मतभेद न हो। *वः सं मनांसि जानताम्* आप जो भी करें या बोलें वे एक भाव के हों।

इस प्रकार ऋषि पुरोहित को चेतावनी देते हैं कि वे जो बोलें या पाठ करें उसकी उन्हें समझ हो तथा उनकी समझ सही हो। अध्यात्म में सही समझ का अर्थ है एकमतता। उपासकों को मतभेद न होने के महत्व को समझाने के लिए ऋषि बतलाते हैं कि किस प्रकार देवता भी प्राचीन काल में अपनी एकमतता के कारण सदा प्रसन्न रहते थे, *देवाः*

भागम् यथा पूर्वे संजानानाः उपासते वे देवता आहुतियों में अपने-अपने भाग को समभाव से स्वीकारते थे।

आत्मकेंद्रित, लोभी, तथा असभ्य लोगों की प्रकृति होती है कि वे अपने स्वार्थ के कारण आपस में लड़ते हैं, परंतु सभ्य लोग ऐसा नहीं करते। देवताओं द्वारा आहुतियों में अपने-अपने भाग को सहर्ष स्वीकार करने का उदाहरण यह बतलाने के लिए दिया गया है कि वे कैसे बिना किसी मतभेद के व्यवहार करते हैं।

समानो मन्त्रः समितिः समानी समानं मनः सह चित्तमेषाम्।
समानं मन्त्रमभि मन्त्रये वः समानेन वो हविषा जुहोमि॥ 3

समानः मंत्रः समितिः समानी समानं मनः सह चित्तम्-एषाम्।
समानं मन्त्रम्-अभि मन्त्रये वः समानेन वो हविषा जुहोमि॥

आप सबकी प्रार्थनाएँ एक साथ हों, तथा आपके कर्म, विचार तथा मन समभाव हों। मैं एक सर्वमान्य प्रार्थना कर रहा हूँ, तथा सर्वमान्य आहुति अर्पण कर रहा हूँ।

यज्ञ का कर्म अति महत्वपूर्ण है इसीलिये ऋषि सावधान करते हैं कि आप सब का संकल्प, विचार तथा कर्म एक हो। *समानः मंत्रः* आप सबके मन्त्र तथा प्रार्थनाएँ जो आप उच्चरित करें, वे एकभाव हों तथा आप सबकी लय तथा उच्चारण समक्रमिक हो, तथा *समितिः समानी* आप सबके कर्म एकभाव हों। *समितिः* शब्द का अर्थ है समूह या समूह के कर्म। कुछ लोगों के अनुसार इस शब्द का अर्थ है उपलब्धि, जिसका अर्थ होगा पारिश्रमिक। परंतु यह व्याख्या अस्वाभाविक है जो प्रार्थना के भाव से मेल नहीं खाती।

शब्दों या कर्म में मतभेद को टालने के लिए ऋषि प्रार्थना करते हैं, *समानम् मनः सह चित्तम् एषाम्* आपका मन तथा आपके विचार एक हों। चित्त तथा मन दोनों शब्दों का अर्थ मन होता है, परंतु दोनों के अभिप्राय भिन्न हैं। यहाँ चित्त का अर्थ है विचार, जबकि मन का अर्थ है प्रज्ञा, जिसे ग्रन्थों तथा आचार्यों से प्राप्त प्रशिक्षण द्वारा केंद्रित किया गया हो। ऋषि पुनः आश्वासन देते हैं कि वे उनके साथ हैं जिन्हें वे शिक्षा देते रहे हैं, *समानम् मन्त्रम् अभि मन्त्रये वः* आप सबके लिए एक प्रार्थना उच्चरित कर रहा हूँ, *समानेन वः हविषा जुहोमि* मैं आप सबके लिए आहुतियाँ अर्पित कर रहा हूँ।

किसी भी समूह के लिए हर स्तर पर एकता आवश्यक है जो नायक द्वारा व्यावहारिक तौर पर दर्शाया जाना चाहिए।

समानी व आकूतिः समाना हृदयानि वः।
समानमस्तु वो मनो यथा वः सुसहासति ॥ 4

समानी वः आकूतिः समाना हृदयानि वः।
समानम् अस्तु वः मनः यथा वः सु-सह-असति ॥

आप सबकी इच्छा-शक्ति समभाव में हो, आप सबकी भावनाएँ एक हों, आप सबके विचार एक हों तथा इस प्रकार आप सबमें समभाव हो।

ऋषि अपने अनुदेशों का समापन करते हैं तथा इच्छा करते हैं कि *समानी वः आकूतिः* आप सबका उद्देश्य समभाव हो, *समाना हृदयानि वः* आप सबकी भावनाएँ एक हों, *समानम् अस्तु वः मनः* आप सबके विचार एक हों, तथा *यथा वः सुसह असति* इस प्रकार आप सबमें समभाव हो।

यज्ञ या कोई भी कार्य संपन्न करने के लिए उद्देश्य, भावनाएँ, विचार तथा कर्म अर्थात् सब कुछ एकभाव में होना चाहिए। यह ऋग्वेद की अंतिम प्रार्थना है।

***

VI

प्रकृति के रूप में ईश्वर की स्तुति

पहले अध्याय में वर्णन किया गया था कि हिन्दू कैसे अस्तित्व को तीन स्तरों में देखते हैं, जिनको स्थूल जगत, सूक्ष्म जगत तथा कारण जगत कहा जाता है। महाकारण अद्वैत की अवस्था है, जो सत्, चित् और आनन्द, अर्थात् साक्षात सच्चिदानन्द है। ध्यान से देखें तो अस्तित्व के पहले तीन लोक ईश्वर का रूप हैं, जबकि चौथा ईश्वर से एकाकार की अवस्था है।

ऋषियों ने तीनों ही अवस्थाओं – स्थूल, सूक्ष्म तथा कारण जगत – में ईश्वर के प्रकटीकरण को देखा, ठीक वैसे ही जैसे कोई जल को बर्फ, भाप तथा तरल अवस्थाओं में देखता है। इस प्रकार उन्होंने ब्रह्माण्डीय तत्वों तथा घटनाओं जैसे कि उषा, दिन, रात आदि को देवता सदृश पूजा तथा अधिक मूर्त प्रकटीकरणों जैसे नदियों, पर्वतों एवं अन्य ऐसे रूपों की उपासना भी की।

इसमें ध्यान देने योग्य बात यह है कि कोई पवित्र नदी या पर्वत केवल अपने अस्तित्व के कारण पवित्र नहीं है, अपितु इसीलिये है क्योंकि हिन्दू उसे ईश्वर के ही एक रूप में देखता है। पुस्तक का यह भाग इस तथ्य की एक झलक देता है कि कैसे वैदिक ऋषि नदियों तथा बादलों के रूप में प्रकृति की उपासना करते थे।

1.
नदी सूक्त
ऋग्वेद X.75

आप अर्थात् जल को उसकी शुद्धिकरण एवं उपचारात्मक शक्ति के कारण भारतीय आध्यात्मिक परंपरा में पवित्र माना गया है। भारत में सभी नदियों की उपासना करने की एक आम प्रथा है, जिसमें सभी नदियों का आह्वान किया जाता है कि वे आएँ और पूजा में प्रयुक्त जल में विद्यमान हों। बहते जल को अधिक पावन माना जाता है चूँकि वह जीवन का सूचक होता है, तथा सागर में उसकी यात्रा की परिणति को किसी व्यक्ति के ईश्वर से एक होने के समान माना गया है।

यह स्तुति भारत की सभी प्रमुख नदियों को समर्पित है, विशेषतः सिन्धु नदी को जिसका उद्गम पश्चिमी तिब्बत में होता है, फिर वह लद्दाख और आज के पाकिस्तान के गिलगिट-बाल्टिस्तान क्षेत्रों में से बहती हुई, 3200 कि.मी. से भी अधिक रास्ता तय करती हुई, कराची के पास अरब सागर में विलीन हो जाती है। उसकी तुलना में गंगा 2500 कि.मी. लंबी है। अरब सागर तक पहुँचने से पहले अनेक उप-नदियों का जल सिन्धु में विलीन होता है जिसके कारण वह 'एक वृषभ के समान दहाड़ता है'। भारत में ब्रह्मपुत्र और सिन्धु को नद के रूप में देखा जाता है, पर स्तुति में सिन्धु को प्रायः नदी के रूप में लिया जाता है।

यह माना जाता है कि वेद की अधिकतर स्तुतियाँ उन ऋषियों द्वारा रची गईं जो सिन्धुतट पर वास करते थे। इस प्रकार उस समय के लोगों के लिए वह उतनी ही आकर्षक थी जैसे वर्तमान समय में गंगा है। इससे यह भी पता चलता है कि हिन्दू धर्म कैसे एक जीवंत तथा गतिमान धर्म है जो समय के साथ सिन्धु की उपासना से गंगा की उपासना की ओर बढ़ चला।

वेदों में सिन्धु का उल्लेख सैकड़ों बार हुआ है तथा अधितकर यह बहुवचन में हुआ है, पर ऋग्वेद में यह परिसीमित होकर सिन्धु नदी को संकेत करता है।

देवता – नद्यः (नदियाँ); ऋषि – सिन्धुक्षित प्रैयमेध

प्र सु व आपो महिमानमुत्तमं कारुर्वोचाति सदने विवस्वतः।
प्र सप्तसप्त त्रेधा हि चक्रमुः प्र सृत्वरीणामति सिन्धुरोजसा॥ 1

प्र सु वः आपः महिमानम्-उत्तमं कारुः वोचाति सदने विवस्वतः।
प्र सप्त-सप्त त्रेधा हि चक्रमुः प्र सृत्वरीणाम्-अति सिन्धुः-ओजसा॥

हे आप (जल)! इस उपासना स्थल पर मैं आपकी भव्यता का वर्णन करूँगा जो अतुलनीय है; नदियाँ तिगुने वेग से बहती हैं, सात तथा सात, सिन्धु बल में उन सबसे उत्कृष्ट है।

ऋषि स्तुति कर रहे हैं कि सिन्धु नदी स्वर्ग, पृथ्वी तथा मध्य लोकों में सभी नदियों में श्रेष्ठ है।

प्र सु वः आपः महिमानम् उत्तमम् कारुः वोचाति सदने विवस्वतः यह प्रार्थना *कारु* अर्थात् स्तुतियों के पाठ करने वाले सिंधुक्षित द्वारा अर्पित की जा रही है जो *आप* को संबोधित है, *सदने विवस्वतः* विवस्वान के स्थान पर जिन्होंने शायद अपने स्थान पर यज्ञ को आयोजित किया, या हो सकता है कोई भी अन्य उपासना का स्थान रहा हो। यह प्रार्थना *आप* अर्थात् पावन जल की अतुलनीय महिमा के बारे में है जो सिन्धु नदी के रूप में बह रहा है।

प्र सप्त-सप्त त्रेधा हि चक्रमुः प्र सृत्वरीणाम् अति सिन्धुः ओजसा सिन्धु उन सभी नदियों में श्रेष्ठ हैं जो *त्रेधा* सात के समूह में पृथ्वी, आकाश तथा स्वर्ग के तीन लोकों में बहती हैं। भारतीय संस्कृति में सात पावन नदियों का व्यापक महत्व है – गंगा, यमुना, गोदावरी, सरस्वती, नर्मदा, सिन्धु तथा कावेरी। यह माना जाता है कि इन नदियों का अस्तित्व अन्य लोकों में भी है।

प्र तेऽरदद्वरुणो यातवे पथः सिन्धो यद्वाजान् अभ्यद्रवस्त्वम्।
भूम्या अधि प्रवता यासि सानुना यदेषामग्रं जगतामिरज्यसि॥ 2

प्र ते-अरदत्-वरुणः यातवे पथः सिन्धो यत्-वाजान् अभि-अद्रवः-त्वम्।
भूम्याः अधि प्रवता यासि सानुना यत्-एषाम्-अग्रं जगताम्-इरज्यसि॥

हे सिन्धु! जब आप उपजाऊ मैदानों की ओर दौड़े, तब वरुण ने आपके प्रवाह को प्रशस्त करने के लिए मार्ग निर्माण किया; आप ऊँचे पर्वतों पर से बहकर नीची भूमि पर आते हैं, चूँकि आप ऐसे हैं, इसीलिये आप सबके स्वामी हैं।

प्र ते अरदत् वरुणः यातवे पथः सिन्धो हे सिन्धु! आपके प्रवाह को प्रशस्त करने के लिए स्वयं वरुण ने, जो जल के देवता हैं, मार्ग बनाया। इस प्रकार ऋषि मानते हैं कि

सिन्धु का मार्ग स्वयं ईश्वर ने बनाया है। यह विचार गंगा के अवतरण की कथा में भी दोहराया गया है जिसमें राजा भगीरथ गंगा को हिमालय से गंगासागर तक ले गए।

यत वाजान् अभि अद्रवः त्वम् जब आप उपजाऊ मैदानों की ओर दौड़े। चूँकि सिन्धु का उद्गम हिमालय में है, इसीलिये वह अनेक घाटियों में से बहकर मैदान (अब पाकिस्तान) में पहुँचती हैं और फिर पंजाब के प्रांतों को उपजाऊ बनाती हैं। यही तथ्य इस कथन में अभिव्यक्त किया गया है – *वाजान् अभि अद्रवः त्वम्* आप अन्न की ओर दौड़े (दौड़ीं)। *भूम्याः अधि प्रवता यासि सानुना* आप पर्वतों की ऊँचाई से बहकर पृथ्वी के निचले मैदानों की ओर बढ़े (बढीं)।

यत् एषाम् अग्रम् जगताम् इरज्यसि – चूँकि आप इस तरह ऊँचे पर्वतीय इलाकों से मनुष्यों को जलरूपी आशीर्वाद देने के लिए प्रवाहमान होते हैं इसीलिये आप सभी जीवों के दृश्यमान स्वामी हैं।

दिवि स्वनो यतते भूम्योपर्यनन्तं शुष्ममुदियर्ति भानुना।
अभ्रादिव प्र स्तनयन्ति वृष्टयः सिन्धुर्यदेति वृषभो न रोरुवत्॥ 3

दिवि स्वनः यतते भूम्या-उपरि-अनन्तं शुष्मम्-उत्-इयर्ति भानुना।
अभ्रात्-इव प्र स्तनयन्ति वृष्टयः सिन्धुः-यत्-एति वृषभः न रोरुवत्॥

उनका गर्जन पृथ्वी से स्वर्ग तक उठता है तथा जगमगाती लहरें उनकी निरंकुश गति को जीवंत करती हैं; जैसे वर्षा की धार गरजते हुए बादल से गिरती है, इसी तरह सिन्धु एक वृषभ के समान दहाड़ता हुआ आगे बढ़ता है।

दिवि स्वनः यतते भूम्या उपरि सिन्धु, हालाँकि पृथ्वी पर है, पर उसके तेज बहाव की ध्वनि आकाश तक गूँजती है, तथा*अनन्तम् शुष्मम् उत् इयर्ति भानुना* उसकी लहरें चमकती प्रतीत होती हैं जो तेज गति से चलती हैं।

अभ्रात् इव प्र स्तनयन्ति वृष्टयः सिन्धुः यत् एति वृषभः न रोरुवत् तेजी से बढ़ती हुई नदी (या नद) एक गरजते हुए वृषभ के समान प्रतीत होती है तथा उसका गर्जन आकाश से गरजती हुई वर्षा के समान लगता है।

अभि त्वा सिन्धो शिशुमिन्न मातरो वाश्रा अर्षन्ति पयसेव धेनवः।
राजेव युध्वा नयसि त्वमित्सिचौ यदासामग्रं प्रवतामिनक्षसि॥ 4

अभि त्वा सिन्धो शिशुम्-इत-न मातरः वाश्राः अर्षन्ति पयसा–इव धेनवः।
राजा-इव युध्वा नयसि त्वम्-इत्-सिचौ यत् आसाम्-अग्रं प्रवताम् इनक्षसि॥

जैसे माताएँ शिशुओं के लिए होती हैं, जैसे दुधारू गायें हों, इसी तरह सिन्धु आपकी ओर गरजती हुई नदियाँ बहती हैं; जब आप तटों के बीच तेज धाराओं के साथ मार्ग प्रशस्त करते हुए बहते हैं उस समय आप युद्ध में एक राजा के समान नेतृत्व करते हैं।

जो ऋषि वैदिक काल में रहते थे, वे नदियों से प्रेम करते थे तथा प्रार्थनाओं एवं उपासनाओं से उनकी महिमा गाते थे, और उनके बहाव तथा उनकी ध्वनि की तुलना अनेक वस्तुओं से करते थे। ऋग्वेद (III.33.1) में सतलुज तथा व्यास नदियों की तुलना दो घोड़ियों से की गई है जो एक-दूसरे के साथ दौड़ लगा रही हैं तथा उन गायों के साथ भी जो भागकर अपने बछड़ों को ममता से चाटना चाहती हैं।

अभि त्वा सिन्धो शिशुम् इत् न मातरः वाश्राः अर्षन्ति पयसाइव धेनवः – यहाँ अनेक नदियों के सिन्धु से मिलन की तुलना एक ममतामयी माँ से की जा रही है जो अपने शिशु की ओर दौड़ती है, तथा एक ऐसी दुधारू गाय से भी जो अपने बछड़े की ओर दौड़ती है। *सिचौ यत् आसाम् अग्रम् प्रवताम् इनक्षसि* जब सिन्धु अपने तटों के बीच पूरे वेग के साथ बहती हैं तो कैसे दिखते हैं? *राजा इव युध्वा नयसि त्वम् इत्* वास्तव में तब सिन्धु एक राजा की तरह दिखते हैं जो युद्ध में अपनी सेना का नेतृत्व कर रहे हों।

स्त्री तथा पुरुष दोनों तत्वों से यह तुलना बड़ी सुंदर है जिसमें राजसी महिमा तथा ममता दोनों प्रतिबिंबित होते हैं। परंतु इससे भी महत्वपूर्ण है नदी का व्यक्तिकरण जो मात्र उस जल से भिन्न है जिसे वह साथ लेकर चलती है।

इमं मे गङ्गे यमुने सरस्वति शुतुद्रि स्तोमं सचता परुष्ण्या।
असिक्न्या मरुद्वृधे वितस्तयार्जीकीये शृणुह्या सुषोमया॥ 5

इमं मे गङ्गे यमुने सरस्वति शुतुद्रि स्तोमं सचता पुरुष्णि-आ।
असिक्न्या मरुद्वृधे वितस्तया-आर्जीकीये श्रृणुहि-आ सुषोमया॥

मेरी इस प्रार्थना को स्वीकार करें, हे गंगा, यमुना, शुतुद्री, परुष्णि तथा सरस्वती, असिक्नी तथा वितस्ता के साथ, हे मरुदवृधा, मेरी प्रार्थना को सुनें, हे आर्जीकीय, सुषोमा के साथ।

ध्यान दिलाएँ कि वास्तव में यह स्तुति *आप* को संबोधित है जो पृथ्वी पर अनेक नदियों के रूप में प्रकट होता है। सिन्धु की प्रशंसा करने के उपरांत अब स्तुति भारत की बाकी नदियों को संबोधित करती है।

यह मन्त्र अनेक मुख्य नदियों के नाम को स्पष्ट करता है। इनमें से कुछ नाम समय के साथ बदल गए हैं – शुतुद्री (शतद्रु)-झेलम, परुष्णि–इरावती या रावी, असिक्री-चिनाब, वितस्ता-झेलम, मरुदवृधा-चिनाब तथा झेलम एक साथ, अर्जीकीय–विपाशा या व्यास, ऊपरी सिन्धु, सुषोमा-सोहन/सिन्धु (यास्क के अनुसार)।

तृष्टामया प्रथमं यातवे सजूः सुसर्त्वा रसया श्वेत्या त्या।
त्वं सिन्धो कुभया गोमतीं क्रुमुं मेहत्न्वा सरथं याभिरीयसे॥ 6

तृष्टामया प्रथमं यातवे सजूः सुसर्त्वा रसया श्वेत्या त्या।
त्वं सिन्धो कुभया गोमतीं क्रुमुं मेहत्न्वा सरथं याभिः-इयसे॥

सिन्धु! आप तृष्टामा से मिलीं, फिर सुसर्तु, रसा, श्वेति, ति, कुभा, मेहत्नु से, जिनके साथ आप क्रुमु तथा गोमती से मिलने आगे बढ़ीं।

जांस्कर नदी लद्दाख में सिन्धु के बाएँ तट की उप-नदी है तथा मैदानों में उसकी बाएँ तट की उप-नदी है। पंचनद (जिससे पंजाब नाम बना है) – चिनाब, झेलम, रावी, व्यास तथा सतलुज से मिलकर बनती है। उसकी दाएँ तट की मुख्य उप-नदियाँ श्योक, गिल्गिट, काबुल, कुर्रम तथा गोमल हैं।

यह मन्त्र सिन्धु की उप-नदियों को वैदिक काल के नाम से सूचीबद्ध करता है – तृष्टामा, रसा, सुसर्तु, ति, महन्तु – इन उप-नदियों का वर्तमान नाम ठीक से पता नहीं। श्वेति-गिल्गिट नदी, कुभ–काबुल नदी, गोमती-गोमल नदी जो अफगानिस्तान-पाकिस्तान से होकर बहती है, क्रुमु-कुर्रम, जो सिन्धु से इस खेल में मिलती है।

रोचक बात यह है कि सायणाचार्य क्रुमु नदी का उल्लेख नहीं करते, शायद इसीलिये कि उनको इस नदी का पता नहीं था। इसके विपरीत वे क्रुमु की व्याख्या 'तेज बहाव वाली' करते हैं तथा इसका प्रयोग विशेषण के रूप में गोमती नदी के लिए करते हैं। यह नदी वह गोमती नहीं जो उत्तर प्रदेश में बहती है।

ऋजीत्येनी रुशती महित्वा परि ज्रयांसि भरते रजांसि।
अदब्धा सिन्धुरपसामपस्तमाश्वा न चित्रा वपुषीव दर्शता ॥ 7

ऋजीति-एनी रुशती महित्वा परि ज्रयांसि भरते रजांसि।
अदब्धा सिन्धुः-अपसाम्-अपस्तमा-अश्वा न चित्रा वपुषी-इव दर्शता ॥

सीधे बहने वाली, श्वेत रंग की, चमकदार (सिन्धु) अपने बल से तेज बहते जल को लेकर चलती है, सक्रियों में सबसे सक्रिय, सिन्धु निरंकुश है तथा एक घोड़ी के समान धब्बेदार है, एक सुंदर स्त्री के समान है।

अब सिन्धु की प्रशंसा उसकी गति तथा जो अथाह जल वह लेकर चलती है, उसके लिए की जा रही है। सबसे महत्वपूर्ण बात यह है कि इसकी तुलना यहाँ एक घोड़ी तथा एक स्त्री से की गई है तथा इसे एक स्त्री रूप प्रदान किया गया है, जबकि पहले इसकी तुलना एक वृषभ तथा राजा से की गई थी।

स्वश्वा सिन्धुः सुरथा सुवासा हिरण्ययी सुकृता वाजिनीवती।
ऊर्णावती युवतिः सीलमावत्युताधि वस्ते सुभगा मधुवृधम् ॥ 8

स्वश्वा सिन्धुः सुरथा सुवासा हिरण्ययी सुकृता वाजिनीवती।
ऊर्णावती युवतिः सीलमावति-उत-अधि वस्ते सुभगा मधु-वृधम् ॥

सिन्धु घोड़ों से संपन्न है, रथों तथा वस्त्रों से संपन्न है, स्वर्ण से संपन्न है, सुसज्जित है, अन्न से संपन्न है, ऊन से भरी है, सदा निर्मल है, पौधों से संपन्न है, तथा वह पावन नदी फूलों से भरी है।

महान सिन्धु घाटी वनस्पतियों तथा जंतुओं के लिए प्रसिद्ध है जो अनेक प्रकार के अन्न, फूल, ऊन, घोड़े तथा अन्य वस्तुएँ उत्पन्न करती है।

सुखं रथं युयुजे सिन्धुरश्विनं तेन वाजं सनिषदस्मिन्नाजौ।
महान्ह्यस्य महिमा पनस्यतेऽदब्धस्य स्वयशसो विरप्शिनः ॥ 9

सुखं रथं युयुजे सिन्धुः-अश्विनं तेन वाजं सनिषत्-अस्मिन्-आजौ।
महान्-हि-अस्य महिमा पनस्यते-अदब्धस्य स्वयशसः विरप्शिनः॥

सिन्धु ने अपने हल्के घूमने वाले रथ को घोड़ों से जोता है तथा उस रथ से वे हमें युद्ध/यज्ञ में बल देंगी। इसीलिये मैंने उनके बल की प्रशंसा की है, जो शक्तिमान तथा निरंकुश हैं, स्वतंत्र महिमा युक्त हैं तथा जो चलते हुए गर्जन करते हैं।

यह प्रार्थना एक यज्ञ के समय की जा रही है जिसमें ऋषि सिन्धु की महिमा के लिए इस आशा से प्रार्थना कर रहे हैं कि धन चाहने वालों को धन प्राप्त होगा तथा बल की इच्छा रखने वालों को बल मिलेगा। नदी के बहाव की तुलना एक रथ से की गई है जो शक्तिशाली घोड़ों से जुता है जिस पर सवार योद्धा युद्ध में विजयी होता है। यहाँ निर्धनता तथा बलहीनता से युद्ध है। *वाज* शब्द का अर्थ है अन्न तथा बल। इसीलिये यह प्रार्थना अन्न के लिए हो सकती है या फिर बल के लिए।

2.
पर्जन्य सूक्त
ऋग्वेद V.83

भारत में वर्षा का समय एक मनोहर दृश्य होता है, विशेषकर मॉनसून के समय जब शत्रुओं पर हावी होने के लिए किसी सेना की तरह काले, घने बादल उमड़ते-घुमड़ते आते हैं – कभी चुपचाप तथा कभी गर्जन के साथ, मानो जीवन के सनातन शत्रु सूखे को खदेड़ रहे हों। तब सूखी-प्यासी धरती वर्षा की हर बूँद को सोखकर मरी या मरती हुई बेलों, घास, पेड़ों, नदियों, द्विपद, चतुष्पद तथा मनुष्यों को पुनः जीवन देती है।

अगर वर्षा न हो तो देश को भगवान बचाए! इसका सुन्दर वर्णन विल ड्यूरैंट ने अपनी पुस्तक *द स्टोरी ऑफ सिविलाइज़ेशन्स – आवर ओरिएंटल हैरीटेज* में की है – 'भारत का दिल्ली से लेकर सीलोन (श्री लंका) तक हावी होने वाला लक्षण है गर्मी – गर्मी, जिसने वहाँ के निवासियों के शरीर को दुर्बल बना दिया है, जवानी को कम किया है, और शांतिपूर्ण से शांतिपूर्ण धर्म तथा दर्शन को जिसने प्रभावित किया है। इस गर्मी से बचाव का एकमात्र उपाय है स्थिर बैठे रहना, कुछ न करना, कोई कामना न करना।

या फिर गर्मी के महीनों में मॉनसून की हवा ठंडक देने वाली नमी ला सकती है तथा सागर से उपजाऊ वर्षा ला सकती है। जब मॉनसून की हवा नहीं आती तो भारत भूखा मरता है और निर्वाण की कामना करने लगता है।'

ग्रन्थों में अनेक वर्णन हैं जब वर्षा ढंग से नहीं हुई तो कैसे पूरे क्षेत्र में मृत्यु तथा विनाश का तांडव होता था। फिर तो स्वाभाविक है कि ऋषि वर्षा को मनुष्य जाति के लिए ईश्वर की ओर से एक अमूल्य दान मानते हैं, और यही नहीं, वर्षा को ईश्वर के दृश्यमान स्वरूप से कम नहीं समझते जो पृथ्वी तक नीचे आकर सबकी रक्षा करती है।

वेद में अनेक स्तुतियाँ तथा मन्त्र हैं जो वर्षा को अर्पित हैं। उदाहरण के लिए ऋग्वेद में कहा है -

तिस्रो वाचः प्र वद ज्योतिरग्रा या एतद्दुह्रे मधुदोघमूधः ।
स वत्सं कृण्वन्गर्भमोषधीनां सद्यो जातो वृषभो रोरवीति ॥ ऋग्वेद VII.101.1

– ज्योति (ॐ) के साथ वेद के तीन ग्रन्थों का पाठ करो, जो पर्जन्य के जल देने वाले स्तनों को दोहते हैं जिससे वे शीघ्र प्रकट हो जाते हैं, तेज गर्जन करते हैं, शिशु (बिजली) को तथा पौधों के भ्रूण को जन्म देते हैं।

पर्जन्य की स्तुति कर लेने के पश्चात ऋषि वसिष्ठ, यह देखकर कि वर्षा लाने हेतु उनकी स्तुति से मेंढक प्रसन्न हो उठे हैं, उनको ऋग्वेद (VII.103) में संबोधित करते हैं, जिसे विख्यात तौर पर मण्डूक सूक्त (मेंढकों के लिए स्तुति) कहा गया है। पहले मन्त्र में कहा है -

संवत्सरं शशयाना ब्राह्मणा व्रतचारिणः ।
वाचं पर्जन्यजिन्वितां प्र मण्डूका अवादिषुः ॥ ऋग्वेद VII.103.1

– मेंढक, अपने संकल्पों का पालन करने वाले ब्राह्मणों की तरह, पूरे वर्ष भर तप करते हुए पर्जन्य के लिए सुखद प्रार्थनाएँ उच्चरित करते हैं।

***

पर्जन्य को समर्पित प्रस्तुत स्तुति बड़े ही सुंदर ढंग से वर्षा ऋतु के आगमन की अभिव्यक्ति करती है। साथ ही उस असहनीय गर्मी की जो मॉनसून से पहले पड़ती है तथा जब पहली बारिश होती है तो मनुष्यों तथा जंतुओं को मिलने वाली राहत का भी वर्णन करती है।

व्युत्पत्ति के आधार पर पर्जन्य का अर्थ होता है 'जो संतुष्ट करे; जिसका जन्म हो; जो विजयी करता है या जन्म का कारण होता है; जो राहत पाने में सहायता करता है', परंतु यहाँ इस शब्द का अर्थ है वर्षा का बादल जो बाकी सभी अर्थों से मेल खाता है। वर्षा करना पर्जन्य देव का प्रमुख लक्षण है। वे अपने जलीय रथ में उड़ते-फिरते हैं तथा जल बरसाते हैं। इस प्रक्रिया में उनके सहचर मेघ-गर्जन तथा बिजली होते हैं। एक विशेष तौर पर वे वनस्पति के जनक तथा पोषक हैं, जिस कारण पृथ्वी को उनकी पत्नी के रूप में भी देखा जाता है।

देवता – पर्जन्य; ऋषि – भौम, अत्रि के पुत्र

अच्छा वद तवसं गीर्भिराभिः स्तुहि पर्जन्यं नमसा विवास।
कनिक्रदद्वृषभो जीरदानू रेतो दधात्योषधीषु गर्भम्॥ 1

अच्छा वद तवसं गीः-भिः-आभिः स्तुहि पर्जन्यं नमसा विवास।
कनिक्रदत्-वृषभः जीरदानुः रेतः दधाति ओषधीषु गर्भम्॥

बलशाली पर्जन्य के लिए स्वागत के गीत गाओ, स्तुतियों से उनकी वंदना करो, आहुति से उनकी उपासना करो, वे जिनकी आवाज गर्जन के समान है, जो वर्षा करते हैं, जो उदार हैं तथा जो पौधों के भ्रूणों में जल देते हैं।

उपासना स्थल पर उपस्थित लोगों को ऋषि प्रेरित करते हैं कि वे पर्जन्य से प्रार्थना करें जो वर्षा के बादलों के रूप में उपस्थित हैं, जो बलशाली हैं तथा जिनकी दहाड़ मेघ-गर्जन के समान है। उनकी भली-भाँति तथा पूर्ण तरीके से सेवा होनी चाहिए क्योंकि वे वर्षा प्रदान करते हैं, देने में उदार हैं क्योंकि कृषि उन पर ही निर्भर है तथा वे पौधों में भ्रूणों के रूप में जल को अवस्थित करते हैं। इस प्रकार उनके द्वारा नीचे भेजी गई वर्षा से ही पौधों का जीवन संभव हो पाता है।

वि वृक्षान्हन्त्युत हन्ति रक्षसो विश्वं बिभाय भुवनं महावधात्।
उतानागा ईषते वृष्ण्यावतो यत्पर्जन्यः स्तनयन्हन्ति दुष्कृतः ॥ 2

वि वृक्षान् हन्ति-उत हन्ति रक्षसः विश्वं बिभाय भुवनं महावधात्।
उत-अनागाः ईषते वृष्णय-वतः यत्-पर्जन्यः स्तनयन्-हन्ति दुष्कृतः ॥

वे पेड़ों को गिराते हैं, पापियों का नाश करते हैं, तथा अपने बलशाली शस्त्र से सभी को भयभीत करते हैं, जब पर्जन्य गरजते हुए पापियों को मारते हैं तो निर्दोष भी भय से भाग उठते हैं।

इस मन्त्र की व्याख्या यास्क (ई.पू. सातवीं शताब्दी) ने अपने प्रसिद्ध ग्रन्थ निरुक्त में की है जो वेदों की व्युत्पत्ति के प्रति है। उनके अनुसार, वर्षा के साथ जो बिजली चमकती है (जो भारत में सामान्य है), वह पापियों सहित निर्दोषों को भी मार देती है। वही गर्जन सभी को भयभीत कर देती है।

परंतु ये दो शब्द *रक्षस* तथा *दुष्कृतः* वास्तव में उन पापपूर्ण शक्तियों के लिए प्रयोग हुए हैं जो बादल के रूप में पानी को रोके रखते हैं। कई अनुवादक इन शब्दों का शाब्दिक अर्थ ही लगाते हैं जिसका कोई अर्थ नहीं बनता।

वक्तव्य यह है कि जब बादल बन जाते हैं, परंतु उन पापपूर्ण शक्तियों के कारण जो जल को रोके रखते हैं जिससे वर्षा नहीं होती, उस समय पर्जन्य देवता *वृष्णय-वतः* (जो वर्षा करता है) गरजती हुई शक्ति से आघात करते हैं जिससे जल मुक्त हो जाता है। इस प्रकार पर्जन्य महान हन्ता हैं।

रथीव कशयाश्वाँ अभिक्षिपन्नाविर्दूतान्कृणुते वर्ष्याँ अह।
दूरात्सिंहस्य स्तनथा उदीरते यत्पर्जन्यः कृणुते वर्ष्यं नभः ॥ 3

रथीव कशया-अश्वान् अभि-क्षिपन्-आविः-दूतान्-कृणुते वर्ष्यान् अह।
दूरात्-सिंहस्य स्तनथाः उत्-ईरते यत्-पर्जन्यः कृणुते वर्ष्यं नभः ॥

जैसे रथवान अपने घोड़ों को चाबुक मारकर संदेशवाहक को प्रकट करता है; (उसी तरह) दूर से शेर की दहाड़ के साथ पर्जन्य वर्षा के बादलों को प्रकट करते हैं।

जैसे युद्ध के समय एक रथवान अपने घोड़ों को चाबुकों से मारकर मानो सैनिकों को प्रकट करता है, इसी तरह पर्जन्य वर्षा के बादलों को हाँकते हैं जिससे कि वे आकाश को आच्छादित करते हैं, तथा उनका गर्जन वर्षा के आगमन की सूचना देते हैं।

प्र वाता वान्ति पतयन्ति विद्युत उदोषधीर्जिहते पिन्वते स्वः।
इरा विश्वस्मै भुवनाय जायते यत्पर्जन्यः पृथिवीं रेतसावति ॥ 4

प्र वाताः वान्ति पतयन्ति विद्युतः उत् ओषधीः जिहते पिन्वते स्वः।
इरा विश्वस्मै भुवनाय जायते यत्-पर्जन्यः पृथिवीं रेतसा-अवति ॥

(तब) हवा तेज चलती है, बिजली कड़कती है, पौधे पनपते हैं, आसमान पिघलता है; जब पर्जन्य वर्षा से मिट्टी की रक्षा करते हैं, (तब) पृथ्वी सभी जीवों के लिए उपयुक्त हो जाती है।

रेतः वेद का प्रचलित शब्द है जिसके कई अर्थ हो सकते हैं। यहाँ इसका अर्थ है जल के कण जो वर्षा के समय गिरते हैं।

यस्य व्रते पृथिवी नन्नमीति यस्य व्रते शफवज्जर्भुरीति।
यस्य व्रत ओषधीर्विश्वरूपाः स नः पर्जन्य महि शर्म यच्छ ॥ 5

यस्य व्रते पृथिवी नन्नमीति यस्य व्रते शफवत्-जर्भुरीति।
यस्य व्रते ओषधीः-विश्वरूपाः सः नः पर्जन्य महि शर्म यच्छ ॥

जिनके कार्यों द्वारा पृथ्वी झुकी है, जिनके कार्यों से खुर वाले पशु फलते-फूलते हैं, जिनके कार्यों से पौधे हर प्रकार के रूप धारण करते हैं, वे महान पर्जन्य हमें आनंद प्रदान करें।

इसका बड़े ही सुंदर ढंग से वर्णन किया गया है कि कैसे वर्षा भारत में जीवन देती है। *यस्य व्रते* जिनके व्रत (कार्य) अर्थात् पावन संकल्प जिससे कोई धार्मिक कार्य होता है। यहाँ इसका अर्थ पर्जन्य द्वारा निभाया गया पवित्र कर्तव्य है।

दिवो नो वृष्टिं मरुतो ररीध्वं प्र पिन्वत वृष्णो अश्वस्य धाराः।
अर्वाङेतेन स्तनयित्नुनेह्यपो निषिञ्चन्नसुरः पिता नः ॥ 6

दिवः नः वृष्टिं मरुतः ररीध्वं प्र पिन्वत वृष्णः अश्वस्य धाराः।
अर्वाङ्-एतेन स्तनयित्नुना-आ-इहि-अपः नि-सिञ्चन्-असुरः पिता नः॥

मरुत, हमारे लिए आसमान से वर्षा नीचे भेजें, बादलों से भरे आसमान से वर्षा की धाराएँ हमारे सामने प्रकट हों। पर्जन्य! इस गरजते हुए (बादल) से जल बरसाते वर्षा को भेजने वाले हैं (और) हमारे रक्षक हैं।

इस मन्त्र का विषय सरल है, परंतु जो शब्द इसमें प्रयोग हुए हैं वे असामान्य हैं जिसके कारण बहुत से अनुवादकों ने विचित्र व्याख्याएँ कर डालीं।

वृष्णः अश्वस्य धाराः व्यापक रूप से फैली वर्षा।*अश्व* शब्द का अर्थ होता है घोड़ा, परंतु यहाँ अर्थ है व्यापक रूप से फैली, तथा *वृष्णः* का अर्थ है वर्षा। *स्तनयित्नुना* का अर्थ है गर्जन के साथ वर्षा।

असुर राक्षसों के लिए प्रयोग किया जाने वाला एक प्रचलित शब्द है। परंतु व्याकरण के अनुसार इसका अर्थ जल या बादल भी हो सकता है, और देवता वे हैं जो इस जल को प्रवाहमान करते हैं *उदकानां निरसितापि सन।* इसीलिये कभी-कभी असुर शब्द का प्रयोग वेद में देवताओं तथा ऋषियों के लिए भी किया गया है!

अभि क्रन्द स्तनय गर्भमा धा उदन्वता परि दीया रथेन।
दृतिं सु कर्ष विषितं न्यञ्चं समा भवन्तूद्वतो निपादाः॥ 7

अभि क्रन्द स्तनय गर्भम्-आ धाः उदन्वता परि दीय रथेन।
दृतिं सु कर्ष विषितं न्यन्-चं समाः भवन्तु-उद्वतः निपादाः॥

पृथ्वी के ऊपर तेज दहाड़ो, पौधों को पोषण दो, अपने जल से भरे रथ से (आसमान को) पार करो, नीचे की ओर उन्मुख, कसकर बँधे हुए मशक (जल के थैले) को खोलो, तथा ऊँचे तथा नीचे स्थान समान हों (जल का स्तर)।

पर्जन्य से विनती की जा रही है कि वे पृथ्वी की ओर उन्मुख होकर तेज गर्जन करें तथा जल को गिराएँ जैसे कि *दृतिं* मशक (जल की थैली) से जल गिरता है। यह एक प्राचीन शब्द है जिसका अर्थ है एक चमड़े की जल की बड़ी थैली जिसका मुख नीचे की ओर खुलता है।

यह प्रार्थना है कि इतनी वर्षा हो कि ऊँचे-नीचे सभी स्थान जल स्तर में समान दिखें।

महान्तं कोशमुदचा नि षिञ्च स्यन्दन्तां कुल्या विषिताः पुरस्तात्।
घृतेन द्यावापृथिवी व्युन्धि सुप्रपाणं भवत्वघ्न्याभ्यः ॥ 8

महान्तं कोशम्-उत्-अच नि षिञ्च स्यन्दन्तां कुल्या विषिताः पुरस्तात्।
घृतेन द्यावा-पृथिवी वि-उन्धि सुप्रपाणं भवतु-अघ्न्याभ्यः ॥

(जल की) विशाल धारा को उठाओ और नीचे गिराओ, नदियों को अबाधित आगे बहने दो; स्वर्ग तथा पृथ्वी दोनों को जल से तर करो, तथा गायों के लिए पर्याप्त जल हो।

ऋषि *पर्जन्य* से प्रार्थना करते हैं कि वे वर्षा करें जैसे आसमान से जल गिर रहा हो ताकि नदियाँ आगे अबाधित बह सकें। *पुरस्तात* शब्द का अर्थ 'आगे जाने वाली' के स्थान पर 'पूर्व की ओर बहती नदियाँ' भी हो सकता है। यहाँ रोचक शब्द है *अघ्न*, जिसका अर्थ होता है 'जिसे मारा न जा सके'। यहाँ इसका प्रयोग गाय के लिए हुआ है अर्थात् वैदिक काल में गो हत्या वर्जित थी।

यत्पर्जन्य कनिक्रदत्स्तनयन्हंसि दुष्कृतः।
प्रतीदं विश्वं मोदते यत्किं च पृथिव्यामधि ॥ 9

यत्-पर्जन्य कनिक्रदत्-स्तनयन्-हंसि दुष्कृतः।
प्रति-इदं विश्वं मोदते यत्-किं च पृथिव्याम्-अधि ॥

हे पर्जन्य! जब आप गर्जन तथा दहाड़ के साथ पापियों (बादलों) का नाश करते हैं तो ब्रह्माण्ड तथा वह सब जो पृथ्वी पर है, आनंदित होते हैं।

वर्षा चूँकि जीवन का रस है, इसीलिए जब आसमान से पृथ्वी पर वर्षा गरजती हुई बरसती है, उससे सभी राहत ही अनुभव नहीं करते हैं बल्कि आनंद से भर उठते हैं।

अवर्षीर्वर्षमुदु षू गृभायाकर्धन्वान्यत्येतवा उ।
अजीजन ओषधीर्भोजनाय कमुत प्रजाभ्योऽविदो मनीषाम् ॥ 10

अवर्षीः-वर्षम्-उत-उ षू गृभाय-अकः-धन्वानि-अति–एतवै उ।
अजीजनः ओषधीः-भोजनाय कम्-उत प्रजाभ्यः-अविदः मनीषाम् ॥

आपने वर्षा की; अब उसे रोकें, आपने मरुभूमि को यात्रा योग्य बनाया है, आपने (मनुष्यों के) भोजन के लिए पौधों को जीवन दिया है, सच में आपने लोगों से प्रशंसा प्राप्त की है।

यह प्रार्थना वर्षा को रोकने के लिए है जब बहुत अधिक वर्षा हो चुकी है, जिससे हर ओर बाढ़ आ गई है। पर्जन्य की प्रशंसा हो रही है तथा उनको धन्यवाद दिया जा रहा है कि उन्होंने मरुभूमि को पार करना संभव बनाया है तथा मनुष्यों के पोषण के लिए पौधों को नया जीवन दिया है।

कोई आश्चर्य नहीं कि पर्जन्य की स्तुति सभी कर रहे हैं।

***

VII

जीवन, संसार, समाज

गीता (VII.16) में भगवान कहते हैं कि 'चार तरह के लोग मेरी उपासना करते हैं – आर्त्त, जिज्ञासु, अर्थार्थी, तथा आत्मज्ञानी' जिसका अर्थ है कि लोग ईश्वर के पास विभिन्न कामनाओं को लेकर जाते हैं।

वेद में जो प्रार्थनाएँ हैं, वे इन चारों प्रकार के लोगों की इच्छाओं की पूर्ति करती हैं। इस भाग में कुछ स्तुतियाँ तथा मन्त्र प्राचीन हिन्दू जीवनशैली तथा उसके दृष्टिकोण को स्पष्ट करने के लिए दिए गए हैं। इनमें से अनेक प्रार्थनाएँ अथर्ववेद से हैं जो इस प्रकार की प्रार्थनाओं के लिए विशिष्ट है। यहाँ याद रखना चाहिए कि सांसारिक समृद्धि तथा भोग की इच्छा एक पूर्णतः स्वाभाविक कामना है जो हिन्दू धर्म में पूर्णतः मान्य है।

पहला अध्याय आत्म-विकास के प्रति है।

1.
आत्म-विकास
मार्गदर्शन का महत्व – विश्वेदेव

वेद में देवता, युगल देवता तथा देवताओं के समूह हैं। यह सुनिश्चित करने के लिए कि प्रार्थना के समय इनमें से कोई भी छूट न जाए, वेद में विश्वेदेव नाम का प्रयोग किया है जो देवता समूह के लिए है। इस मन्त्र में विश्वेदेव के रूप में ईश्वर से जीवन तथा अध्यात्म में मार्गदर्शन के लिए प्रार्थना की गई है।

अक्षेत्रवित्क्षेत्रविदं ह्यप्राट् स प्रैति क्षेत्रविदानुशिष्टः।
एतद्वै भद्रमनुशासनस्योत स्रुतिं विन्दत्यञ्जसीनाम्॥ ऋग्वेद X.32.7

अक्षेत्रवित्-क्षेत्रविदं हि-अप्राट् सः प्र-एति क्षेत्रविदा-अनुशिष्टः।
एतत्-वै भद्रम्–अनुशासनस्य-उत स्रुतिं विन्दति अञ्जसीनाम्॥

अनजान व्यक्ति जानकार व्यक्ति से मार्ग पूछता है, और फिर मार्गदर्शन पाकर वह आगे बढ़ता है; उपदेश का यह वास्तविक आशीष है जिससे वह मार्ग पा लेता है जो सीधा आगे ले जाता है।

जीवन में विकास के लिए आवश्यक है कि सही समय पर सही उपदेश या शिक्षा प्राप्त हो। व्यक्तित्व तथा आध्यात्मिक विकास के लिए सही आचार्य द्वारा मार्गदर्शन की आवश्यकता होती है जो शिष्य को वह ज्ञान देता है जो उसने स्वयं अपनी अनुभूति तथा ग्रन्थों से प्राप्त किया है।

जो उदाहरण यहाँ दिया गया है वह एक प्यासे व्यक्ति का है जो प्यास बुझाने के लिए जल का स्रोत खोज रहा है। सही मार्गदर्शन मिलने पर वह सीधा उस तक चल देता है। धर्म जीवन में भी ऐसा ही होता है।

आध्यात्मिक विकास का मार्ग

व्रतेन दीक्षामाप्नोति दीक्षयाप्नोति दक्षिणाम्।
दक्षिणा श्रद्धामाप्नोति श्रद्धया सत्यमाप्यते॥ यजुर्वेद XIX.30

व्रतेन दीक्षाम्-आप्नोति दीक्षया-आप्नोति दक्षिणाम्।
दक्षिणा श्रद्धाम्-आप्नोति श्रद्धया सत्यम्-आप्यते॥

व्रत (संकल्पों) से किसी को दीक्षा (योग्यता) मिलती है, दीक्षा से दक्षिणा (कृपा) मिलती है, दक्षिणा से श्रद्धा आती है, और श्रद्धा सत्य तक ले जाती है।

यहाँ सत्य अर्थात् आध्यात्मिक ज्ञान के मार्ग के सोपान को स्पष्ट किया जा रहा है। पहला है *व्रत* आत्म-नियंत्रण। आध्यात्मिक जीवन में विकास के लिए चारित्रिक गुणों

में पक्का होना पड़ता है। *व्रत* का सामान्यतः अर्थ होता है कोई विशेष संकल्प जो शिष्य लेता है। इस प्रकार का आत्म-नियंत्रण आत्मिक शक्ति उत्पन्न करता है जिससे व्यक्ति उच्च विचारों को पाने योग्य बनता है।

व्रत से *दीक्षा* अर्थात् योग्यता उत्पन्न होती है। यह उस तैयार खेत की तरह है जिसमें कुछ भी बोया / रोपा जा सकता है। फिर आती है *दक्षिणा* कृपा। जब पहले कुछ पग तय हो जाते हैं तो ईश्वर, गुरु तथा ग्रन्थों की कृपा प्राप्त होती है। जब इन तीनों की कृपा प्राप्त होती है तो *श्रद्धा* अर्थात् सत्य को पाने की क्षमता जन्म लेती है।

सफलता के लिए प्रार्थना

पहले अध्याय में बताया गया था कि कैसे अथर्ववेद अनेक सांसारिक विषयों की चर्चा करता है जिस कारण यह वेद किसी टोना-टोटका की पुस्तक के समान प्रतीत होता है। परंतु ऐसा है नहीं। किसी स्त्री को कैसे वश में किया जाए, तथा ऐसे बहुत से विषयों तथा अनेकानेक समस्याओं के समाधान इस वेद में उन लोगों के लिए दिए गए हैं जिनके सफलता प्राप्त करने के सभी प्रयास विफल हो चुके हैं।

इस मन्त्र में एक व्यक्ति की सब प्रकार की सफलता के लिए प्रार्थना की गई है।

इन्द्रेमं प्रतरं कृधि सजातानामसद्वशी।
रायस्पोषेण सं सृज जीवातवे जरसे नय॥ अथर्ववेद VI.5.2

इन्द्र-इमं प्रतरं कृधि सजातानाम्-असत्-वशी।
रायः-पोषेण सं सृज जीवातवे जरसे नय॥

हे इन्द्र, इस व्यक्ति को जीवन में बहुत आगे तक ले जाएँ तथा वह अपने साथियों से ऊपर जा सके; उसे प्रचुर धन से संपन्न करें तथा बुढ़ापे तक उसका मार्ग दर्शन करें।

व्यक्ति जीवन में जो भी चाहता है तथा सफलता के जितने भी रूप हैं उन सबको इसमें सम्मिलित किया गया है।

ईर्ष्या मिटाने हेतु

ईर्ष्या एक ऐसे जहरीले साँप की तरह है जो व्यक्ति के हृदय में वास करता है तथा सफलता, आनंद और दुख के क्षणों में उसके महत्वपूर्ण अंगों में विष उड़ेलता है। जो भी इसके ताप से जला है, वह जानता है कि ईर्ष्या क्या होती है। इसीलिये ऋषियों ने इसे मिटाने के लिए यह सुंदर प्रार्थना प्रदान की।

ईर्ष्याया ध्राजिं प्रथमां प्रथमस्या उतापराम्।
अग्निं हृदय्यं शोकं तं ते निर्वापयामसि॥ अथर्ववेद VI.18.1

ईर्ष्यायाः ध्राजिं प्रथमां प्रथमस्याः उत-अपराम्।
अग्निं हृदय्यं शोकं तं ते निः-वापयामसि॥

ईर्ष्या का पहला वेग, तथा पहले के बाद दूसरा, वह अग्नि जो हृदय में जलती है, उसे हम बुझाते हैं तथा दूर भगाते हैं।

जैसा कि स्पष्ट है कि यह सुनने में टोना-टोटका जैसा प्रतीत होता है, परंतु वास्तव में यह एक बहुत ही प्रबल मन्त्र है। इसके अगले मन्त्र में कहा है:

यथा भूमिर्मृतमना मृतान् मृतमनस्तरा। यथोत मम्रुषो मन एवेर्ष्योर्मृतं मनः॥ 2

जैसे पृथ्वी मृत मन की है, मुर्दों से भी अधिक मृत मन की, और जैसे किसी मुर्दे का मन हो, इसी प्रकार इस ईर्ष्यालु व्यक्ति का ईर्ष्यायुक्त मन मृत हो जाए।

ईर्ष्या तथा द्वेष की अग्नि में जलते लोगों के लिए सुझाव है कि वे इन मन्त्रों को याद कर लें और इनका पाठ करें, क्योंकि परिवर्तन तथा पुनःउत्थान का पहला कदम अपने हीन स्वभाव को त्याग करना है, या ईश्वर से प्रार्थना कर उसे दूर हटाना।

विश्व के स्वामी बनें

सत्यं बृहदृतमुग्रं दीक्षा तपो ब्रह्म यज्ञः पृथिवीं धारयन्ति।
सा नो भूतस्य भव्यस्य पत्न्युरुं लोकं पृथिवी नः कृणोतु॥ अथर्ववेद XII.1.1

सत्यं बृहत्-ऋतम्-उग्रं दीक्षा तपः ब्रह्म यज्ञः पृथिवीं धारयन्ति।
सा नः भूतस्य भव्यस्य पत्नी-उरुं लोकं पृथिवी नः कृणोतु॥

महान सत्य, दुर्जेय नियम-पालन, दीक्षा, तप, प्रार्थना तथा यज्ञ – ये सब पृथ्वी को सँभालते हैं। वह पृथ्वी जो हमारे भूत तथा भविष्य की पत्नी है, हमारे लिए व्यापक विश्व बनाए।

ब्रह्म का यहाँ अर्थ है वैदिक ज्ञान या आत्म-नियंत्रण, चूँकि इनसे ब्रह्म ज्ञान प्राप्त होता है। *सत्य, ऋत, दीक्षा, तप, यज्ञ* तथा *ब्रह्म* जैसे आवश्यक गुण पृथ्वी को सँभालते हैं, अर्थात् इन मूल्यों का अभ्यास सबको करना चाहिए। विश्व में सफलता उन्हीं को मिलती है जो इनका अभ्यास करते हैं। ये सब सृष्टि तथा स्रष्टा दोनों के प्रति आदर के सूचक हैं जिस कारण ये वेद के मूल में अवस्थित हैं।

सफलता प्राप्ति में श्रद्धा का महत्व

हिन्दू धर्मग्रन्थ श्रद्धा के महत्त्व पर बल देते हैं तथा बतलाते हैं कि किसी भी व्यक्ति का व्यक्तित्व तथा मनोभाव उसकी आंतरिक श्रद्धा से संचालित होते हैं। श्रद्धा व्यक्ति का आध्यात्मिक सत्य के प्रति सकारात्मक विश्वास, आस्था तथा आदरपूर्ण मनोभाव है जो ग्रन्थों, आचार्य तथा माता-पिता से पाई शिक्षा तथा मूल्यों से उत्पन्न होता है। जब श्रद्धा का अभ्यास लंबे समय तक किया जाता है तो उससे नम्रता, निष्ठा, ध्यान, कर्मठता तथा एकाग्रता का उदय होता है जिससे सफलता मिलती है। इस बात को स्पष्ट करने के लिए ऋग्वेद में एक पूरा सूक्त श्रद्धा को समर्पित है जिसके अनुसार हर श्रेष्ठ विचार श्रद्धा के कारण ही जन्म लेता है।

श्रद्धयाग्निः समिध्यते श्रद्धया हूयते हविः।
श्रद्धां भगस्य मूर्धनि वचसा वेदयामसि॥ ऋग्वेद X.151.1

श्रद्धया-अग्निः समिध्यते श्रद्धया हूयते हविः।
श्रद्धां भगस्य मूर्धनि वचसा वेदयामसि॥

अग्नि श्रद्धा से प्रज्वलित होती है, श्रद्धा से आहुति दी जाती है, हम प्रार्थना से श्रद्धा की महिमा करते हैं जो धन के शीर्ष पर विराजमान हैं।

इस स्तुति की इष्ट *श्रद्धा* हैं तथा इसकी ऋषिका हैं श्रद्धा कामायनी। अर्थात् ऋषिका द्वारा रचित यह एक और स्तुति है। यहाँ ऋषिका सबको याद दिलाती हैं कि हर श्रेष्ठ कार्य श्रद्धा के कारण ही होता है तथा इन कर्मों से प्राप्त परिणाम देवी *श्रद्धा* से ही आते हैं।

यही विचार अगले मन्त्र में कहा गया है –

श्रद्धां देवा यजमाना वायुगोपा उपासते। श्रद्धां हृदय्यया आकूत्या श्रद्धया विन्दते वसु॥
ऋग्वेद X.151.4

देवता, उपासक तथा वे जो वायु देवता द्वारा सुरक्षित हैं, वे सभी (देवी) श्रद्धा से विनती करते हैं, वे हृदयगत कामना से श्रद्धा चाहते हैं, तथा श्रद्धा से ही उन्हें धन प्राप्त होता है।

ब्रह्मचर्य द्वारा स्वस्थ भाव

ब्रह्मचर्येण तपसा राजा राष्ट्रं वि रक्षति।
आचार्यो ब्रह्मचर्येण ब्रह्मचारिणमिछते॥
ब्रह्मचर्येण कन्या युवानं विन्दते पतिम्।
अनड्वान् ब्रह्मचर्येणाश्वो घासं जिगीर्षति॥ अथर्ववेद XI 5.17-18

ब्रह्मचर्येण तपसा राजा राष्ट्रं वि रक्षति।
आचार्यः ब्रह्मचर्येण ब्रह्मचारिणम् इच्छते॥
ब्रह्मचर्येण कन्या युवानं विन्दते पतिम्।
अनड्वान् ब्रह्मचर्येण-अश्वो घासं जिगीर्षति॥

ब्रह्मचर्य तथा आत्म-नियंत्रण द्वारा राजा अपने राज्य की रक्षा करता है, ब्रह्मचर्य द्वारा गुरु (उत्तम) शिष्य की इच्छा करता है, ब्रह्मचर्य द्वारा एक कन्या वर पाने की इच्छा करती है, ब्रह्मचर्य द्वारा एक बैल तथा एक घोड़ा घास पाने का प्रयास करते हैं।

अथर्ववेद की जिस स्तुति से ये दो मन्त्र लिए गए हैं, वह *ब्रह्मचर्य* को समर्पित है जिसमें व्याख्या की गई है कि कैसे कोई व्यक्ति गुरु के आश्रम में ब्रह्मचर्य का जीवन अपनाता है तथा इस प्रकार अपने अन्दर आध्यात्मिकता का विकास करता है। ब्रह्मचर्य

शब्द में अनेक गुण निहित हैं जो सब के सब आत्म-नियंत्रण से संबंधित हैं जिनमें यौन संबंध से दूर रहना भी एक है।

भाव को आगे बढ़ाते हुए स्तुति स्पष्ट करती है कि *ब्रह्मचर्य* अर्थात् आत्म-नियंत्रण, न केवल आध्यात्मिकता में आवश्यक है बल्कि जीवन के हर क्षेत्र में सफलता के लिए भी महत्वपूर्ण है। किसी बैल या घोड़े की सफलता भी आत्म-नियंत्रण पर निर्भर करती है। इस उदाहरण से बताया जा रहा है कि जानवरों में भी आत्म-नियंत्रण महत्वपूर्ण है।

ब्रह्मचारिणम् इच्छते (गुरु) शिष्यों की कामना करता है। ऐसे प्रतिभावान शिष्य प्राप्त होना कठिन है जो सब कुछ न्यौछावर करके अपने आपको किसी विषय के प्रति समर्पित कर दे। इसीलिये जिस गुरु को अच्छे शिष्य प्राप्त हुए हैं, उसकी प्रशंसा की जा रही है कि उनमें आत्म-नियंत्रण है।

वाणी तथा मौन

यह मन्त्र मौन की गहराई की व्याख्या करता है। किसी भी श्रेष्ठ कार्य या रचना के लिए मौन अत्यावश्यक है।

चत्वारि वाक्परिमिता पदानि तानि विदुर्ब्राह्मणा ये मनीषिणः।
गुहा त्रीणि निहिता नेङ्गयन्ति तुरीयं वाचो मनुष्या वदन्ति॥ ऋग्वेद I.164.45

चत्वारि वाक्-परिमिता पदानि तानि विदुः-ब्राह्मणाः ये मनीषिणः।
गुहा त्रीणि निहिता न-इङ्गयन्ति तुरीयं वाचः मनुष्याः वदन्ति॥

चार प्रकार की वाणी हैं, ज्ञानवान ऋषि उन्हें जानते हैं; उनमें से तीन (जो कि गूढ़ हैं) हृदय में छिपी हैं तथा उच्चारण नहीं की जा सकतीं, चौथी को मनुष्य उच्चरित करते हैं।

यह मन्त्र इतना विशिष्ट है कि कोई ऋषि या उच्च कोटि का साधक ही इसे समझ सकता है। भारतीय परंपरा के अनुसार, वाणी चार प्रकार की होती है – *परा, पश्यन्ती, मध्यमा* तथा *वैखरी।* बोले गए शब्दों को *वैखरी* कहते हैं। इस अवस्था में शब्द सभी के लिए वस्तुओं तथा विचारों के सूचक बन जाते हैं। जब कोई व्यक्ति चुपचाप शब्द

उच्चरित करता है तो उसे *मध्यमा* कहते हैं। जो बहुत तेजी से पढ़ते हैं वे जानते हैं कि किस प्रकार शब्द बिना उच्चारण के मन में बनते हैं।

तीसरी अवस्था *पश्यन्ती* है जब स्वर यंत्र भी शांत हो जाता है। इस अवस्था में शब्द सामान्यीकृत हो जाते हैं, अर्थात् विचार ही बचते हैं जो किसी विशेष शब्द का रूप नहीं लेते। जो गहन ध्यान करते हैं, वे सरलता से इस अवस्था को प्राप्त कर लेते हैं। जब यह अवस्था निःशब्द मन्त्रजप में परिवर्तित होती है तो जप की गति बहुत तेज हो जाती है तथा ध्यान बहुत गहन होने लगता है। उस अवस्था में मन्त्र का अभिव्यक्त रूप, अर्थात् इष्ट पूर्णतया स्पष्ट हो जाते हैं। साथ ही, जो इस अवस्था में पहुँच जाते हैं वे बहुत तेज पढ़ पाते हैं और किसी भी विषय को समझ सकते हैं। स्वामी विवेकानन्द मात्र एक दृष्टि में पूरा पृष्ठ पढ़ लेते थे।

चौथी अवस्था है *परा* जिसे नाद भी कहा जाता है। इस अवस्था में ध्वनि एकाकार हो जाती है। हर धर्म के आध्यात्मिक साधक ने इस अवस्था के अनुभव के बारे में बतलाया है। वह एकीकृत ध्वनि ॐ के 'म' की तरह या फिर दूर बज रहे घंटे की ध्वनि के समान होती है।

योगी इस अंतिम अवस्था के पार जाकर ईश्वर की प्राप्ति करते हैं। श्री रामकृष्णदेव ने इसकी व्याख्या इस प्रकार की है, 'परमात्मा की प्राप्ति ब्रह्माण्ड तथा उसमें माया से प्रकट जीवों के पार जाकर की जा सकती है। ॐ के निरंतर जप से व्यक्ति नाद के पार चला जाता है तथा समाधि की अवस्था में पहुँच जाता है।'

इस प्रकार हम देखते हैं कि कैसे वेद में सच्चिदानन्द के रत्न ही रत्न बिखरे पड़े हैं, जो हमें जीवन तथा उसके पार का ज्ञान अनायास देते हैं।

2.
मेधाजनन सूक्त
मेधा के लिए प्रार्थना
अथर्ववेद I.1

यह स्तुति अथर्ववेद का पहला मन्त्र है जो मेधा को प्रखर बनाने के लिए प्रार्थना है। *मेधा-जनन* का अर्थ है 'ज्ञान को प्राप्त करने तथा उसको धारण करने की क्षमता' जो

वेद जैसे ग्रन्थों के अध्ययन से प्राप्त हुआ हो। *जनन* शब्द का अर्थ है जन्म देना। अर्थ यह है कि कठिन परिश्रम तथा ईश्वर की कृपा से ही कोई व्यक्ति अपनी मेधा को जन्म दे सकता है। इसका एक अच्छा उपाय है ब्रह्मा की प्रार्थना, क्योंकि सृष्टि के समय वे वेद अर्थात् संपूर्ण ज्ञान को अपनी साँस द्वारा प्रकट करते हैं। *वाचस्पति* वाणी के देवता हैं जो ब्रह्मा को इंगित करता है।

देवता – वाचस्पति; ऋषि – अथर्व

ये त्रिषप्ताः परियन्ति विश्वा रूपाणि बिभ्रतः।
वाचस्पतिर्बला तेषां तन्वो अद्य दधातु मे॥ 1

ये त्रिषप्ताः परियन्ति विश्वा रूपाणि बिभ्रतः।
वाचस्पतिः-बला तेषां तन्वः अद्य दधातु मे॥

तीन गुना सात जो अनेक रूपों में हैं, वाचस्पति आज मुझे उनकी शक्तियाँ प्रदान करें।

जैसा कि हम जानते हैं, बुद्धि की आत्यन्तिक अभिव्यक्ति भाषा में होती है, और इस प्रकार ये दोनों जुड़े हैं। अतः मेधा के लिए यह प्रार्थना वाचस्पति के प्रति है जो वाणी के देवता हैं। याद दिलाएँ कि सब प्रार्थनाएँ ईश्वर के प्रति ही होती हैं, परंतु अपनी प्रवृत्ति तथा संदर्भ के आधार पर उपयुक्त देवता के नामों का आह्वान किया जाता है।

यहाँ ऋषि ईश्वर से प्रार्थना करते हैं, जो स्रष्टा तथा पालनकर्ता हैं कि वे उन्हें कृपा करके वेद का आध्यात्मिक ज्ञान प्रदान करें। यह ज्ञान उन विभिन्न जीवों तथा देवताओं में बँटा है जो इस ब्रह्माण्ड के संरक्षक हैं। *त्रिषप्ताः* तीन गुना सात की व्याख्या विद्वानों ने अनेक प्रकार से की है, जिसका सामान्यतः अर्थ है कि ब्रह्माण्ड तीन तथा सात का योग है, जैसे कि तीन गुण हैं (सत्व, रज, तम), तीन लोक हैं (स्थूल, सूक्ष्म तथा कारण जगत), तीन देवता हैं (ब्रह्मा, विष्णु,शिव) आदि, तथा सात लोक (*भूः*, *भुवः*, *स्वः*, *जन*, *महः*, *तप*, *सत्य*), वेद वर्णित सात अग्नि, सात ऋषि, सात वैदिक छंद आदि। इसीलिए ब्रह्माण्ड में ईश्वर के प्रकटीकरण का तीन और सात के समीकरण से वर्णन किया जा सकता है। यहाँ प्रार्थना है कि वह ज्ञान प्राप्त हो जिसके द्वारा इस संपूर्ण प्रकटीकरण को जाना जा सके।

चूँकि वेद ब्रह्माण्ड की ज्ञानराशि हैं, इसीलिये उस ज्ञान को पाने के लिए उनका अध्ययन तथा उनको धारण किए रखना आवश्यक है। और यह केवल ईश्वर की कृपा द्वारा संभव है इसीलिये यह प्रार्थना है।

पुनरेहि वाचस्पते देवेन मनसा सह।
वसोष्पते नि रमय मय्येवास्तु मयि श्रुतम्॥ 2

पुनः-आ-इहि वाचस्पते देवेन मनसा सह।
वसोष्पते नि रमय मयि-एव-अस्तु मयि श्रुतम्॥

हे वाचस्पति! (आप) फिर आएँ दिव्य प्रज्ञा के साथ, हे वसोष्पति, मैंने जो सुना है, उसे मुझ में बनाए रखें।

प्रज्ञा की व्याख्या ग्रहण-धारण सामर्थ्य के रूप में की गई है अर्थात् जो सीखा है उसे समझने की और धारण किए रहने की क्षमता। यह प्रार्थना ब्रह्मा को समर्पित है जो मन के स्वामी हैं, और जिनको यहाँ वाचस्पति नाम से संबोधित किया गया है। यह प्रार्थना दिव्य प्रज्ञा प्राप्त करने के लिए है जिसकी सहायता से व्यक्ति जो भी सीखता तथा सुनता है उसे ग्रहण करके धारण कर सकता है। वैदिक शिक्षा पूरी तरह श्रवण पर आधारित थी, इसीलिये *श्रुतं* शब्द का प्रयोग हुआ है।

दूसरी पंक्ति में प्रार्थना वसोष्पति से है जो श्रेष्ठ गुणों के संरक्षक हैं।

इहैवाभि वि तनूभे आर्त्नी इव ज्यया।
वाचस्पतिर्नि यच्छतु मय्येवास्तु मयि श्रुतम्॥ 3

इह-एव-अभि वि तनु-उभे आर्त्नी इव ज्यया।
वाचस्पतिः-नि यच्छतु मयि-एव-अस्तु मयि श्रुतम्॥

यहाँ अपनी युगल कृपा फैलाएँ, जैसे धनुष के दो छोर पर प्रत्यंचा तनी हो; हे वाचस्पति! मेरे भीतर ज्ञान को दृढ़ करें, जो भी मैंने सीखा है (वह) मेरे अंदर रहे।

भक्त प्रार्थना करता है कि ईश्वर अपनी कृपा उस पर उसी तरह तानें जैसे एक प्रत्यंचा धनुष के दो छोरों पर तनी रहती है, तथा इस प्रकार जो वह सुने और सीखे वह

सदा उसके साथ बना रहे। उभे शब्द की अनेक प्रकार से व्याख्या की गई है, जैसे कि 'ज्ञान तथा ज्ञान पर आधारित कर्म' एवं 'ज्ञान तथा समृद्धि'।

उपहूतो वाचस्पतिरुपास्मान् वाचस्पतिर्ह्वयताम्।
सं श्रुतेन गमेमहि मा श्रुतेन वि राधिषि ॥ 4

उपहूतः वाचस्पतिः-उप-अस्मान् वाचस्पतिः-ह्वयताम्।
सं श्रुतेन गमेमहि मा श्रुतेन वि राधिषि ॥

वाचस्पति का आह्वान किया गया है, वे हमें प्रेरणा दें, हम पवित्र ज्ञान से जुड़े रहें, हम कभी उससे दूर न हों।

इस प्रकार यह सुंदर स्तुति समाप्त होती है, जिसका सार है कि किस तरह बुद्धि का विकास तथा उसका संरक्षण हो।

***

3.
अभय सूक्त
अथर्ववेद XIX.15

देवता – इन्द्र; ऋषि – अथर्व

भय, काल्पनिक या वास्तविक, सबसे शक्तिशाली भावावेग है जो हावी होने पर हाथ-पाँवों को अशक्त कर देता है, और कम मात्रा में हो तो भी दुःख, शांति तथा स्वास्थ्य को भंग कर देता है।

भय की समस्या का सामना, जिसमें विनाश, निरादर, असुरक्षा, अतिसंवेदनशीलता, तथा अन्य अवस्थाओं का भय जिनमें जान जाने की भी संभावना रहती है, आदि शामिल है। भय का सामना देवताओं समेत हर जीव को करना पड़ता है।

ऋषियों ने इस समस्या को अनुभव किया था, और इसीलिए उन्होंने हमें यह सुंदर प्रार्थना प्रदान की जिसमें भय के कारण उत्पन्न नकारात्मकता को दूर करने की क्षमता है।

यत इन्द्र भयामहे ततो नो अभयं कृधि।
मघवञ्छग्धि तव त्वं न ऊतिभिर्वि द्विषो वि मृधो जहि॥ 1

यतः इन्द्र भयामहे ततः नः अभयं कृधि।
मघवन्-शग्धि तव त्वं नः ऊतिभिः-वि द्विषो वि मृधो जहि॥

हे इन्द्र! हमें उस सब के भय से मुक्त करें जिससे हम डरते हैं, हे मघवन, अपनी रक्षा की शक्ति से हमें द्वेष करने वालों तथा हमारे शत्रुओं को पीछे हटाएँ।

यह प्रार्थना इन्द्र को संबोधित है जो वेद के सबसे प्रसिद्ध देवता तथा ईश्वर के प्रतीक हैं। इस मन्त्र में ध्यान देने योग्य तथ्य है *वि द्विषः वि मृधः जहि* द्वेष करने वालों तथा शत्रुओं को हटाएँ (या नाश करें)। इन्हीं दो प्रकार के लोगों से भविष्य में भय उत्पन्न करने की क्षमता होती है।

इन्द्रं वयमनूराधं हवामहेऽनु राध्यास्म द्विपदा चतुष्पदा।
मा नः सेना अररुषीरुप गुर्विषूचीरिन्द्र द्रुहो वि नाशय॥ 2

इन्द्रं वयम्-अनूराधं हवामहे-अनु राध्यास्म द्विपदा चतुष्पदा।
मा नः सेनाः अररुषीः-उप गुः-विषूचीः-इन्द्र द्रुहो वि नाशय॥

हम इन्द्र का आह्वान करते हैं, जो देने में उदार हैं, हम संतान तथा पशु पाकर समृद्ध हों; कोई भी दुष्ट दल हमारे पास न फटके, जो शत्रुवत हैं उनको तितर-बितर करके अदृश्य कर दें।

यह प्रार्थना समृद्धि के लिए तथा विपत्तियों से दूर रहने के लिए है।

राधम् का अर्थ है विशेष प्रेम के व्यक्ति जिसका प्रयोग इस मन्त्र में दो बार हुआ है। *द्विपद* तथा *चतुष्पद* शब्द, जिनका शाब्दिक अर्थ है दो पैरों तथा चार पैरों वाले जीव, मनुष्य के संदर्भ में प्रयोग किए गए हैं – संतान, पौत्र-पौत्रियों तथा पशुओं के

लिए। यह इच्छा व्यक्त की गई है कि पूर्ण परिवार तथा पर्याप्त धन न होने के भय से भक्त मुक्त हो।

दुष्ट दल (या सेना) कथन का प्रयोग विरोधियों तथा पापपूर्ण शक्तियों के लिए हुआ है ताकि वे भविष्य में भी कोई समस्या न उत्पन्न कर सकें।

इन्द्रस्त्रातोत वृत्रहा परस्फानो वरेण्यः।
स रक्षिता चरमतः स मध्यतः स पश्चात्स पुरस्तान्नो अस्तु॥ 3

इन्द्रः-त्राता-उत वृत्रहा परस्फानः वरेण्यः।
सः रक्षिता चरमतः स मध्यतः स पश्चात्-सः पुरस्तात्-नः अस्तु॥

पूजनीय इन्द्र, हमारे रक्षक, वृत्रहन्ता, रक्षा करने वाले; वे मध्य से, पीछे से तथा सामने से हमारे परम रक्षक हों।

वृत्रहा वृत्र का हनन करने वाले (इन्द्र)। वृत्र शब्द का अर्थ असुर वृत्र हो सकता है या फिर बादल। प्रायः इन्द्र की प्रशंसा वृत्र के हन्ता रूप में की जाती है।

उरुं नो लोकमनु नेषि विद्वान्त्स्वर्यज्ज्योतिरभयं स्वस्ति।
उग्रा त इन्द्र स्थविरस्य बाहू उप क्षयेम शरणा बृहन्ता॥ 4

उरुं नः लोकम्-अनु नेषि विद्वान्-स्वः-यत्-ज्योतिः-अभयं स्वस्ति।
उग्रा ते इन्द्र स्थविरस्य बाहू उप क्षयेम शरणा बृहन्ता॥

हे ज्ञानी (इन्द्र), आप हमें स्वाधीन लोक में ले चलें जहाँ दिव्य ज्योति है तथा अभय है; आपकी विशाल बाहु बलशाली हैं, हे इन्द्र, हमें उनमें शरण प्राप्त हो।

प्रार्थना है कि इन्द्र के बलशाली बाहुओं में शरण प्राप्त हो ताकि उनके आलिंगन में व्यक्ति सुरक्षित रह सके तथा मरणोपरांत उच्चतम स्वर्ग की प्राप्ति कर सके जहाँ किसी प्रकार का भय नहीं होता।

कठोपनिषद (I.1.12), जो कि अथर्ववेद से है, उसमें हम ऐसी ही प्रार्थना देखते हैं जहाँ नचिकेता यम से उस स्वर्ग के बारे में पूछता है जहाँ कोई भय नहीं होता।

अभयं नः करत्यन्तरिक्षमभयं द्यावापृथिवी उभे इमे।
अभयं पश्चादभयं पुरस्तादुत्तरादधरादभयं नो अस्तु ॥ 5

अभयं नः करति-अन्तरिक्षम्-अभयं द्यावा-पृथिवी उभे इमे।
अभयं पश्चात्-अभयं पुरस्तात्-उत्तरात्-अधरात्-अभयं नः अस्तु ॥

आकाश हमें सब भय से मुक्त करे, तथा ये स्वर्ग तथा पृथ्वी हमें सुरक्षित करें; हमें पीछे से कोई भय न हो, सामने से कोई भय न हो, नीचे से कोई भय न हो, हमें अभय प्राप्त हो।

इस मन्त्र का यह भी अर्थ हो सकता है कि सभी दिशाओं अर्थात् पूर्व, पश्चिम आदि से सुरक्षा की आकांक्षा की जा रही है।

अभयं मित्रादभयममित्रादभयं ज्ञातादभयं पुरो यः।
अभयं नक्तमभयं दिवा नः सर्वा आशा मम मित्रं भवन्तु ॥ 6

अभयं मित्रात्-अभयम्-अमित्रात्-अभयं ज्ञातात्-अभयं पुरः यः।
अभयं नक्तम्-अभयं दिवा नः सर्वा आशा मम मित्रं भवन्तु ॥

मित्र से कोई भय न हो, शत्रु से कोई भय न हो, ज्ञात से भय न हो, अज्ञात से कोई भय न हो; दिन और रात से हमें कोई भय न हो, सभी दिशाएँ हमारी मित्र हों।

यह अति शक्तिशाली मन्त्र भय से मुक्ति के लिए रामबाण है।

***

4.
ज्ञान सूक्त
ऋग्वेद X.71.1-5

भारत के सुसंस्कृत लोगों का मुख्य लक्ष्य ज्ञान रहा है जिसके प्रति उन्होंने अपने समाज के एक पूरे समुदाय को समर्पित कर दिया था जिन्हें आज ब्राह्मण कहा जाता है। यह

स्तुति व्याख्या करती है कि ज्ञान क्या है, उसे कैसे प्राप्त किया जाता है तथा उसको प्राप्त कर कोई कैसे श्रेष्ठ बन जाता है। स्तुति के आरंभ में ऋषि अपने आप को यह सब बतलाते हैं। भारत में इस प्रकार का वर्णन बहुत आम है। संत कबीर इस शैली को अविस्मरणीय बनाने के लिए प्रसिद्ध हैं।

देवता – ज्ञान; ऋषि – बृहस्पति, अंगिरस के पुत्र

बृहस्पते प्रथमं वाचो अग्रं यत्प्रैरत नामधेयं दधानाः।
यदेषां श्रेष्ठं यदरिप्रमासीत्प्रेणा तदेषां निहितं गुहाविः॥ 1

बृहस्पते प्रथमं वाचः अग्रं यत्-प्रैरत नामधेयं दधानाः।
यत्-एषां श्रेष्ठं यत्-अरिप्रम्-आसीत्प्रेणा तदेषां निहितं गुहाविः॥

हे बृहस्पति! वाणी का आरंभ तब हुआ जब वस्तुओं को नाम दिए गए, शब्दों में छिपा परम ज्ञान उनके प्रति प्रेम द्वारा प्रकट होता है।

यज्ञ के समय (जिसका वर्णन स्तुति के अंत में किया गया है) अपने साथियों को देखकर ऋषि बृहस्पति मन ही मन इस बात का अवलोकन कर रहे हैं कि ये विद्वान ब्राह्मण जो अपनी स्मृति से वेद का पाठ कर रहे हैं, उन्होंने ज्ञान में पहला कदम तब लिया जब उन्होंने अपने माता-पिता को 'माँ' तथा 'पा' शब्दों से संबोधित करना आरंभ किया। तब से वे कितनी दूर निकल आए हैं!

ऋषि आगे कहते हैं कि निर्मल वेदों का ज्ञान जो उन्होंने प्राप्त किया है वह पूरे समय उन्हीं के हृदय में अवस्थित था जो उसके प्रति उनके प्रेम से तथा देवी सरस्वती की कृपा से प्रकट हुआ। *प्रेणा* शब्द वास्तव में *प्रेम्णा* होना चाहिए, परंतु छंद बनाए रखने के लिए 'म' अनुच्चरित है।

हिन्दू परंपरा में सारा ज्ञान व्यक्ति के अन्दर से प्रकट होता है, केवल जानकारी बाहर से आती है जो उस ज्ञान को चिंगारी देती है, अर्थात् प्रस्फुटित करती है। उसमें ईश्वर की कृपा का योग हो जाए तो व्यक्ति में विद्वत्ता आ जाती है।

सक्तुमिव तितउना पुनन्तो यत्र धीरा मनसा वाचमक्रत।
अत्रा सखायः सख्यानि जानते भद्रैषां लक्ष्मीर्निहिताधि वाचि॥ 2

सक्तुम् इव तित-उना पुनन्तः यत्र धीराः मनसा वाचम् अक्रत।
अत्रा सखायः सख्यानि जानते भद्रा-एषाम् लक्ष्मीः-निहिता-अधि वाचि॥

जैसे मनुष्य सत्तू को चलनी या सूप से साफ करते हैं, उसी तरह ज्ञानीजन ज्ञान से भाषा का प्रयोग करते हैं। तब मित्र मित्रता को पहचानते हैं तथा उनके शब्दों पर सौभाग्य बरसता है।

चने को एक विशेष तरीके से पीसकर सत्तू बनाया जाता है। जैसे आटे को चलनी या सूप से साफ किया जाता है, उसी तरह सत्तू से भूसी को अलग किया जाता है। इसी तरह ज्ञानीजन अपनी भाषा में से अशिष्ट शब्दों को निकालकर उसे मार्जित करते हैं। संस्कृत शब्द का अर्थ है अच्छी तरह से संस्कार किया गया, या सुसंस्कृत जो भाषा के लिए उपयुक्त है और चरित्र के लिए भी। यह मन्त्र यहाँ व्याख्या करता है कि कैसे ज्ञानीजन सुसंस्कृत होते हैं।

अत्रा सखायः सख्यानि जानते तब लोग अपने जैसों से मैत्री का अनुभव करते हैं। सायणाचार्य के अनुसार, अज्ञानियों की अपेक्षा ज्ञानीजन अपने द्वारा उच्चरित शब्दों के अर्थ को जानकर ज्ञान (या वाक) से मित्रवत हो जाते हैं। इससे उन्हें सफलता प्राप्त होती है तथा सौभाग्य की देवी की ऐसे लोगों पर कृपा होती है।

यज्ञेन वाचः पदवीयमायन्तामन्वविन्दन्नृषिषु प्रविष्टाम्।
तामाभृत्या व्यदधुः पुरुत्रा तां सप्त रेभा अभि सं नवन्ते॥ 3

यज्ञेन वाचः पदवीयम्-आयन्-ताम्-अनु-अविन्दन-ऋषिषु प्रविष्टाम्।
ताम्-आभृत्या वि-अदधुः पुरुत्रा तां सप्त रेभाः अभि सं नवन्ते॥

ज्ञानियों ने वाक को यज्ञ द्वारा प्राप्त किया जो उन्होंने प्राचीन ऋषियों में केन्द्रित पाया; उसे प्राप्त करके उन्होंने उसे दूर-दूर तक फैलाया, जैसे सात पक्षी-समान (गायत्री जैसे छंद) संयुक्त होते हैं (वाक में)।

चूँकि वेद सनातन हैं तथा उन्हें ऋषियों ने ध्यान द्वारा पाया, इसीलिये हर शिक्षार्थी को इस ज्ञान को आरंभ से प्राप्त करना होता है। कैसे? अपने आपको कुछ नियमों द्वारा योग्य बनाकर, जैसे यज्ञ संपन्न करके, या शुभ कर्म करके। ये शिष्य फिर इस ज्ञान को दूर-दूर तक फैलाते हैं, जिसका अर्थ है कि केवल पुस्तकीय ज्ञान किसी काम

का नहीं, विशेषतः वेद के संदर्भ में। अर्थात्, ज्ञान को मेहनत द्वारा अर्जित कर उसे विस्तार देना पड़ता है।

एक बार विस्तार पाने पर वेद का यह ज्ञान किसी को भी सात छंदों में गायन द्वारा श्रवण के माध्यम से उपलब्ध होता है। यहाँ रूपक का प्रयोग हुआ है जिसमें उन सात छंदों की तुलना पक्षियों से की गई है जिन छंदों के कारण वेद का गायन स्पष्ट होता है। इसका अर्थ है कि पुरोहित वेद का गायन नहीं करते अपितु यह गायन सात छंद करते हैं।

उत त्वः पश्यन्न ददर्श वाचमुत त्वः शृण्वन्न शृणोत्येनाम्।
उतो त्वस्मै तन्वं वि सस्रे जायेव पत्य उशती सुवासाः॥ 4

उत त्वः पश्यन्-न ददर्श वाचम्–उत त्वः शृण्वन्-न शृणोति-एनाम्।
उतो त्वस्मै तन्वं वि सस्रे जाया-इव पत्ये उशती सुवासाः॥

कुछ लोग वाक को देखकर भी देख नहीं पाते, कुछ उनको सुनकर भी सुन नहीं पाते; कुछ अन्यों को वाक स्वयं को स्पष्ट करती हैं, जैसे एक सुसज्जित वधू अपने पति के सामने प्रकट होती है।

क्या कोई स्वयं के प्रयास से ज्ञान प्राप्त कर सकता है? वेद कहते हैं – नहीं! जब किसी योग्य पात्र के आगे ज्ञान स्वयं को प्रकाशित करता है, तभी वह उसे प्राप्त कर सकता है। यहाँ एक सुसज्जित पत्नी का उदाहरण दिया गया है जो अपने पति के सामने अपना रूप प्रकट तब करती है जब वह उससे संसर्ग चाहती है।

उत त्वं सख्ये स्थिरपीतमाहुर्नैनं हिन्वन्त्यपि वाजिनेषु।
अधेन्वा चरति माययैष वाचं शुश्रुवाँ अफलामपुष्पाम्॥ 5

उत त्वं सख्ये स्थिरपीतम्-आहुः-न-एनं हिन्वन्ति-अपि वाजिनेषु।
अधेन्वा चरति मायया-एषः वाचं शुश्रुवान् अफलाम्-अपुष्पाम्॥

वे उनको आमंत्रित करते हैं जो वाक के मित्र हैं, उनके शब्दों की उपेक्षा विद्वान कभी नहीं करते; अन्य लोग ऐसी वाणी को धारण करके जो बिना फल-फूल के हैं भ्रम में भटकते हैं, जो व्यर्थ है।

ज्ञानी व्यक्ति (वेद के) उन शब्दों का अर्थ समझता है जिनका वह उच्चारण करता है तथा इस प्रकार वह सम्मान प्राप्त करता है, जबकि वे, जो बिना अर्थ समझे वेद का उच्चारण करते हैं, उनको कोई फल नहीं मिलता।

स्थिरपीतम् जिसमें अर्थ स्पष्ट हो। यह विचार वेद में कई बार दोहराया गया है। इससे यह संकेत मिलता है कि कैसे ऋषि अध्ययन किए हुए ज्ञान के अर्थ को जानने को महत्व देते थे। केवल शब्दराशि का महत्त्व ज्ञानराशि की अपेक्षा कम होता है। यही सफलता का मार्ग है।

***

5.
काम सूक्त
अथर्ववेद XIX.52

देवता – काम; ऋषि – ब्रह्मा

मनुष्य की अनन्त कामनाएँ होती हैं जिस कारण वह असहाय भाव से कभी स्थिर तो कभी चकरघिन्नी सा अकुलाया गतिमान रहता है। जीवन के इस तथ्य को जानकार हिन्दू धर्म ने जीवन के चार पुरुषार्थ निर्धारित किए, जिनमें से एक है काम-अर्थात् भोग की इच्छा। परंतु कामनाओं की पूर्ति कैसे हो, जो प्रायः अतिदूर रहती है?

यह प्रार्थना कामनाओं की पूर्ति के लिए है। इसका आधार यह है कि जब ईश्वर ने ब्रह्माण्ड की सृष्टि की तो उसका बीज उनकी इच्छा थी। इसीलिये सृष्टि के समय ही हर व्यक्ति के मन में कामना जन्म ले लेती है। ऋषि यहाँ प्रार्थना कर रहे हैं कि याचक की इच्छाएँ उसी इच्छा की शक्ति से पूर्ण हो जो प्रारंभ में ईश्वर में थी।

कामस्तदग्रे समवर्तत मनसो रेतः प्रथमं यदासीत्।
स काम कामेन बृहता सयोनी रायस्पोषं यजमानाय धेहि ॥ 1

कामः-तत्-अग्रे सम्-अवर्तत मनसः रेतः प्रथमं यत् आसीत्।
सः काम कामेन बृहता सयोनीः रायः-पोषं यजमानाय धेहि॥

प्रारंभ में काम था, जो (ईश्वर के) मन से जन्मा था, तथा जो पहला बीज था (संसार की सृष्टि का)। हे काम, इस यजमान को, जो इच्छाओं से भरपूर है, प्रचुर धन पाने का आशीर्वाद दें।

काम अर्थात् भोग की इच्छा, समष्टि तथा व्यक्तिगत मन, दोनों का पहला बीज है। यहाँ ऋषि प्रार्थना करते हैं कि चूँकि यजमान की (वस्तुतः किसी भी व्यक्ति की) धन प्राप्ति की इच्छा का जन्म समष्टि मन के साथ हुआ था, इसीलिये उसकी पूर्ति हो।

त्वं काम सहसासि प्रतिष्ठितो विभुर्विभावा सख आ सखीयते।
त्वमुग्रः पृतनासु सासहिः सह ओजो यजमानाय धेहि॥ 2

त्वं काम सहसा-असि प्रतिष्ठतः विभुः-विभावा सखे आ सखीयते।
त्वम्-उग्रः पृतनासु सासहिः सहः ओजः यजमानाय धेहि॥

हे काम! आप विजयी, प्रसिद्ध, शक्तिशाली, महिमामयी, तथा मित्रता चाहने वाले के मित्र हैं। शक्तिशाली तथा युद्ध में प्रबल, यजमान को बल तथा ओज प्रदान करें।

काम देवता युद्ध में शक्तिशाली, प्रबल, अभेद्य हैं। जो उनको चाहते हैं वे उनके मित्र तथा महिमामय हैं। इसीलिये उनका आह्वान हो रहा है ताकि भक्त की इच्छा की पूर्ति हो।

दूराच्चकमानाय प्रतिपाणायाक्षये।
आस्मा अशृण्वन्नाशाः कामेनाजनयन्त्स्वः॥ 3

दूरात्-चकमानाय प्रतिपाणाय-अक्षये।
आ-अस्मै अशृण्वन्-आशाः कामेन-अजनयन्-त्स्वः॥

उसको जिसने दूर से (जन्म से ही) इच्छा की, जो अक्षय है, दिशाएँ उसको सुनें तथा उसके लिए आनंद उत्पन्न करें।

ऋषि स्पष्ट करते हैं कि पिछले जन्म के अंतर्निहित संस्कारों के कारण व्यक्ति अप्राप्य की भी इच्छा कर बैठता है। इन संस्कारों से प्रेरित होकर कोई इच्छा करता है तथा *आशा* दस दिशाएँ, उसकी पूर्ति करती हैं।

यहाँ ध्यान देने वाली बात यह है कि दिशाएँ इच्छाओं की पूर्ति करती हैं, अर्थात् हमारी कामनाएँ ब्रह्माण्ड की दस दिशाएँ पूरी करती हैं। यह विचार बाद के साहित्य में भी बना रहता है।

कामेन मा काम आगन्हृदयाद्धृदयं परि।
यदमीषामदो मनस्तदैतूप मामिह ॥ 4

कामेन मा कामः आ-अगन्-हृदयात्-हृदयं परि।
यत्-अमीषाम्-अदः मनः-तत्-आ-एतु-उप माम्- इह ॥

हृदय में से हृदय तक काम से इच्छा पूर्ति होती है; मन जो अतीत में उनका था, वह मुझ तक आए और आशीर्वाद दे।

यह सृष्टि के आरंभ की ओर संकेत है जब ब्रह्मा ने इस संसार को बनाने के लिए अपने मन से जीवों की सृष्टि की। ऋषि प्रार्थना करते हैं कि उन्हें भी वह मन प्राप्त हो ताकि उनकी इच्छाएँ पूर्ण हो सकें। उल्लेख किया जा रहा है कि इच्छाएँ हृदय से उठती हैं, परंतु मन से उनकी पूर्ति होती है। इसीलिये उन इच्छाओं की पूर्ति के लिए, जिनकी पूर्ति बड़ी कठिन प्रतीत होती है, एक बड़े ही सशक्त मन की आवश्यकता होती है।

यत्काम कामयमाना इदं कृण्मसि ते हविः।
तन्नः सर्वं समृध्यतामथैतस्य हविषो वीहि स्वाहा ॥ 5

यत्काम कामयमानाः इदं कृण्मसि ते हविः।
तत्-नः सर्वं सम्-ऋध्यताम्-अथ-एतस्य हविषः वीहि स्वाहा ॥

हे काम, जिसकी इच्छा करते हुए हम यह आहुति दे रहे हैं वह पूर्ण हो; हम प्रार्थना करते हैं कि आप इस आहुति को स्वीकार करें तथा आशीर्वाद देने के लिए प्रसन्न हों, स्वाहा।

ऋषि इस प्रार्थना के साथ स्तुति को समाप्त करते हैं कि उनकी आहुति जो यज्ञाग्नि में अर्पित की गई है तथा जो *स्वाहा* शब्द के साथ अर्पित की जा रही है, उसे इष्ट स्वीकार करें। आहुति देते समय प्रार्थना के समापन के लिए *स्वाहा* का प्रयोग होता है।

***

6.
वैदिक काल में जीवन
चुनिंदा मन्त्र

ये कुछ चुने हुए मन्त्र वैदिक काल के जीवन का संक्षेप में रेखाचित्र खींचते हैं।

उठो, आगे बढ़ो, हे विधवा नारी!

यह मन्त्र ऋग्वेद की एक सूक्त से लिया गया है जिसमें कई देवताओं के नाम इष्ट रूप में हैं। यह सूक्त मृत्यु की छाया से मुक्त जीवन के लिए प्रार्थना है जो समाज पर समय-समय पर आघात करती है। एक मन्त्र में कहा गया है (ऋग्वेद X.18.3), '*जो जीवित हैं वो मृतकों से अलग रहें; हमारे देवता का आह्वान आज सफल हो; हम दीर्घ और सुन्दर जीवन जीते हुए खुशी-खुशी आगे बढ़ें।*'

इस मन्त्र में एक नारी, जिसका पति युद्ध में मारा गया है, उससे विनती की जा रही कि वह मृत्यु के अंधकार से निकलकर जीवन की ओर लौट आए।

उदीर्ष्व नार्यभि जीवलोकं गतासुमेतमुप शेष एहि।
हस्तग्राभस्य दिधिषोस्तवेदं पत्युर्जनित्वमभि सं बभूथ॥ ऋग्वेद X.18.8

उत्-ईर्ष्व नारि–अभि जीवलोकं गतासुम्-एतम्-उप शेष आ-इहि।
हस्तग्राभस्य दिधिषोः-तव-इदं पत्युः-जनित्वम्-अभि सं बभूथ॥

उठो, हे नारी! जीवन के संसार में लौट आओ, वह मृत है जिसके साथ तुम लेटी हो; तुम्हारे पति से पत्नीत्व तुम्हारा था जिसने तुम्हारा हाथ थामा था तथा तुम्हें प्रेयसी के रूप में प्रेम किया था।

इसकी पृष्ठभूमि यह है कि एक योद्धा युद्धभूमि में मारा गया है। उसकी पत्नी उसके मृत शरीर को पकड़ कर विलाप कर रही है। तब परिवार का कोई सदस्य, शायद उसका छोटा भाई, उस विधवा स्त्री को संबोधित करता है कि वह जीवन के संसार में लौट आए, और उसके अस्त्र को लेकर वह स्वयं शत्रुओं को मार गिराने के लिए युद्ध करेगा।

पति को खोने की पीड़ा प्रलयंकर है। अनगिनत ऐसे मामले हुए हैं जिनमें इस क्षति से कोई स्त्री स्थायी विषाद की अवस्था में चली गई या उसने आत्महत्या कर ली। यह

मन्त्र स्पष्ट करता है कि कैसे वेद मृत्यु की तुलना में जीवन को अधिक मूल्य देते थे तथा वैदिक काल में सती प्रथा का अनुमोदन नहीं था।

नव विवाहिता पुत्री को पिता का आशीर्वाद – इन्द्र

ऋग्वेद के दसवें खंड में बहुत सारे मन्त्र हैं जो अनगिनत विषयों पर प्रकाश डालते हैं। इनमें से ऋग्वेद X.85 एक बड़ी स्तुति है जो विवाह को समर्पित है। उस सूक्त के इन दो सुंदर मन्त्रों में एक नववधू के पिता इन्द्र से प्रार्थना करते हैं कि वे उसकी पुत्री को आशीर्वाद दें ताकि वह अपने नए परिवार के केंद्र में रहे तथा उसकी बहुत-सी संतान हो।

इमां त्वमिन्द्र मीढ्वः सुपुत्रां सुभगां कृणु।
दशास्यां पुत्राना धेहि पतिमेकादशं कृधि॥
सम्राज्ञी श्वशुरे भव सम्राज्ञी श्वश्र्वां भव।
ननान्दरि सम्राज्ञी भव सम्राज्ञी अधि देवृषु॥ ऋग्वेद X.85.45-46

इमां त्वम्-इन्द्र मीढ्वः सुपुत्रां सुभगां कृणु।
दश-अस्यां पुत्रान्-आ धेहि पतिम्-एकादशं कृधि॥
सम्राज्ञी श्वशुरे भव सम्राज्ञी श्वश्र्वां भव।
ननान्दरि सम्राज्ञी भव सम्राज्ञी अधि देवृषु॥

हे धनदाता इन्द्र, इस नववधू को पुत्रों तथा सौभाग्य का आशीर्वाद दें, इसे दस पुत्रों का वरदान दें, तथा इसके पति को ग्यारहवाँ पुत्र बनाएँ। यह अपने सास-ससुर पर रानी की तरह रहे, तथा अपने देवर और ननद पर भी राज करे।

जब विवाह में पिता कन्यादान करता है तो उसे अपनी पुत्री की चिंता बनी रहती है। इस प्रार्थना में एक पिता प्रार्थना करता है कि संतान तथा धन के संदर्भ में उसकी पुत्री सौभाग्यशाली हो एवं अपने नए घर में उसकी ही चले। यह भाव भारत में हजारों वर्षों से चल रहा है।

ध्यान दें कि पहली दो पंक्तियाँ इन्द्र का आह्वान करती हैं कि वे कन्या को आशीर्वाद दें, जबकि शेष दो पंक्तियाँ उस पिता की ओर से आशीर्वाद है जिसकी आँखों का तारा वह कन्या है।

जाति तथा कर्तव्य – सोम

नवें खंड से यह मन्त्र बतलाता है कि कैसे धनार्जन करने के इच्छुक लोग अनेक कार्यों में लगे रहते हैं, यद्यपि वे एक ही परिवार से होते हैं। यह सुंदर मन्त्र साक्षी है कि वंशगत जाति प्रथा जहाँ से भी आई हो, वह निश्चय ही वेदों से नहीं आई जिसमें अद्भुत स्वतंत्रता का वर्णन है जिसके आधार पर कोई व्यक्ति अपनी प्रकृति के अनुसार कोई भी कार्य चुन सकता है।

कारुरहं ततो भिषगुपलप्रक्षिणी नना।
नानाधियो वसूयवोऽनु गाइव तस्थिमेन्द्रायेन्दो परि स्रव॥ ऋग्वेद IX.112.3

कारुः-अहं ततः भिषक्-उपलप्रक्षिणी नना।
नानाधियः वसू-यवः-अनु-गाः-इव तस्थिम्-इन्द्राय-इन्दो परि स्रव॥

मैं (वेद की) स्तुतियों का पाठ करने वाला हूँ, मेरे पिता उपचारक हैं, मेरी माता (दूसरों के घर में) अनाज पीसती हैं; हमारी अनेक आजीविकाएँ हैं, हम संसार में छप्पर के नीचे रहने वाले पशु समान (एक साथ) रहते हैं, हे सोम, इन्द्र के लिए बहो (ताकि हमें उनसे वरदान प्राप्त हो सकें)।

यह मन्त्र वैदिक काल के जीवन की एक झाँकी प्रस्तुत करता है जब लोग अपनी क्षमता (या प्रवृत्ति) के आधार पर कार्य चुनते थे, तथा जन्म से ही अपने परिवार के काम में उन्हें नहीं धकेला जाता था।

जीवन में दान का महत्व – दान स्तुति

गरीब ब्राह्मण (या कोई भिखारी) इस आशा से घूमता-फिरता है कि उसे दान में कुछ पैसे मिल जाएँ। परंतु जब कोई दान देने का इच्छुक नहीं दिखता तो उसकी आशा पर पानी फिर जाता है। ऋग्वेद में एक सुंदर स्तुति है जो ऐसे व्यक्ति की दीन दशा को दर्शाती है तथा औरों से दान पाने के लिए दान की प्रशंसा करती है।

न वा उ देवाः क्षुधमिद्वधं ददुरुताशितमुप गच्छन्ति मृत्यवः।
उतो रयिः पृणतो नोप दस्यत्युतापृणन्मर्डितारं न विन्दते॥ ऋग्वेद X.117.1

न वै उ देवाः क्षुधम्-इत्-वधं ददुः-उत-अशितम्-उप गच्छन्ति मृत्यवः।
उतो रयिः पृणतः न-उप दस्यति-उत-अपृणन्-मार्डितारं न विन्दते॥

देवताओं ने भूख को मृत्यु का कारण नहीं बनाया, (क्योंकि) पेट भर के खाने वाले व्यक्ति के पास भी मृत्यु जाती है। दानशीलों का धन कभी कम नहीं होता, जबकि जो किसी को कुछ नहीं देता उसे सांत्वना देने वाला कोई नहीं मिलता।

दान की आकांक्षा रखने वाला व्यक्ति सभी को याद दिलाता है कि भूख किसी देवता से नहीं, वरन मृत्यु देव-प्रदत्त है। इसीलिये हमें दानशील होना चाहिए, नहीं तो कोई नहीं मिलेगा जो हमारी विपत्ति में हमें सांत्वना दे सके। कंजूस लोग कभी जीवन में सुखी नहीं रहते, भिक्षु ऐसा कहता है।

आगे कहा गया है -

मोघमन्नं विन्दते अप्रचेताः सत्यं ब्रवीमि वध इत्स तस्य।
नार्यमणं पुष्यति नो सखायं केवलाघो भवति केवलादी॥ ऋग्वेद X.117.6

मोघम्-अन्नं विन्दते अप्रचेताः सत्यं ब्रवीमि वध इत्स तस्य।
न अर्यमणं पुष्यति नो सखायं केवल-अघः भवति केवलादी॥

मैं सत्य कहता हूँ – अस्पष्ट ज्ञान वाला व्यक्ति व्यर्थ में धनोपार्जन करता है क्योंकि वह उसके लिए मृत्यु है। वह न तो देवता की सेवा करता है, न मित्र की। जो अकेला खाता है, वह पापी मात्र है।

जो व्यक्ति दान नहीं देता वह *प्रचेताः* अस्पष्ट ज्ञानवाला है। स्वार्थ में स्थित ऐसा व्यक्ति मित्र, शांति तथा परलोक में अच्छे जीवन को भी खो देता है।

हिन्दू धार्मिक जीवन में स्वयं के विकास के लिए दान के विचार ने सदा एक महत्वपूर्ण भूमिका निभाई है जिस कारण अनेक कथाओं तथा कथनों ने जन्म लिया जो दान के महत्व को स्पष्ट करते हैं।

निर्धनता से मुक्ति – अलक्ष्मीघ्न

वेद में एक स्तुति *अलक्ष्मीघ्न* अलक्ष्मी के नाश के प्रति समर्पित है। लक्ष्मी धन-धान्य की देवी हैं, जबकि अलक्ष्मी का अर्थ उससे विपरीत है।

प्राचीन काल से ही सभी देशों में निर्धनता एक अभिशाप रहा है, तथा भारत, जो मानव इतिहास के क्रम में सबसे समृद्ध देश था, वह भी निर्धनता से अछूता न रह सका। इस कारण ऋषियों ने निर्धनता की भी एक देवी को माना, पर जिसे वे अपने से दूर रखना चाहते थे। भारत में बहुत से स्थानों पर लक्ष्मी पूजा के दिन अलक्ष्मी की पूजा का विधान है जब दीये जलाकर अलक्ष्मी से कहा जाता है कि वह घर छोड़कर चली जाए।

अरायि काणे विकटे गिरिं गच्छ सदान्वे।
शिरिम्बिठस्य सत्वभिस्तेभिष्ट्वा चातयामसि॥ ऋग्वेद X.155.1

अरायि काणे विकटे गिरिं गच्छ सदान्वे।
शिरिम्बिठस्य सत्वभिः-तेभिः-त्वा चातयामसि॥

हे कृपण, दुष्ट दिखने वाली, कुरूपा, विकट चीख वाली, तुम उस पहाड़ी पर जाओ जो तुम्हारा घर है, मैं, शिरिम्बिठ, यज्ञ कर्मों से तुम्हारा नाश करूँगा।

अरायि अकाल तथा निर्धनता की देवी, अर्थात् अलक्ष्मी है। उसका स्थान बंजर भूमि है, इसीलिये ऋषि शिरिम्बिठ उसे कड़े शब्दों में कह रहे हैं कि वह वहाँ जाकर रहे। उसे चेतावनी दी जा रही है कि अगर वह नहीं गई तो ऋषि *सत्वभिः* यज्ञ कर्म करेंगे। *सत्वभिः* का अर्थ वर्षा का जल भी हो सकता है जो अकाल से मुक्ति दिलाता है। इस मन्त्र का पाठ निर्धनता के कारण प्रकट हुए बुरे समय से छुटकारे के लिए किया जाता है।

बाद में ऋषि कहते हैं -

अदो यद्दारु प्लवते सिन्धोः पारे अपूरुषम्।
तदा रभस्व दुर्हणो तेन गच्छ परस्तरम्॥ ऋग्वेद X.155.3

अदः यत्-दारु प्लवते सिन्धोः पारे अपूरुषम्।
तत्-आ रभस्व दुर्हणो तेन गच्छ परस्तरम्॥

वह लकड़ी, जो तट से दूर तैर रही है और जिसका कोई स्वामी नहीं, उसे लो और दूर किसी तट पर चली जाओ, हे अलक्ष्मी! जिसका नाश कठिन है।

अलक्ष्मी से विनती की जा रही है कि उस स्वामीहीन लकड़ी को वह ले और किसी दूरस्थ स्थान पर चली जाए, या ईश्वर के लोक चली जाए, चूँकि उसका नाश करना बड़ा कठिन है।

बुरे सपनों का नाश – दुःस्वप्नघ्नम्

वेद में एक स्तुति बुरे सपनों से मुक्ति को समर्पित है, क्योंकि ये जीवन में बड़ी बाधा उत्पन्न करते हैं। इसके लिए भी एक इष्ट हैं जिनका नाम है *दुःस्वप्नघ्नम्* बुरे सपनों का नाश करने वाले। जो बुरे सपनों के कारण कष्ट में हैं, वे इसका पाठ जीवन में शांति के लिए करते हैं तथा जिनको बुरे सपने कभी-कभी आते हैं, वे उन पापों के शमन के लिए इसका पाठ करते हैं जिनके कारण ऐसे सपने आते हैं।

अपेहि मनसस्पतेऽप क्राम परश्चर।
परो निर्ऋत्या आ चक्ष्व बहुधा जीवतो मनः॥ ऋग्वेद X.164.1

अप-इहि मनसः-पते-अप क्राम परः-चर।
परः निः-ऋत्या आ चक्ष्व बहुधा जीवतो मनः॥

मनसस्पते (मन के देवता)! चले जाएँ, किसी दूर स्थान में जाएँ तथा निर्ऋति को देखें जो दूर रहती है (उससे कहें) कि जीवित मन की अनेक कामनाएँ होती हैं।

एक जीवंत मन की अनेक इच्छाएँ होती हैं! ऋषि जानते हैं कि ऐसा मन बुरे सपनों के कारण व्यर्थ नहीं जाना चाहिए, इसीलिये मन के स्वामी से, जो बुरे सपनों के लिए भी जिम्मेवार हैं, विनती की जा रही है कि वे निर्ऋति अर्थात् दुख की देवी के दूर स्थान पर जाएँ।

यह एक रोचक तथ्य है कि कैसे वेद में बुरे सपनों तथा दुख के भी देवी-देवता हैं, क्योंकि ईश्वर के बाहर कुछ भी नहीं। अच्छा भी ईश्वर ही हैं और बुरा भी। जो बुरे को भी ईश्वर का ही रूप स्वीकार करने को अभी तैयार नहीं, वे केवल ईश्वर के अच्छे पक्ष से प्रार्थना करना पसंद करते हैं।

यदाशसा निःशसाभिशसोपारिम जाग्रतो यत्स्वपन्तः।
अग्निर्विश्वान्यप दुष्कृतान्यजुष्टान्यारे अस्मद्दधातु॥ ऋग्वेद X.164.3

यत्-आशसा निःशसा-अभिशसा-उपारिम जाग्रतो यत्-स्वपन्तः।
अग्निः-विश्वानि-अप दुष्कृतानि-अजुष्टानि-आरे अस्मत्-दधातु।

जो भी पाप हमने जाने-अनजाने, जागते या सोते हुए किया हो, अग्नि उन सब शर्मनाक पापों को हमसे हटाएँ।

आशसा, निःशसा, अभिशसा शब्दों की अनेक प्रकार से व्याख्या हुई है, परंतु इनका मुख्य अर्थ है शाब्दिक, मानसिक या शारीरिक कर्म, जो किसी प्रयोजन से किए जाते हैं, या किसी अभिलाषा से, या बिना किसी कारण, जिनमें औरों से बात करना, औरों के विरुद्ध बात करना, तथा औरों के लिए दुर्वचन बोलना शामिल हैं। अर्थात्, उन सब कर्मों का कुल योग जिनकी शक्ति प्रकट हो चुकी हो या अभी बीज रूप में हो जिस कारण बुरे सपने आते हों – वे सब दूर हों।

सभा में सफलता कामना: सभा

वैदिक काल के लोगों को एकत्रित होना प्रिय था। ऐसे एकत्रित होने को *सभा* या *समिति* कहा जाता था, जिन्हें पर्याय के रूप में प्रयोग किया जाता था। इन दोनों को प्रजापति की पुत्रियाँ कहकर इन्हें धार्मिक पवित्रता प्रदान दी गई है। इन सभाओं में आध्यात्मिक समेत अनेक विषयों पर चर्चा होती थी। समय के साथ इन शब्दों के अर्थ बदल गए। अब सभा एक बड़ा समूह को और समिति को छोटा समूह माना जाता है।

सभा च मा समितिश्चावतां प्रजापतेर्दुहितरौ संविदाने।
येना संगच्छा उप मा स शिक्षाच्चारु वदानि पितरः संगतेषु॥ अथर्ववेद VII.12.1

सभा च मा समितिः-चा-अवतां प्रजापतेः-दुहितरौ संविदाने।
येना संगच्छा उप मा सः शिक्षात्-चारु वदानि पितरः संगतेषु॥

सभा तथा समिति, प्रजापति की दो पुत्रियाँ, एकमत हों तथा मेरी रक्षा करें। जिनसे भी मैं मिलूँ, मेरा मार्गदर्शन करें। प्रिय पूर्वजो, मैं सभा में अच्छा बोलूँ।

यह स्तुति *सभा* को संबोधित है, परंतु प्रार्थना पितरों से है जो उच्च लोकों में रहने वाले पूर्वज हैं। ऋषि एकमतता तथा अपनी वाणी में पटुता के लिए प्रार्थना कर रहे हैं।

आगे प्रार्थना है –

यद्वो मनः परागतं यद् बद्धमिह वेह वा। तद्व आ वर्तयामसि मयि वो रमतां मनः॥
अथर्ववेद VII.12.4

चाहे आपके विचार कहीं और हों या यहाँ-वहाँ बँधे हों, मैं आपके उन विचारों को मोड़ता हूँ, मुझमें आपके विचार आनंदित हों।

इस प्रकार वक्ता इच्छा करता है कि सभा में उपस्थित सभी का सामूहिक मन उसके विचारों से एक हो तथा उसके दृष्टिकोण को स्वीकार किया जाए।

दिवंगत आत्मा के लिए प्रार्थना – भाववृत्त

हिन्दू ही ऐसी सभ्यता है जो हजारों साल पहले रहने वाले अपने पूर्वजों से आज तक जुड़ी हुई है। हमारा मानना है कि हमारे पूर्वजों ने देवताओं का नहीं, तो पितरों के लोक को प्राप्त किया होगा, जो एक उच्चलोक है।

ऋग्वेद (X.154) की यह प्रार्थना दिवंगत आत्मा के लिए है कि वह उच्चतम स्वर्ग में जाए, जिसको महान आत्माएँ ही प्राप्त कर सकते हैं जैसा कि इन मन्त्रों में कहा गया है।

सोम एकेभ्यः पवते घृतमेक उपासते।
येभ्यो मधु प्रधावति ताँश्चिदेवापि गच्छतात्॥ ऋग्वेद X.154.1

सोमः एकेभ्यः पवते घृतम्–एके उपासते।
येभ्यः मधु प्रधावति तान्-चित्-एव-अपि गच्छतात्॥

कुछ के लिए सोम बहता है (सामवेदी), अन्यों के लिए घी (यजुर्वेदी), और भी अन्यों के लिए शहद (अथर्ववेदी), हे दिवंगत जन! आप उन लोकों को प्राप्त करें।

वैदिक काल में माना जाता था कि जो यज्ञ संपन्न करते हैं वे समुचित स्वर्गों में जाते हैं जहाँ तदनुरूप भोग होते हैं। यहाँ दिवंगत जन के लिए प्रार्थना है कि वह उस लोक में जाएँ जहाँ सर्वश्रेष्ठ ब्राह्मण, जो विभिन्न वेदों का अभ्यास करते हैं, जाते हैं।

स्तुति आगे बढ़ती है, '*आप उन तक जाएँ जो पराक्रमी युद्धों में लड़कर, जीवन के प्रति प्रेम को त्यागकर युद्ध में गए तथा जो अपने सराहनीय कर्मों के कारण आदर के पात्र हुए, जिन्होंने ऋत (दिव्य नियमों का पालन) किया तथा जिन्होंने घोर तपस्या की।*'

इस प्रकार हम देखते हैं कि दिवंगत आत्माओं के प्रति लोग कितने समर्पित थे, जिनको वे उच्चतम स्वर्गों में देखना चाहते थे।

मन्त्रों का यह संक्षेप चयन एक स्पष्ट विचार प्रकट करता है कि हमारे पूर्वज जीवन को कैसे देखते थे तथा वे उससे क्या चाहते थे, और साथ ही जीवन के परे क्या कामना करते थे।

***

7.
अक्ष सूक्त
ऋग्वेद X.34 (चुनिंदा मन्त्र)

देवता – अक्ष; ऋषि – कवष ऐलूष

पट्टे के खेल (जैसे लूडो), भारत में प्राचीन समय से ही प्रचलित रहे हैं जो दाँव लगाकर या बिना दाँव के अनेक प्रकार से खेले जाते हैं। खेल के अनुसार इन पट्टों में खानों की संख्या, पासा और गोटियाँ अलग-अलग होती हैं।

वैदिक काल में एक पट्टा हुआ करता था जिसे *इरिण* कहते थे जिसमें बहेड़ा (विभीतक) के करीब एक सौ पचास बीज प्रयोग होते थे जिनको लेकर जुआ खेला जाता था। जुआरी इन खेलों को लेकर पागल रहा करते थे तथा कभी-कभी सब कुछ

हार जाते थे, जैसा कि राजा नल और राजा युधिष्ठिर के साथ हुआ जिन्होंने इन खेलों के प्रति अपने व्यसन के कारण अपने-अपने राज्य गँवा दिए थे।

इस प्रकार की द्यूत क्रीड़ाओं का उल्लेख वेद के अतिरिक्त उपनिषद, महाभारत तथा गीता में भी है। इससे निष्कर्ष निकलता है कि वैदिक काल में जुआ खेलना बड़ी आम बात थी तथा बहुतों के लिए यह मनोरंजन या समय बिताने का साधन था।

चौदह मन्त्रों की इस लंबी स्तुति में (जिनमें से केवल कुछ को ही यहाँ शामिल किया गया है) जुए की तीव्र भर्त्सना की गई है। यह माना जाता है कि जिसको भी जुए की लत है, वह इस प्रार्थना द्वारा उस व्यसन से मुक्त हो सकता है।

प्रावेपा मा बृहतो मादयन्ति प्रवातेजा इरिणे वर्वृतानाः।
सोमस्येव मौजवतस्य भक्षो विभीदको जागृविर्मह्यमच्छान्॥ 1

प्रावेपाः मा बृहतः मादयन्ति प्रवातेजाः इरिणे वर्वृतानाः।
सोमस्येव मौज-वतस्य भक्षः विभीदकः जागृविः-मह्यम्-अच्छान्॥

खड़कता हुआ पासा मुझे बहुत उत्तेजित करता है, ढलानों पर उत्पन्न, जब वह जमीन पर लुढ़कता है, तब वह उत्तेजनापूर्ण पासा मुझे जीवंत करता है, ठीक वैसे ही जैसे मुजवान का सोम (देवताओं को आनंदित करता है)।

बहेड़ा या विभीतक का फल प्रायः जुए के खेल में प्रयोग होता था। इस फल का पेड़ अधिकतर पहाड़ी ढलानों पर पाया जाता है। जब ये फल जमीन पर खेल के पासों के रूप में लुढ़कते हैं तो जुआरी, हार या जीत की संभावना से उत्तेजित हो जाते हैं, ठीक वैसे ही जैसे सोमपान देवताओं को आनंदित करता है।

मुजवान (या मुंजवान) वह स्थान है जहाँ सोम की बूटी मिलती थी। वर्तमान में कहना कठिन है कि यह स्थान कहाँ था। शायद हो सकता है कि आज के अफगानिस्तान में कहीं रहा हो।

न मा मिमेथ न जिहीळ एषा शिवा सखिभ्य उत मह्यमासीत्।
अक्षस्याहमेकपरस्य हेतोरनुव्रतामप जायामरोधम्॥ 2

न मा मिमेथ न जिहीळे एषा शिवा सखिभ्यः उत मह्यम्-आसीत्।
अक्षस्य-अहम्-एकपरस्य हेतोः-अनुव्रताम्-अप जायाम्-अरोधम्॥

वह (मेरी पत्नी), मुझ पर कभी क्रोधित नहीं हुई, मेरे तथा मेरे मित्रों के प्रति स्नेहवती थी, परंतु इस पासे की एक खोट के कारण मैंने अपनी स्नेहशीला पत्नी को खो दिया।

जुआरी और उसकी पत्नी आनंदपूर्ण जीवन व्यतीत करते थे, परंतु उसके जुए के व्यसन के कारण उसने अपनी स्नेहशीला पत्नी का स्नेह खो दिया।

द्वेष्टि श्वश्रूरप जाया रुणद्धि न नाथितो विन्दते मर्डितारम्।
अश्वस्येव जरतो वस्न्यस्य नाहं विन्दामि कितवस्य भोगम्॥ 3

द्वेष्टि श्वश्रूः अप जाया रुणद्धि न नाथितः विन्दते मर्डितारम्।
अश्वस्य-इव जरतः वस्न्यस्य न-अहम् विन्दामि कितवस्य भोगम्॥

मेरी सास मुझे धिक्कारती है, मेरी पत्नी मुझे छोड़कर चली गई है, उधार लेने वाले (मुझको) कोई उपकारी नहीं मिलता। जुए में अब मुझे उस घोड़े की तरह, जो कभी मूल्यवान था पर अब बूढ़ा हो गया है, आनंद नहीं मिलता।

बेचारा जुआरी, जिसे सभी ने त्याग कर दिया है, अपनी दुर्दशा देखकर अब जुए की लत से मुक्त होना चाहता है क्योंकि उसके लिए जुए से आनंद लुप्त हो चुका है, ठीक वैसे ही जैसे कोई बूढ़ा घोड़ा, जो पहले मूल्यवान था, अब बेकार हो चला है।

अन्ये जायां परि मृशन्त्यस्य यस्यागृधद्वेदने वाज्यक्षः।
पिता माता भ्रातर एनमाहुर्न जानीमो नयता बद्धमेतम्॥ 4

अन्ये जायां परि मृशन्ति-अस्य यस्य-अगृधत्-वेदने वाजी-अक्षः।
पिता माता भ्रातरः एनम्-आहुः न जानीमः नयता बद्धम् एतम्॥

अन्य लोग उसकी पत्नी को, जिसके धन पर शक्तिशाली पासे की निगाह है, छूते हैं (केश, कपड़े आदि); उसके माता, पिता, भाई कहते हैं, 'हम इसे नहीं जानते, इसे बाँधकर ले जाओ।'

इस मन्त्र में जुआरी की दयनीय स्थिति का वर्णन किया गया है। जो भी जुए (या सट्टा बाजार) से धन कमाना चाहता है वास्तव में वह असफल ही रहता है। वह देख ही नहीं पाता कि शक्तिशाली पासे की निगाह उसके धन पर है। फिर वह विनाशकारी शर्तों को भी मानकर कहीं से भी पैसा उधार लेकर खेलता है और हार जाता है।

आखिरकार उसके अपने रिश्तेदार घृणा तथा निराशा के कारण उसका त्याग कर देते हैं क्योंकि उनकी इच्छा नहीं होती कि उसके साथ उस नरक में रहें जिसकी उसने स्वयं अपने लिए सृष्टि की है। परंतु उसकी पत्नी इतनी सौभाग्यशाली नहीं होती। वह असहाय-सी घृणित कृत्यों की शिकार हो जाती है, जैसा कि यहाँ संक्षेप में संकेत किया गया है। महाभारत की वह दुर्भाग्यपूर्ण घटना जो द्रौपदी के साथ घटी थी, इस बात की साक्षी है जिसमें युधिष्ठिर और उसके वीर भाई चुपचाप देखते रहे जब उसे बालों से खींचकर राजदरबार में लाया गया और सबके सामने बड़े ही दुष्टतापूर्ण कृत्यों से जिसका अपमान किया गया। परंतु जुआरी स्वयं पूरी तरह किसी भी सुधार से परे बना रहता है, जैसा कि इस अगले मन्त्र में देखा जा सकता है।

यदादीध्ये न दविषाण्येभिः परायद्भ्योऽव हीये सखिभ्यः।
न्युप्ताश्च बभ्रवो वाचमक्रतँ एमीदेषां निष्कृतं जारिणीव ॥ 5

यत्-आदीध्ये न दविषाणि-एभिः परायत्-भ्यः-अव हीये सखिभ्यः।
नि-उप्ताः-च बभ्रवो वाचम्-अक्रतँ एमि-इत्-एषां निष्कृतं जारिणीव ॥

जब भी मैं विचार करता हूँ, कि मैं और नहीं खेलूँगा, मैं अपने जुआरी मित्रों के बारे में सोचने लगता हूँ, तथा जब फेंके जाने पर भूरे रंग के पासे खड़कते हैं, मैं उनके निश्चित स्थान की ओर वेगपूर्वक चल देता हूँ, जैसे एक वेश्या अपने ग्राहक की ओर बढ़ती है।

बेचारा जुआरी! वह बार-बार प्रण करता है कि वह जुए से अब दूर रहेगा। परंतु जब वह पासे और अपने जुआरी मित्रों के बारे में सोचने लगता है तो वह उठकर वहाँ चल देता है जहाँ जुआ खेला जा रहा है। ऐसा होता है किसी लत का पागलपन!

प्रस्तुत सूक्त में जुए के खेल, उसमें हार का वर्णन, तथा जुआरी का विलाप आगे चलता है। एक मन्त्र में जुआरी बताता है कि वह कैसे पट्टे पर रखी एक अतिरिक्त

गोटी के कारण हार गया। इससे कुछ संकेत मिलता है कि यह खेल कैसे खेला जाता था। फिर वह औरों को सलाह देता है कि वे जुआ छोड़ दें तथा कोई अच्छा काम करें, जैसे कि खेती, और अंत में कहता है –

मित्रं कृणुध्वं खलु मृळता नो मा नो घोरेण चरताभि धृष्णु।
नि वो नु मन्युर्विशतामरातिरन्यो बभ्रूणां प्रसितौ न्वस्तु ॥ 14

मित्रं कृणुध्वं खलु मृळता नः मा नः घोरेण चरता-अभि धृष्णु।
नि वः नु मन्युः-विशताम्-अरातिः-अन्यः बभ्रूणां प्रसितौ नु-अस्तु ॥

हमारे साथ मित्रवत हो (हे पासे), हमें आनंद प्रदान करो, हमारी ओर अत्यधिक क्रोध से न बढ़ो, तुम्हारा क्रोध हमारे शत्रुओं पर गिरे, हमारे शत्रु इस भूरे पासे के बंधन में पड़ें।

पासे से यह प्रार्थना की गई है कि वह उसे क्षमा करे तथा उसका क्रोध उन पर बरसे जो उस जुआरी के शत्रु हैं!

इस सूक्त में जीवन के इतनी सारी भावनाओं तथा भावों को व्यक्त किया गया है! जुआरी का विलाप साक्षी है कि प्राचीन काल से मनुष्य की प्रकृति ऐसी ही रही है।

***

VIII

वेद का मर्म

यह अंतिम खंड दो अध्यायों में वेद का मर्म, अर्थात् उसके आध्यात्मिक सार को प्रस्तुत करता है। पहला बतलाता है कि ईश्वर की कैसे उपासना करनी चाहिए तथा दूसरा जीवन का पूर्ण दृष्टिकोण प्रस्तुत करता है।

1.
दैनिक जीवन में ईश्वर से प्रेम
चुनिंदा मन्त्र

वेद मानव जीवन के हर स्तर पर – शारीरिक, मानसिक तथा आध्यात्मिक, जिसमें मरणोपरांत जीवन तथा मुक्ति शामिल हैं – मानो हाथ पकड़कर लोगों को आगे का पथ दिखाते हैं। यह विश्व के धर्म इतिहास में एक अद्भुत एवं अद्वितीय अवदान है।

प्रस्तुत अध्याय में अनेक सूक्तों से कुछ चयनित मन्त्र हैं जो बतलाते हैं कि ऋषि कैसे ईश्वर से प्रेम के लिए प्रार्थना करते थे।

ईश्वर मुझ तक आएँ – सविता

भक्त चाहते हैं कि उनको ईश्वर का स्नेह और आशीर्वाद प्राप्त हो। इस मन्त्र में अनेक उदाहरणों से प्रेम की गहनता को दर्शाया गया है।

गाव इव ग्रामं यूयुधिरिवाश्वान्वाश्रेव वत्सं सुमना दुहाना।
पतिरिव जायामभि नो न्येतु धर्ता दिवः सविता विश्ववारः॥ ऋग्वेद X.149.4

गावः इव ग्रामं यूयुधिः-इव-अश्वान्-वाश्र-इव वत्सं सुमनः दुहाना।
पतिः इव जायाम्-अभि नः नि-एतु धर्ता दिवः सविता विश्ववारः॥

जैसे योद्धा अपने घोड़ों की ओर, पशु गाँव की ओर, गाय अपने बछडों की ओर तथा एक पति अपनी पत्नी की ओर जाता है, उसी तरह सविता हम तक आएँ, जिन्होंने स्वर्ग को स्थिर किया है तथा जो सबके पूजनीय हैं।

ईश्वर समस्त स्वर्गों को सँभालने वाले हैं, परंतु वे अंतर्निहित आत्मा भी हैं। यह प्रार्थना कामना व्यक्त करती है कि हमें उन ईश्वर के दर्शन हों, जो प्रेममय हैं, सभी का ध्यान रखने वाले हैं, तथा महिमामय हैं।

अगर मैं आप होता! – अग्नि

यदग्ने स्यामहं त्वं त्वं वा घा स्या अहम्। स्युष्टे सत्या इहाशिषः॥ ऋग्वेद VIII.44.23

यत्-अग्ने स्याम्-अहं त्वं त्वं वा घा स्याः अहम्। स्युः-ते सत्याः इह-आशिषः॥

अग्नि! अगर मैं आप होता, और आप मैं होते, तो यहाँ आपकी सारी प्रार्थनाएँ सच हो जातीं।

यह प्रार्थना अग्नि को संबोधित है जिसमें भक्त प्रार्थना करता है कि हे भगवन! अगर मैं आपकी तरह धनवान होता, और आप मेरी तरह निर्धन होते तो मैं आपकी सारी आवश्यकताओं की पूर्ति कर देता!

इस प्रार्थना में एक बाल सुलभ चाहत की झलक है जहाँ मानो बालक अपनी माँ से कुछ माँग रहा हो। इस प्रेमपूर्ण ढंग से ऋषि अग्निदेव से विनती करते हैं कि जैसे मैं आपको सब दे देता, उसी तरह आप मेरा ध्यान रखें!

मैं आपको कभी नहीं बेचूँगा – इन्द्र

महे चन त्वामद्रिवः परा शुल्काय देयाम्।
न सहस्राय नायुताय वज्रिवो न शताय शतामघ॥ ऋग्वेद VIII.1.5

महे चन त्वाम्-अद्रिवः परा शुल्काय देयाम्।
न सहस्राय न-अयुताय वज्रिवः न शताय शतामघ॥

मैं आपको बड़ी से बड़ी राशि मिलने पर भी नहीं बेचूँगा, न हजार में, न दस हजार में, न ही, हे शक्तिमान! अनंत राशि के बदले, हे अनंत धन के स्वामी।

इन्द्र को समर्पित यह प्रार्थना इस तथ्य पर प्रकाश डालती है कि ईश्वर के लिए सब कुछ त्याग किया जा सकता है, परंतु विश्व-ब्रह्माण्ड की किसी भी वस्तु के लिए ईश्वर का त्याग नहीं किया जा सकता। असंख्य ऋषियों तथा संतों की कथाएँ इस बात की जीवंत साक्षी हैं।

पीड़ा में ईश्वर से प्रार्थना – विश्वेदेव

यह सोचना गलत है कि एक भक्त को दुख नहीं होता, बल्कि एक सज्जन व्यक्ति को एक आम आदमी से कहीं अधिक पीड़ा हो सकती है। इस मन्त्र में ऋषि ईश्वर से प्रार्थना करते हैं कि वे उसकी पीड़ा और दुख को दूर करें, ठीक उसी तरह जैसे एक पिता अपने बालक का ध्यान रखता है।

मूषो न शिश्ना व्यदन्ति माध्य स्तोतारं ते शतक्रतो।
सकृत्सु नो मघवन्निन्द्र मृळयाधा पितेव नो भव॥ ऋग्वेद X.33.3

मूषः न शिश्ना वि-अदन्ति मा-आध्यः स्तोतारं ते शतक्रतो।
सकृत्-सु नः मघवन् इन्द्र मृळय-अधा पिता-इव नः भव॥

जैसे चूहे धागे खा जाते हैं, वैसे ही पीड़ा मुझे खाती है, हे शतक्रतु (इन्द्र)! तत्क्षण हम पर कृपा करें, तथा आप हमारे लिए पिता समान हों।

गीता में उल्लेख है कि चार तरह के लोग ईश्वर की उपासना करते हैं, जिनमें से एक है आर्त्त अर्थात् वह व्यक्ति जो कष्ट में हो। जब कोई स्वयं को पूर्णतः ईश्वर के प्रति समर्पित कर देता है ताकि ईश्वर ही उसका ध्यान रखें, तो उसे शरणागति कहते हैं, अर्थात् पूर्ण आत्म-त्याग करने वाला। यह प्रार्थना इसी श्रेणी की है।

जीवन से कष्ट दूर करने के लिए यह प्रार्थना बड़ी प्रभावशाली है। कोई भी ग्रन्थ विपत्तियों को दूर करने का वचन नहीं देता, परंतु उस कष्ट के कारण हुई मानसिक पीड़ा से अवश्य राहत का आश्वासन देता है, और उपाय बताता है जिससे हम शांति पा सकें।

ईश्वर, रक्षक – इन्द्र

त्रातारमिन्द्रमवितारमिन्द्रं हवेहवे सुहवं शूरमिन्द्रम्।
ह्वयामि शक्रं पुरुहूतमिन्द्रं स्वस्ति नो मघवा धात्विन्द्रः ॥ ऋग्वेद VI.47.11

त्रातारम्-इन्द्रम्-अवितारम्-इन्द्रं हवे-हवे सुहवं शूरम्-इन्द्रम्।
ह्वयामि शक्रं पुरुहूतम्-इन्द्रं स्वस्ति नः मघवा धातु-इन्द्रः ॥

ईश्वर (इन्द्र) उद्धारकर्त्ता, ईश्वर रक्षक, ईश्वर ही शक्तिमान जिनका हर प्रार्थना में आनंद से आह्वान होता है; शक्तिशाली ईश्वर, जिनका अनेक लोग आह्वान करते हैं, मैं प्रार्थना करता हूँ, हे इन्द्र! हम सब पर कल्याण की वर्षा करें।

ईश्वर को इस मन्त्र में उन लोगों के रक्षक के रूप में देखा गया है जो किसी विपत्ति में पड़े हों। साथ ही ईश्वर को त्राता, शक्तिमान, सबके आराध्य आदि के रूप में देखा गया है।

दिव्य दृष्टि के लिए प्रार्थना – सूर्य

चक्षुर्नो धेहि चक्षुषे चक्षुर्विख्यै तनूभ्यः। सं चेदं वि च पश्येम ॥ ऋग्वेद X.158.4

चक्षुः-नः धेहि चक्षुषे चक्षुः-विख्यै तनूभ्यः। सं च-इदं वि च पश्येम ॥

हमारी आँखों को दृष्टि प्रदान करें (इस संसार को देखने के लिए), हमारे शरीरों को दृष्टि प्रदान करें जिससे हम इस संसार को पूर्णता तथा सूक्ष्मता से देख पाएँ।

यह प्रार्थना संसार को विस्तार तथा पूर्ण रूप से देख पाने की शक्ति के लिए है, साथ ही स्वयं को एवं निज प्रकृति को भी जानने के लिए। ऋषि के इस कथन से स्पष्ट है कि जहाँ मरणोपरांत जीवन के बारे में ध्यान रखना महत्वपूर्ण है, वहीं इस संसार का ध्यान रखना और इसे पूर्णरूप से जानना भी महत्वपूर्ण है।

पापों के क्षमाकर्ता – इन्द्र

मा न एकस्मिन्नागसि मा द्वयोरुत त्रिषु। वधीर्मा शूर भूरिषु॥ ऋग्वेद VIII.45.34

मा नः एकस्मिनन्-न-आगसि मा द्वयोः-उत त्रिषु। वधीः-मा शूर भूरिषु॥

एक या दो पापों के लिए नहीं, न ही तीन के लिए; मुझे नष्ट न करें हे स्वामी! मेरे कई पापों के लिए।

मनुष्य कई गलतियाँ कर बैठता है, कभी जाने में और कभी अनजाने में। यहाँ ऋषि *आगसि* अनेक पापों के लिए क्षमा चाहते हैं जो उन्होंने किए हों। जैसा कि साधारणतया समझा जाता है, पाश्चात्य धर्मों में पाप का अर्थ होता है ईश्वर की आज्ञा के विरुद्ध कुछ करना। उन धर्मों में यह अवधारणा बहुत आम है, परंतु हिन्दू धर्म में ऐसा नहीं है। इसमें कोई भी कर्म जो ईश्वर से दूर ले जाए वह सही मार्ग से भटकाता है, पर उसमें कभी भी सुधार किया जा सकता है। व्यक्ति की भटकन उसके माया जनित अज्ञान के कारण होती है, पर यह संसार में अनुभव पाने के लिए आवश्यक है। जब एक व्यक्ति इनसे ऊबकर अपनी स्वाभाविक दिव्यता के प्रति जागृत होता है, तब उसकी आध्यात्मिक यात्रा शुरू हो जाती है।

हिन्दू धर्म में पाप का अर्थ यह भटकन है। फिर भी ऐसी प्रार्थनाएँ स्वयं को याद दिलाने के लिए होती हैं कि अधर्म के कर्म न करें क्योंकि उनसे माया के संसार में यात्रा व्यर्थ ही लंबी होती है, जबकि धर्म के मार्ग पर चलने से यात्रा छोटी रहती है।

आनन्दित हृदय से उपासना – अग्नि

अग्निं मन्द्रं पुरुप्रियं शीरं पावकशोचिषम्। हृद्भिर्मन्द्रेभिरीमहे॥ ऋग्वेद VIII.43.31

अग्निं मन्द्रं पुरुप्रियं शीरं पावक-शोचिषम्। हृत्भिः-मन्द्रेभिः-ईमहे॥

हम आनंदित हृदय से प्रिय अग्नि (ईश्वर) से प्रार्थना करते हैं, जो सभी को प्रिय हैं तथा पवित्र करने वाली ज्योति के साथ विद्यमान रहते हैं।

यहाँ अग्नि की उपासना आनंदपूर्ण हृदय से की जा रही है। सच्ची भक्ति तभी आरंभ होती है जब भक्त ईश्वर के प्रति प्रेम से पूर्ण हो। भय या किसी आशा से की

गई उपासना माया के संसार के प्रति आसक्ति से उत्पन्न होती है, और इस कारण वह माया से ही उठती है। जब तक व्यक्ति माया के जाल में फँसा है, तब तक यही सही हो सकता है, परंतु जितनी जल्दी भक्त प्रेमपूर्ण उपासना में उतर पाता है, उतना ही उसके लिए श्रेयस्कर होता है।

हम आपके हैं – इन्द्र

वयं घा ते त्वे इद्विन्द्र विप्रा अपि ष्मसि।
नहि त्वदन्यः पुरुहूत कश्चन मघवन्नस्ति मर्डिता॥ ऋग्वेद VIII.66.13

वयं घ ते त्वे इति-इन्द्र विप्राः अपि-ष्मसि।
नहि त्वत्-अन्यः पुरुहूत त कः-चन मघवन्-अस्ति मर्डिता॥

सच में ईश्वर! हम आपके हैं, हम उपासक आप पर निर्भर करते हैं, हे अनेकों द्वारा पूजे जाने वाले! आपके सिवा कोई नहीं, हे शक्तिमान! जो हम पर कृपा कर सके।

आध्यात्मिक व्यक्ति धीरे-धीरे संसार से विमुख होकर ईश्वर पर निर्भर होना सीख जाता है। इसे शरणागति कहते हैं। आध्यात्मिक जीवन में वास्तविक यात्रा तभी आरंभ होती है जब व्यक्ति स्वयं को ईश्वर के प्रति पूर्ण समर्पित कर देता है। *पुरुहूत* शब्द का अर्थ है जिसका बहुत आह्वान होता हो। वेद में इसका प्रयोग अनेक देवताओं के लिए किया गया है जिसका अर्थ है कि पूर्व काल में अनेक ऋषियों द्वारा इन देवताओं को पूजा गया है तथा वर्तमान में भी अनेक लोग इनकी उपासना करते हैं।

हर समय के लिए प्रार्थना – इन्द्र

मम त्वा सूर उदिते मम मध्यंदिने दिवः।
मम प्रपित्वे अपिशर्वरे वसवा स्तोमासो अवृत्सत॥ ऋग्वेद VIII.1.29

मम त्वा सूर उदिते मम मध्यंदिने दिवः।
मम प्रपित्वे अपि-शर्वरे वसो-आ स्तोमासः अवृत्सत॥

मेरी प्रार्थनाएँ जब सूर्य उदय होता है, मेरी प्रार्थनाएँ दोपहर के समय, मेरी प्रार्थनाएँ रात के अंधकार के आने पर, हे इन्द्र आपके पास गई हैं।

अध्यात्म का अर्थ है स्वयं को बिना किसी विराम के, बिना किसी अवकाश के, हर क्षण ईश्वर को समर्पित करना। यह प्रार्थना दर्शाती है कि कैसे ऋषि अपने को समर्पित रखने के लिए दिन में हर समय प्रार्थना करते हैं।

गीतों के प्रेमी ईश्वर – इन्द्र

परि त्वा गिर्वणो गिर इमा भवन्तु विश्वतः।
वृद्धायुमनु वृद्धयो जुष्टा भवन्तु जुष्टयः॥ ऋग्वेद I.10.12

परि त्वा गिर्वणः गिरः इमाः भवन्तु विश्वतः।
वृद्धायुम्-अनु वृद्धयः जुष्टाः भवन्तु जुष्टयः॥

गीतों के प्रेमी, हमारे ये गीत हर ओर से आपकी प्रदक्षिणा करें (आपको घेर लें), आप जो लंबी आयु प्राप्त हैं, (हमारे गीत) आपको बल दें, वे हमारे लिए आनंदपूर्ण हों।

ऋषि आशा करते हैं कि *गिरः* उनकी प्रार्थनाएँ स्वीकार होंगी और इन्द्र को भाएँगी, जो *गिर्वण* जिन्हें प्रार्थनाएँ सुनना प्रिय है। बदले में *भवन्तु जुष्टयः* इससे ऋषि को आनंद प्राप्त होगा।

ईश्वर सबका ध्यान रखते हैं – पूषन

पूषन सबका पोषण करते है एवं सबके दाता हैं। यहाँ उनकी उपासना ऐसे देवता के रूप में की जा रही है जो सबका ध्यान रखते हैं।

यो विश्वाभि विपश्यति भुवना सं च पश्यति।
स नः पूषाविता भुवत्॥ ऋग्वेद III.62.9

यः विश्वा-अभि विपश्यति भुवना सं च पश्यति। सः नः पूषा-अविता भुवत्॥

वे जो सारे लोकों पर दृष्टि बनाए रखते हैं, जो सबको जानते हैं, वे पूषन हमारे रक्षक हों।

रक्षा हेतु यह मन्त्र विशेष तौर पर उनके लिए प्रभावशाली हैं जो किसी भय या अभाव से ग्रस्त हैं, क्योंकि ईश्वर ही परम दाता तथा रक्षक हैं।

***

2.
आदर्श हिन्दू जीवन
यजुर्वेद – 40 (चुनिंदा मन्त्र)

इस पुस्तक का यह अंतिम अध्याय हिन्दू जीवन-दर्शन का पूर्ण दृष्टिकोण प्रस्तुत करता है। यह यजुर्वेद के चालीसवें अध्याय से लिया गया है जो *ईशोपनिषद* के नाम से जाना जाता है।

यजुर्वेद के मन्त्रों का प्रयोग यज्ञ के समय अग्नि में आहुति देते समय किया जाता है, परंतु इस अन्तिम अध्याय का किसी यज्ञ में प्रयोग नहीं होता। इसका मुख्य कारण यह है कि इसमें आत्मा के बारे में बताया गया है जो कर्म तथा उसके फल के द्वैतभाव से परे है, पर कोई भी यज्ञ कर्ता, कर्म, क्रिया तथा फल के बहुविध बंधन में जकड़ा रहता है। इसीलिए इसे उपनिषद के रूप में भी जाना जाता है।

आत्मा को परम सत्य के रूप में प्रस्तुत करने से कहीं अधिक यह अध्याय मात्र अट्ठारह मन्त्रों में हिन्दू जीवनशैली के पूर्ण दृष्टिकोण को प्रस्तुत करता है जो एक अद्भुत बात है। इस प्रकार यजुर्वेद का यह अंतिम अध्याय वेद के मर्म को प्रस्तुत करता है, अर्थात् यह वेद की परिणति है।

इस स्तुति के पहले दो मन्त्र इतने महत्वपूर्ण हैं कि अगर संसार के सारे धर्मग्रन्थ नष्ट भी हो जाएँ और केवल ये ही दो मन्त्र बचे रहें, तो हिन्दू धर्म समेत संसार के सारे धर्म इनसे पुनः जीवन प्राप्त कर सकते हैं। जब जीवन में धर्म के अभ्यास की बात होती है तो ये दो मन्त्र सबके लिए परम सार सिद्ध होते हैं।

जीवन के दो मार्ग

जो व्यक्ति जीवन के श्रेय पथ को अपनाना चाहता है उसके लिए दो विकल्प होते हैं। पहला है कि हर वस्तु को ईश्वर के ही रूप में देखे, और इसके लिए अपनी हर इच्छा का त्याग कर दे; दूसरा है संसार में अनासक्त कर्म के माध्यम से भोग का जीवन व्यतीत करे।

ईशा वास्यमिदँ सर्वं यत्किञ्च जगत्यां जगत्।
तेन त्यक्तेन भुञ्जीथा मा गृधः कस्य स्विद्धनम्॥ 1

ईशा वास्यम्-इदम् सर्वं यत्किञ्च जगत्यां जगत्।
तेन त्यक्तेन भुञ्जीथा मा गृधः कस्य स्वित्-धनम्॥

ब्रह्माण्ड में जड़-जंगम जो भी है उसे प्रभु द्वारा आच्छादित करो; त्याग द्वारा आत्मा की रक्षा करो, धन का लोभ (अपना या किसी दूसरे का) न करो।

ईश्वरप्राप्ति त्याग द्वारा ही संभव है। पर, सब कुछ त्याग करो, संसार में किसी वस्तु का लोभ न करो – यह कैसे संभव है? उत्तर है, हर वस्तु को ईश्वर का रूप मानकर। इससे व्यक्ति संसार के बंधन से मुक्त हो जाता है। इस मन्त्र में बतलाये गए मार्ग का अभ्यास संन्यासियों द्वारा किया जाता है, पर इसका अभ्यास कोई भी कर सकता है, और सबको करना भी चाहिए।

कुर्वन्नेवेह कर्माणि जिजीविषेच्छतँ समाः।
एवं त्वयि नान्यथेतोऽस्ति न कर्म लिप्यते नरे॥ 2

कुर्वन्-एव-इह कर्माणि जिजीविषेत्-शतम् समाः।
एवं त्वयि न-अन्यथा-इतः-अस्ति न कर्म लिप्यते नरे॥

अगर तुम सौ साल जीना चाहते हो तो कर्म (कर्तव्य पालन) करो; ऐसे मनुष्य के लिए निःस्वार्थ रहकर काम करने के अलावे कोई अन्य उपाय नहीं।

हर कोई संसार से आसक्ति का त्याग नहीं कर सकता। उनके लिए सुझाव है कि उन्हें निःस्वार्थ भाव से सब कर्म करने चाहिए। वही लंबे और पूर्ण जीवन का मार्ग है।

हिन्दू परंपरा में कर्म के कई अर्थ हैं। यहाँ इसका अर्थ है व्यक्ति के कर्तव्य, जिनमें धार्मिक कार्य, गृहस्थी के काम, समाज की सेवा तथा अन्य कर्म जिन्हें स्वधर्म कहा गया है, शामिल हैं। अध्यात्म में विकास के लिए व्यक्ति को निःस्वार्थ भाव से कर्म करने चाहिए, जिसका अर्थ है कर्म के फल पर ध्यान नहीं देना। जब कोई अपना मन तथा अपनी भावनाएँ कर्म के फल पर केन्द्रित रखता है, तो वह कर्म में लिप्त हो जाता है जिससे कर्म की गुणवत्ता कम हो जाती है तथा मन में नई इच्छाएँ उत्पन्न हो जाती हैं, जिन्हें पूर्ण करने के लिए व्यक्ति कामना-कर्म-फल-कामना के दुश्चक्र में फँस जाता है। ऐसा व्यक्ति जन्म-मृत्यु से मुक्ति की आशा नहीं कर सकता।

जैसा कि उल्लेख किया गया, पिछले तथा प्रस्तुत मन्त्र में संपूर्ण धार्मिक जीवन का बीज निहित है, न केवल हिन्दुओं के लिए अपितु अन्यों के लिए भी।

आत्म अनुभूति न हो पाने का परिणाम

असुर्य्या नाम ते लोका अन्धेन तमसावृताः।
ताँस्ते प्रेत्याभि गच्छन्ति ये के चात्महनो जनाः ॥ 3

असुर्य्याः नाम ते लोकाः अन्धेन तमसा-आवृताः।
तान्-ते प्रेत्य-अभि गच्छन्ति ये के च-आत्महनः जनाः ॥

असुरों के लोक अंधतम अंधकार से आच्छादित हैं; स्वयं की हत्या करने वाले लोग मृत्यु के बाद वहाँ जाते हैं।

जीवन का लक्ष्य है आत्म-अनुभूति, अर्थात् अपने आत्मा को जान लेना जो अनंत, कालातीत, तथा चैतन्य है। जब तक कोई अपनी वास्तविक प्रकृति की अनुभूति नहीं कर लेता, जो आत्मा से एक है, उसे जन्म-मृत्यु के कभी न टूटने वाले चक्र में पड़े रहना पड़ता है। इस प्रकार हर जन्म में अपनी मृत्यु का कारण बनने के कारण ये अपने आत्मा के हत्यारे बन जाते हैं।

देवताओं को भी आत्म-ज्ञान नहीं, जिस कारण वे भी असुर हुए। याद दिलाएँ कि वेद में असुर शब्द का प्रयोग अनेक बार देवताओं के लिए भी हुआ है। असुरों के लोक में आत्मज्ञान के अभाव के कारण अंधा करने वाला अंधकार होता है।

उपनिषद् दृढ़ भाव से कहते हैं कि जब तक कोई व्यक्ति आत्मज्ञान नहीं प्राप्त कर लेता, तबतक उसे अनिश्चित काल के लिए संसार में पिसना होगा।

आध्यात्मिक होने का लाभ

यस्मिन् सर्वाणि भूतान्यात्मैवाभूद्विजानतः।
तत्र को मोहः कः शोक एकत्वमनुपश्यतः॥ 7

यस्मिन् सर्वाणि भूतानि-आत्मा-एव-अभूत्-विजानतः।
तत्र कः मोहः कः शोक एकत्वम्-अनुपश्यतः॥

आत्मा को जानने वाले यह जानते हैं कि जो कुछ है वह आत्मा ही है, जो ऐसी एकात्मता देखता है उसे कैसा मोह और कैसा दुख हो सकता है!

चैतन्य ही एकमात्र अस्तित्व है जो अनेक जीव तथा वस्तुओं के रूप में प्रतीत होते हैं। अगर व्यक्ति उस अवस्था तक पहुँच जाए, जहाँ वह चैतन्य की एकता को देख पाए तो फिर उसे कैसे कोई मोह या दुख अनुभव हो सकता है? और वास्तव में उसे कैसे कोई चाह हो सकती है जब वह जानता है कि वह स्वयं ही हर चाह का विषय तथा वस्तु है।

आत्मज्ञानी अपनी इच्छा, भय, आशा तथा दुख के पार चले जा चुके होते हैं। अगला मन्त्र आत्मा की प्रकृति की व्याख्या करता है, जिसे जानकर व्यक्ति हर प्रकार के बंधनों से सदा के लिए मुक्त हो जाता है।

आत्मा की प्रकृति

स पर्यगाच्छुक्रमकायमव्रणमस्नाविरँ शुद्धमपापविद्धम्।
कविर्मनीषी परिभूः स्वयम्भूर्याथातथ्यतोऽर्थान्
व्यदधाच्छाश्वतीभ्यः समाभ्यः॥ 8

स परि–गात्-शुक्रम्-अकायम्-अव्रणम्-अस्नाविरम् शुद्धम्-अपापविद्धम्।
कविः-मनीषी परिभूः स्वयम्भूः-याथातथ्यतः-अर्थान् व्यदधात्-शाश्वतीभ्यः समाभ्यः॥

वह सर्वव्यापी, देदीप्यमान, कायाहीन, घाव तथा पेशियों से रहित, शुद्ध एवं पाप से अनछुआ है। सबको देखने वाला, मन का शासक, सर्वोत्कृष्ट, अरचित, उसने शाश्वत लोकों की सृष्टि करने वालों को तत्संबंधी कर्तव्य आबंटित किए हैं।

उपनिषद गहनता से आत्मा की प्रकृति की बात करते हैं। यह मन्त्र उन्हीं में से एक है।

आत्मा अनंत है – उसके बारे में केवल यही कहा जा सकता है। बाकी सभी गुण, जिनकी ग्रन्थों में अनेक प्रकार से व्याख्या हुई है, इसी तथ्य के विस्तार मात्र हैं। आत्मा चैतन्य है तथा इसी कारण वह मन या पदार्थ की समझ या पहुँच से बाहर है।

जैसा कि पहले मन्त्र में कहा गया, हर कोई आत्मा को जानने के लिए त्याग का मार्ग नहीं अपना सकता। साधारण मनुष्य को दूसरे मार्ग से ही संतुष्ट रहना पड़ता है जो कर्म का मार्ग है जिसमें व्यक्ति को अपने कर्तव्यों का पालन बिना आसक्ति तथा विरक्ति के करना होता है। इससे भी व्यक्ति में आध्यात्मिकता जागृत होती है, और फिर वह मरणोपरांत उच्चतम स्वर्ग में जा पाता है। अगला मन्त्र ऐसी ही प्रार्थना है जो एक धार्मिक व्यक्ति मृत्यु-शय्या पर करता है।

मृत्युशय्या पर प्रार्थना

हिरण्मयेन पात्रेण सत्यस्यापिहितं मुखम्।
तत्वं पूषन्नपावृणु सत्यधर्माय दृष्टये॥ 15

हिरण्मयेन पात्रेण सत्यस्य-अपिहितम् मुखम्।
तत्-त्वम् पूषन्-अपावृणु सत्य-धर्माय दृष्टये॥

सत्य का मुख स्वर्णिम आवरण से छिपा है, उसे हटाओ, हे पूषन, ताकि मैं, जो सत्य के धर्म में प्रतिष्ठित हूँ, उसे देख पाऊँ।

वह धर्म-प्राण व्यक्ति, जिसने अपने कर्तव्यों का निःस्वार्थ भाव से निर्वाह करते हुए कर्मयोगी का जीवन व्यतीत किया है, अब अपने इष्ट के मुख का दर्शन करना चाहता है जिन्हें वह यज्ञ तथा मन्त्रों (जैसे गायत्री) के माध्यम से जीवन भर प्रार्थना करता रहा

है। निष्ठावान भक्त, जिन्होंने सच्चाई से अपने कर्तव्यों का निर्वाह किया है, उन्हें अपने इष्ट के दर्शन मृत्यु के समय हो ही जाते हैं।

इस प्रार्थना का रोचक कथन है *सत्यधर्माय दृष्टये* – मैं एक असहाय याचक की तरह नहीं, वरन अधिकारपूर्वक अपने ईश्वर के मुख के दर्शन करना चाहता हूँ। भक्त ने अब तक धर्म का जीवनयापन किया है, इसीलिये अपने इष्ट के प्रति वह अधिकार जताता है कि वह उनका मुख देख पाए जो सूर्य के दीप्त प्रकाश के पीछे छिपा है। ऐसी दृढ़ आस्था की शक्ति अपने धर्मपालन से ही उत्पन्न होती है।

वायुरनिलममृतमथेदं भस्मान्तं शरीरम्।
ॐ क्रतो स्मर कृतं स्मर क्रतो स्मर कृतं स्मर॥ 17

वायुः-अनिलम्-अमृतम्-अथ-इदम् भस्मान्तं शरीरम्।
ॐ क्रतो स्मर कृतं स्मर क्रतो स्मर कृतं स्मर॥

अब मेरी श्वास सर्वव्यापी प्राणों में लौट जाए, ॐ, हे मन, याद करो, याद करो वे सभी श्रेष्ठ कर्म जो मैंने किए हैं।

एक धर्म-प्राण व्यक्ति द्वारा अपनी इहलीला समाप्त होने के पहले यह प्रार्थना इसीलिये की गई है ताकि उसके मन में वे सारे श्रेष्ठ धार्मिक कर्म याद हो आएँ जो उसने जीवन भर किए हैं। वैदिक काल से ही हिन्दुओं का यह दृढ़ विश्वास है कि अगला जीवन पिछले जीवन के उन अंतिम विचारों पर निर्भर करता है जो उसके शरीर से प्राण निकलने के पहले आते हैं।

व्यक्ति की अंतिम प्रार्थना

अग्ने नय सुपथा राये अस्मान् विश्वानि देव वयुनानि विद्वान्।
युयोध्यस्मज्जुहुराणमेनो भूयिष्ठां ते नम उक्तिं विधेम॥ 18

अग्ने नय सुपथा राये अस्मान् विश्वानि देव वयुनानि विद्वान्।
युयोधि-अस्मत्-जुहुराणम्-एनः भूयिष्ठां ते नमः उक्तिं विधेम॥

हे अग्नि! हमारे कर्मों के फल के भोग के लिए आप हमें श्रेय मार्ग पर अग्रसर करें, हे ईश्वर, आप हमारे सभी कर्मों को जानते हैं, हमारे बुरे कर्मों के पाप का नाश करें, हम आपको शब्दों से प्रणाम करते हैं।

जिस व्यक्ति ने अपना सारा जीवन धर्म में यापन किया है, तथा जो अब अपनी शय्या से उठ भी नहीं सकता, साथ ही कोई अनुष्ठान संपन्न नहीं कर सकता, वह अपने इष्ट, अग्नि के प्रति अति मार्मिक अंतिम प्रार्थना करता है ताकि वह श्रेष्ठ मार्ग से उच्चतम स्वर्ग तक जा सके, क्योंकि जीवन भर श्रेष्ठ कर्मों के करने के कारण वहाँ जाना उसका अधिकार है। वह अग्नि से यह विनती भी करता है कि उसके पापों को भस्म करें जो उसने अनजाने में किए हों।

***

इस प्रकार वेद पर आधारित यह पुस्तक *वेद विहंगम* सम्पूर्ण होती है, जो सरल भाव से वेद के विस्तार तथा मर्म को प्रस्तुत करती है।

ॐ तत्सत् ॐ।

***

चयनित संदर्भग्रन्थ सूची

– *Atharvaveda Samhitā* by Ravi Prakash Arya, Parimal Publications
– *Atharvaveda Samhitā* by W.D. Whitney Vol I and II, Motilal Banarasidass Publishers Private Limited, Delhi
– *Atharvaveda Samhitā with Sayanacharya's commentary* by Dr Ramswaroop Sharma Gour, Chwokhamba Vidyabhavan, Varanasi
– *Call of the Vedas, The* by A.C. Bose, Bharatiya Vidya Bhavan
– *Complete Works of Swami Vivekananda,* Advaita Ashrama, Kolkata
– *Eight Upaniṣads* by Swami Gambhirananda Advaita Ashrama, Kolkata
– *Gospel of Sri Ramakrishna, The,* tr by Swami Nikhilananda
– *Life of Swami Vivekananda* by His Eastern and Western Disciples
– *Ṛgveda* by H.H. Wilson
– *Ṛgveda by Ralph T.H. Griffith*
– *Ṛgveda Samhitā* by Ravi Prakash Arya, Parimal Publications
– *Ṛgveda Saṃhitā with Sayanacharya's commentary* Vols 1-5 by Dr Bhishmadutta Sharma, Chowkhambah Krishnadas Academy, 2013.
– *Sāmaveda* ā by Ravi Prakash Arya, Parimal Publications
– *Sāmaveda Samhitā with Sayana 's commentary* by Dr Ramswaroop Sharma Gour, Chwokhamba Vidyabhavan, Varanasi

– *Secret of the Veda, The* by Sri Aurobindo

– *Story of Civilisations, The: Our Oriental Heritage* by Will Durant

– *Śukla Yajurveda Samhitā with the commenatry of Mahidhara* by Dr Ramakrishna Shastri, Chwokhamba Vidyabhavan, Varanasi

– *Upanishads, The* (4 vols) by Swami Nikhilananda, Ramakrishna-Vivekananda Centre, New York

– *Vedic India* by Louis Renou. Pub: Susil Gupta (India) Ltd, Kolkata-12

– *Vedic Reader, A* by Arthur Anthony Macdonell

– *Vedic Selections*, University of Calcutta, 1936